日本語教師のための

実践・漢字指導

濱川祐紀代［編著］

はじめに

　みなさんは漢字をどのように教えているでしょうか。どのように学んできたでしょうか。漢字学習というと、学習者自身の努力に委ねられることが多いですし、教師も自分自身の学習経験に基づくオーソドックスな指導方法をとることが多いのではないでしょうか。しかし、言うまでもなく日本語学習者のニーズやレディネスは多様化しており、現在それぞれに合った指導・支援が求められています。教師への要求が多岐にわたっているにも関わらず、漢字指導に関する具体的事例がまとめられているような書籍はあまり多くありません。漢字指導に関して、情報を共有できる場としては、JSL漢字学習研究会(http://jsl-kanji.com)があり、年4・5回程度開催されています(2010年現在)。しかし、場所や曜日の問題から、研究会に参加できる人が限られているのが現状です。そこで、もっと多くの人と情報を共有したい、情報交流を図りたいと思い、本書を出版することにしました。

　本書は漢字指導のためのアイデアや情報を詰め込んだ素材集です。ですから、機関別特徴よりも、実践の方法や内容に注目し、みなさんが漢字を指導したり、漢字学習のサポートをしたりするときのヒントにしていただければ幸いです。そしていつかみなさんの実践についても伺える日が来るのを楽しみにしています。

　最後に、本書は、執筆者を含め、多くの方々にご協力いただきました。文献一覧には池田幸弘さん、ガリーナ・ヴォロビヨワさん、関麻由美さん、松下達彦さん、谷田部由木子さん、山田京子さん、ほか多くの方から情報を提供していただきました。また池絵里子さん、池田幸弘さん、白戸順子さん、野村陽子さん、藤田裕子さん、和美智子さんには大量の原稿に目を通していただいたうえ、貴重なコメントを寄せていただきました。さらに、くろしお出版の市川麻里子さんの励ましやご協力なくしては、このような形で世に出すことができませんでした。この場を借りて、関わってくださった皆さまに心から感謝申し上げたいと思います。

2010年9月
濱川祐紀代

本書の構成

　本書は、漢字指導に関する実践的側面・理論的側面の両方が掲載されています。また、学習者の漢字学習に関する気持ちなども掲載されています。
　本書の構成は大きく5つに分かれています。

第1部　実践報告：初級レベルを対象にした実践例を8例、中級レベル以降を対象にした実践例を4例報告し、多様な学習者に向けたさまざまな教え方が掲載されています。
第2部　コラム：理論的な視点からまとめられたコラムです。漢字の難しさは何か、どう評価したらいいかなどについて、短くわかりやすくまとめてあります。
第3部　学習者の声：学習者が漢字学習をどのように捉えていたか、教師に何を求めているのかを知ることができます。
第4部　教室活動紹介：教室で使える活動例とその手順を具体的に説明し、紹介しています。準備さえしてあれば短い時間で楽しめる活動が多いので、漢字指導のための時間があまり作れない現場でも試みやすいでしょう。
第5部　リソース情報：漢字指導に必要な情報として、漢字学習用教材や漢字字典、漢字学習用web教材の一覧を挙げています。また、漢字学習・教育研究の手がかりになるよう、研究論文の文献一覧を掲載しました。

　本書は最初から最後までを順に一度に読む必要はありません。例えば、「初級の漢字クラスを任されたけど、どう運営したらいいかわからない」という場合は、第1部実践報告を読んでみてください。
　ご自身の現場で実践できる部分があるか、具体的に考えながら読んでいただき、ご自身の現場用にアレンジしていただければと思います。

CONTENTS
目次

■はじめに ⅱ　　■本書の構成 ⅲ

第1部｜実践報告

第1章　自分と漢字を結ぶ漢字学習の試み　　　西山友恵
　　　　1

第2章　海外在住の幼児・児童のための漢字教育　　　清水秀子
　　　　12

第3章　初級からの辞書引き指導の試み　　　濱川祐紀代
　　　－日本語学習の幅を広げるために－
　　　　29

第4章　日常生活の中で見つけた漢字を共有するクラス活動　　　関麻由美
　　　－漢字圏と非漢字圏の学習者がともに学べる活動をめざして－
　　　　45

第5章　コーチング手法を用いた漢字指導　　　高橋秀雄・山本栄子
　　　－5か月の集中プログラムで－
　　　　58

第6章　「何ができるか」という視点に基づく漢字授業　　　有山優樹・落合知春
　　　　72

第7章　専門漢字語彙を学習する授業　　　谷田部由木子
　　　－非漢字圏大学院留学生のための「海洋漢字・読解クラス」－
　　　　86

第8章　漢字で教える日本語　　　佐藤啓子
　　　－外国人ろう者の場合－
　　　　100

第9章　『Intermediate Kanji Book』を用いた
　　　　中級漢字クラスのヒント　　　杉浦千里
　　　　114

第10章 概念地図を用いた漢字語彙学習 ……………………… 徳弘康代
129

第11章 日本人サポータを活用した中級以降の漢字指導の試み　141
向井留実子・高橋志野

第12章 漢字知識の整理と会話作成タスク ……………………… 濱川祐紀代
－中級レベルを対象にした自律学習への架け橋－
156

第2部｜コラム

- **コラム1** 漢字学習の困難点 －母語や文化圏による違い－　171
- **コラム2** 漢字学習の方法・アプローチ
  －学習者の特性、学習スタイルなどを考える－　175
- **コラム3** 漢字力の評価法 －知識と運用力の評価－　180
- **コラム4** 漢字テストの作り方 －語彙のテストとして－　加納千恵子　184
- **コラム5** 中国語母語話者にとっての漢字語彙 ……………… 小室リー郁子　190
  －意味・用法のずれ－

第3部｜学習者の声

1. 中国語母語話者の気持ち　200
2. 韓国語母語話者の気持ち　202
3. タイ語母語話者の気持ち　204
4. モンゴル語母語話者の気持ち　206
5. ポーランド語母語話者の気持ち　208
6. ロシア語母語話者の気持ち　210

第4部｜教室活動紹介

① 組合せ漢字　212
② 意味の仲間はどれ？　214
③ 送り仮名はなに？　217　濱川祐紀代
④ "oyaji"とその仲間たち　220
福島育子・濱川祐紀代
⑤ これはなに？　224
⑥ 材料はなに？　227
⑦ いつも目にする漢字って？　230
⑧ 教室活動を充実させましょう　234
濱川祐紀代

■リソース情報　235　｜　■索　引　247　｜　■執筆者一覧　249

実践報告

第1章 自分と漢字を結ぶ漢字学習の試み

西山　友恵

●実践校	東海大学別科日本語研修課程
●クラスの目的	1)漢字の読み書きが正しくできる。 2)漢字と語彙の量を増やす。 3)今までに習った漢字を多角的に整理する。 4)さまざまな活動を通して漢字を自分のものにしていく。
●学習者数	18名(タイ、韓国、アメリカ、ロシア、アイスランド、コロンビア、インドネシア、フィンランド、カンボジア)
●学習者の レベル・国籍	初中級後半・非漢字圏(韓国含む多国籍クラス)
●使用教材	1)『みんなの日本語初級Ⅱ 漢字練習帳[1]』(東京国際日本語学院(編著)(2004)スリーエーネットワーク) 2) *Let's Learn Kanji: An Introduction to Radicals, Components, and 250 Very Basic Kanji* (Mitamura, Joyce Yumi & Yasuko Kosaka Mitamura (1997) Kodansha International)
●準備するもの	漢字カード[2]、漢字フラッシュカード[3]、自作プリント(今年の漢字、書道体験、部首の説明プリント)、復習テスト

---

[1] 教科書選定の理由として、『みんなの日本語Ⅰ 漢字練習帳』を初級の漢字クラスで使用しているため、教科書の連続を念頭に置き、『みんなの日本語Ⅱ 漢字練習帳』(以下、『練習帳Ⅱ』とする)を使用している。

[2] Microsoft WORDを使用し、A4用紙に500ポイントで一字ずつ作成する。それを割付印刷で4分の1にし、2字を糊付けしたものを漢字カードと呼ぶ。

[3] Microsoft WORDを使用し、『練習帳Ⅱ』で提出されている熟語をA4用紙に170ポイントの文字サイズで上下になるよう2行作成する。それを半分に折り、糊付けしたものを漢字フラッシュカードと呼ぶ。

1. はじめに

　東海大学別科日本語研修課程（以下、別科とする）の学生は、東海大学・東海大学大学院進学を目指している学生と協定大学との交換留学生が主である。別科の日本語の授業は11クラスに分けられており、約150名が在籍している。本稿で報告するクラスは初中級後半のレベルを対象とした漢字クラスである。

　このクラスでは、授業目的を達成するために、さまざまな角度から既習漢字を再生する活動を授業に取り入れた。同時に無理のない範囲での語彙の拡張と既習漢字を整理する活動を行った。教師から学生へという一方向の関係ではなく、教室全体で学び合うことを考え、漢字クラスをデザインし実践した。

2. 授業の概要

2.1 開講期間とスケジュール

　授業は2008年秋学期10月1日から翌年1月21日にかけて、1週間に1回、1コマ90分、全13回実施した。この学期の13回のスケジュールは以下の表1の通り[4]である。

表1　スケジュール

回	授業内容
1	Introduction、26課
2	27課 28課
3	29課 30課
4	31課 32課
5	【復習テスト1】、33課 34課
6	35課 36課
7	37課 38課
8	【復習テスト2】、39課 40課
9	41課 42課
10	43課 44課、今年の漢字
11	【復習テスト3】、45課 46課
12	47課 48課
13	書道体験

[4] 当初の予定では、教科書の50課全てを終え復習テストも4回実施することになっていた。しかし、最終回は学習者のリクエストにより、書道体験を行った。その代わりとして、自習が出来るよう49課と50課の筆順表と読み・熟語のプリントを配布し課題とした。

2.2 学習者・担当教員・教室の環境

参加した学習者は、初中級レベルに在籍する非漢字圏学習者の18名である。担当教師は1名である。

使用教室は、前方に黒板と教卓のある小教室であり、学習者とは対面で授業を行った。学習者が少ない場合は机をコの字型に変えたほうが、筆順のチェックなどがしやすい。

2.3 1コマ(90分)の授業の流れ

1回の授業の流れを表2に示す。はじめに復習を行い、次に新出漢字の読み書きの確認、語彙の拡張練習、フラッシュカードで読みの復習を行うまでが一連の流れである。学習者が漢字の練習に集中できるよう、また単調にならないよう適宜、活動を取り入れた。それらについては後述する。

表2 授業の流れ

	流れ	留意点	教具・教材
復習	前回学習した漢字のカードを学習者に2枚ずつ配り、黒板に熟語(読み方も)を書いてもらう。その後、全体で確認する。	学習者は、正しいか正しくないか、学習者同士でジャッジする。教師は、宿題でチェックした結果共通してみられる間違いについてフィードバックする。	漢字カード
新出漢字の練習	ステップ1(9字)の新出漢字導入		教科書
	①読みを学習者に聞く。	文法の教科書で先に習ったので音では知っている場合がある。	
	②教師が音読み・訓読みを黒板に書く。(学習者は教科書の音・訓読みを書く欄に記入する)	訓読みは「送り仮名」と「自他動詞」の確認をする。	

新出漢字の練習	③新出漢字を大きく書いて筆順確認する。（既習の類似漢字と字形を比較させる）	筆順の意識化のために、漢字を選んで画数を先に尋ねる。 その他にも、1画目はどこか、次はどこを書くかなど、聞いてみる。 　または、この漢字は「カタカナのム と同じ」「この漢字の右は「顔」の右と同じ」など、既習の漢字をヒントに書けるようにする。 部首の確認を行う。 学習者が漢字ストーリー[5]を作る。	教科書
	④教科書の漢字練習欄に練習させる。	提出した筆順で練習しているかどうかまわって確認する。	
	⑤音読みの場合、どのように使われているか、いつ使うかなどを学習者に聞いてみる。	例：「転」 「運転」「自転車」「転職」「回転ずし」が学習者から挙がる。	
	⑥教師が音読みを中心に熟語を挙げる。	無理がない程度のものを選び、挙げる。 例1：「痛」 教科書の練習欄に「頭が痛い」とあるので「頭痛」「腹痛」を提出。 例2：「業」 教科書では「残業」があった。他に「卒業」「作業」を提出した。	
	⑦熟語の読みに幾通りかある場合は赤チョークで書き注意させる。	例：「所」 高い所(ところ) / 台所(どころ)、事務所(しょ) / 近所(じょ)	
練習	フラッシュカードを使って読み練習	全体ですぐ読めなかったものを取り出し、再度読ませる。	フラッシュカード
導入	ステップ2(14字)の新出漢字導入		教科書
	(手順はステップ1と同様に行う)		
練習	フラッシュカードを使ってステップ2の読み練習 →再度、ステップ1の読みの練習		フラッシュカード

図1 フラッシュカード(左上)と漢字カード(右下)、導入時に使用した音訓マグネット

2.4 自宅学習について

　授業で学習した課の読み書き練習のページを自宅学習に課した[6]。当クラスは授業が金曜日であったため、月曜日にクラスの担当教員に回収してもらい、火曜日にクラス担当者から返却してもらった。誤読に関しては確認を促すために、×印だけつけるようにした。漢字の誤字に関しては、赤ペンで正しい漢字を書いた。字のバランスや筆跡から明らかに正しくない筆順で練習したと判断できるものには、蛍光マーカーを使って漢字を書き、筆順を赤で書き足してフィードバックした。また、「授業の読み方、"う"があるか、ないか、気をつけよう」や「"海"○ "海"×　かたちに気をつけて」などの正確さに関するフィードバックと「ゆっくり丁寧に書こう」や「とても美しいです」など、ひとことコメントも書くようにした。

---

[5] 「漢字ストーリー」とは、漢字の形や意味から物語を作る活動である。全ての漢字ではないが、独自の物語が覚えるのに役に立つということから、学習者がストーリーを思いついた漢字に関して発表してもらった。例)薬:「楽しかったのに、草の帽子をかぶったら、病気になった。薬が欲しい」など。

[6] 『練習帳Ⅱ』の「復習テスト」の1-4のページは試験の勉強のため、試験実施の前に宿題として課していた。

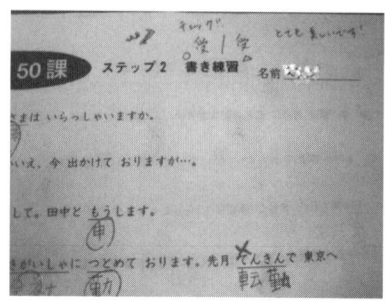

図2　宿題のフィードバックの例

2.5 習得のチェック・評価について

評価は3回の復習テストをコースの中で実施した。復習テストでは、教科書で学習した漢字を読ませる問題を20問と、書かせる問題を20問、その他に選択問題（同訓異義語・字形の弁別）も10問出題した。以下は試験問題を抜粋したものである。

復習テストⅠ（26課-32課）

1) 漢字の読み方を書きなさい。

① 去年　　② 急行　　③ 運転　　④ 手紙　　⑤ 地図

[　　　]　[　　　]　[　　　]　[　　　]　[　　　]

2) ひらがなを漢字にしなさい。

① みなみ　② げつようび　③ あたらしい　④ くうこう　⑤ けんきゅう

[　　　]　[　　　]　[　　　]　[　　　]　[　　　]

3) 正しい漢字に○をつけなさい。

① パソコンを（直す・治す）。　　　　⑥ 荷物を（待って・持って）ください。
② 病気を（直す・治す）。　　　　　　⑦ 家でよく（腹習・複習・復習）します。
③ 朝、（早く・速く）起きる。　　　　⑧ ちょっと（急いで・忙いで）ください。
④ （早く・速く）歩いてください。　　⑨ 木の上に（鳥・島・馬）がいます。
⑤ 駅で1時間も（待った・持った）。　⑩ パーティーで（着る・切る）服を買う。

テストは1問につき、1点の50問(50点満点)であり、80パーセントに満たない場合は80パーセント以上になるまで、再テストを行った。テストの方法、および合格点の設定についてはコースのはじめガイダンス時に学生と合意して決めたものであった。

　また、このテストの方法について、学生からは1)、2)番の問題も文章で出題して欲しいとのリクエストが学期末アンケートで寄せられた。出題者の意図は学習者の負担を減らすことにあったため、漢字の読み書きのみを出題していたのであるが、文脈を読んでそこから漢字を類推するほうがやさしいということであった。

3. 授業の工夫
3.1 Introduction(第1回)
　初回の授業では、クラスの概要(目的・勉強方法・教科書・予定・試験について・漢字ノート[7]の作り方)の説明をし、その後、漢字についての話をした。それと同時に学習者がどのくらい漢字の基礎知識を持っているか質問をした。まず漢字についての話として、①漢字文化圏はどこか、②どうして日本人は漢字を使うのか、③どのくらい漢字を勉強すればいいのか、④漢字を勉強するときにどのようなことに気をつければいいか、というクイズを出した。学習者はゼロ初級ではないので、皆、漢字についていろいろな知識や意識を既に持っている。もちろん、苦手意識を持っている者ばかりではないが、大半の学習者は漢字学習の困難に一度はぶつかった経験があるようだ。そのような意識を少し変えてもらうために、授業のはじめに上記のような質問を投げかけてみた。

　①に関しては、漢字に興味を持ってもらうために、日本の漢字の字体、簡体字、繁体字を比べてみせた(図3参照)。そして、②に関しては、A「きょうはいしゃにいく」、B「はははははははとわらう」を漢字に変えて書くように指示し、書いてもらった[8]。するとAは「今日は医者に行く」と「今日、歯医者に行く」の2通り答えが出た。Bについては、皆、文の意味がわからないと

---

[7]「漢字ノート」とは、漢字学習のための自習用ノートのことである(市販のノート)。

[8]「知るを楽しむ　この人この世界 金田一秀穂 日本語のカタチとココロ(教育テレビ　2007年6-7月放送)」の中で金田一秀穂が挙げた例。

いうことであった。Bは少々意地悪な問題だが「母はハハハハハと笑う」と書いて説明したら「なるほど！」という声が聞こえた。③に関しては、日本人が生活でよく使う漢字である常用漢字は1945字[9]だけという話をした。学習者は、無限にあってそれを覚えなければと思っていた漢字が2000字より少ないことに驚いていた。また、④に関しては、印刷の書体を注意深く見て練習するようにと注意した。ゴシック体、明朝体、教科書体など、いろいろな書体でプリントしたものを並べ、どの部分が違うかを見比べた。また、電子辞書の書体を手書きする際の注意点も併せて説明した。このように説明したのは、先に注意を促すことによって、練習する際にもよく注意して見てくれるのではないかと考えたからだ。

また学習者の持っている辞書の使い方を個別に指導してまわった。実際、漢字の辞書が入っていない辞書もあり、紙の辞書を引く者もいた。しかし、いい電子辞書を持っていてもなかなか使いこなせておらず、どのように検索するかもわかっていないようだった。ほとんどの辞書はタッチペンで操作ができるようになっており、その機能がない電子辞書については部首検索と総画数検索の方法、部品読みを使った検索方法を練習した。

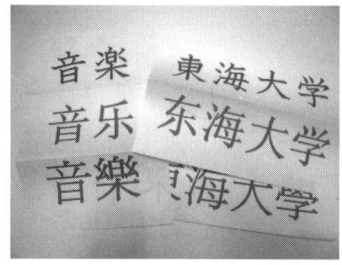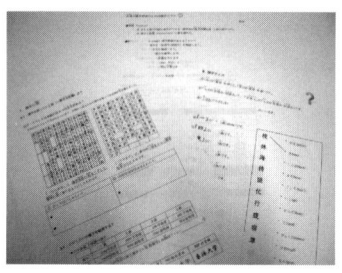

図3 漢字の字体の例と「Introduction」で使用したプリント

3.2 グループワーク

学習者同士で協力して、漢字を書いたり、思い出したりすることは漢字を覚えることの助けになると考え、復習テストの前の回に、3、4名のグループになり、既習漢字のカードを渡し、復習を兼ねてA3用紙にマジックペンで熟語を思い出して書く活動をした。繰り返し、学習者の目に触れさせることによって、定着を促した。タイマーで時間を区切り、グループ対抗で行うと他のグ

---

[9] 2010年に常用漢字表が改定され2136字となった。

ループに負けまいと、皆、一生懸命に取り組んでいた。誤字は省き、全体で確認して、ポイントが一番多いグループを決めた。教師は学習者が書き出した紙を持ち帰り、ワードで清書して、グループワークの語彙帳としてフィードバックした。また、偏や旁、冠などを提示して、学習した漢字を書き出す練習も行った。熟語を書き出す活動と同様に、グループ対抗で行うと競って積極的に漢字を出し合っていた。

3.3 その他：漢字と親しむ活動
漢字に少しでも関心を持ってもらい、楽しく勉強してもらえる仕掛けとして、以下のような活動も行った。

3.3.1 今年の漢字(第10回)
毎年、財団法人日本漢字能力検定協会より発表される、その年をイメージする漢字一字を選ぶ「今年の漢字」よりヒントを得て、学習者個々に今年の漢字を選ばせ発表してもらった。まずは12月12日の漢字の日に発表された「今年の漢字」に関する新聞記事を見せて、2008年の漢字の「変」が選ばれた理由を簡単に説明した。そして教師自身の選んだ漢字を太いマジックで書き説明した。同様に自身の今年一年を振り返っての漢字を一字選ばせ、個々のエピソードを披露してもらった。学生が選んだ漢字は「新」「金」「友」「家」「教」「楽」「寒」「叶」「夢」などであった。ほとんどは「新生活」でのエピソードであり、そこで体験した「お金の大切さ」についてや「新しい友達との出会い」や「家族と離れた生活」などだった。

前の学期のクラスでは、自己紹介の際、好きな漢字を同様の方法でひとつ選び、紹介してもらった。自分と漢字を結びつけることも、与えられた漢字を学ぶだけでなく深い学びになるのではないかと考える。

3.3.2 書道体験(第13回)
コース中盤に学習者から「書道がしてみたい」というリクエストが出た。そして急遽予定を変更し、書道体験を最終授業で実施した。今回のクラスは全員、書道が初めてということで、まず「どんなときに書道をするのか」や「書

道の道具の名前」を簡単に紹介した。それから、道具(筆、硯、文鎮、下敷き、半紙)を配り、筆の持ち方、半紙のおさえ方、書くときの姿勢等の指導をした。そして、「一」と「十」を練習し、次に「とめ」「はね」「はらい」の練習をするために「永」の字で練習した。説明後、半紙にそれぞれの好きな言葉で練習をした。教師が手本を書き、また筆の運び、力の入れ方などの指導も行った。そして、最後に好きな言葉を色紙に書き、朱印を押し作品を完成させた。

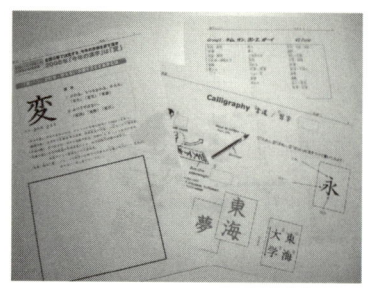

図4 「グループワーク」「書道体験」「今年の漢字」で使用したプリント

4. おわりに

上記の取り組みが学習者と漢字との距離を縮め、また興味を持って活動に参加する契機となっていたのは確かであった。ひとつの方法だけではなく、さまざまな方法を組み合わせて授業の中に取り入れていけば、活動を通して学習者は漢字を自分のものとして使えるようになるのではないかと感じた。

また、今回のクラスでは授業を行う中で、学習者から非常に有益な情報が得られた。学習者から得た情報は、例えばテストの実施方法、出題方法や合格点の設定などである。自分の練習したノートを見せ合ったり、辞書検索方法の「技」を教え合ったりといったことが授業の中でも見られた。一人で勉強できる漢字をあえてクラスで学ぶ意義を持たせるためには、学習者同士で情報の共有ができたり、協働しながら体験的に学べる場になるよう授業をデザインしたい。

■ 参考文献 ■

川口義一・加納千恵子・酒井順子（1995）『日本語教師のための　漢字指導アイデアブック』創拓社.

東京国際日本語学院（編著）（2004）『みんなの日本語初級Ⅱ 漢字練習帳』スリーエーネットワーク.

Mitamura, Joyce Yumi & Yasuko Kosaka Mitamura（1997）*Let's Learn Kanji: An Introduction to Radicals, Components, and 250 Very Basic Kanji*, Kodansha International.

2008 年今年の漢字　http://www.kanken.or.jp/kanji/kanji2008/kanji.html#Linka　財団法人日本漢字能力検定協会

実践報告

第2章 海外在住の幼児・児童のための漢字教育

清水　秀子

●実践校	デンバー日本語補習学校（アメリカ）
●クラスの目的	1) 海外在住の日本人児童が活動を通して楽しく漢字を学ぶ。 2) 子供の認知発達の特性を考慮して漢字を指導する。
●学習者数	1〜15人
●学習者のレベル・国籍	初級・アメリカ在住の日本人幼児・児童
●使用教材	なし
●準備するもの	模造紙・マジック・漢字カード・粘着テープ・両面テープ 水筆・水筆用特殊ボード（水筆紙）・丸いチップ

1. はじめに

　世界の多くの主要都市には海外在住の帰国子女を対象に設立された補習学校や日本語学校がある。学校の目的は子供達が帰国時に日本の教育制度にスムーズにとけ込めるように日本の教科書を使用して教育を行うことであった。しかし、時代の変化に伴い、米国の多くの補習学校で学ぶ児童、生徒は永住日本人の子弟、国際結婚の父母を持つ子供など、日本語を継承語として学ぶ子供達が増加している。

　日本では、乗り物の中や街角や看板などを媒介としてさまざまな漢字情報を得る機会があるが、海外子女の場合、日本で生活する子供と違い、日常生活の中で漢字を目にする機会は皆無に近い。漢字を学習するのは、主に日本語学校や補習学校での授業である。特に授業での漢字学習では教師の教授法が重要で学習に大きく影響する。

本稿ではそういう子供達が漢字に興味を持ち、授業のなかで楽しみながら学べるようなアイデアを紹介する。漢字教育のカリキュラムはデンバー日本語補習学校幼稚園部のミモリみさ子教諭とともに園児の為に実践したものである。ここで紹介する漢字教育のアイデアは、海外で学ぶ子供達だけでなく日本で日本語をJSL(Japanese as a second language)として学ぶ年少者、海外で第二言語として日本語を学ぶ中学生や高校生にも応用できる。

まず、漢字に対する認識と学習ストラテジーに関する研究について述べた後、米国の補習学校で行った漢字授業を紹介する。

2. 漢字に対する認識と学習ストラテジー

「漢字学習は難しい」と思うのは、海外で学ぶ児童だけではない。日本語を学習する大学生や教師も漢字を難しいと思っている。しかしながら、漢字は日本語の語彙のほとんどを占めている為、漢字の読み書きができなければ、日本での日常生活はもちろん教科書を読んだり小説を読んだりすることも難しい。そこで、大学での日本語学習者や日本語教育者が漢字に対してどんな認識と学び方をしているかという研究を紹介したい。

米国人教師を対象に行った漢字に関する認識と学習ストラテジー(Shimizu & Green, 2002)の統計調査の結果、教師は漢字に対して次のような考えを持っていることが分かった。( )内の数値は平均値を表す。

(1)漢字は有用だ(4.67)、(2)漢字は難しい(4.29)、(3)漢字は楽しい(4.24)、(4)漢字には文化価値がある(4.07)、(5)漢字学習には特別な能力がいる(3.06)、(6)漢字には将来性がない(1.76)。

また、本調査では多くの教師が漢字の教え方で、(1)丸暗記する、(2)さまざまな記憶法を使う、(3)文脈の中で漢字を教える、などのストラテジーが有効だと考えていた。教師の漢字に対する認識とストラテジーの相関関係を分析した結果「漢字の有用性」「漢字の文化的要素」を認識し、「漢字は面白い」と思っている教師は、漢字を教えるにあたって、さまざまな記憶法を使ったり、文脈の中で漢字の使い方を教えたりする傾向があることが明らかになった。

米国の日本語学習者を対象にした漢字に関する認識と学習ストラテジーの調査(Mori & Shimizu, 2007)の結果によると、学習者の漢字に対する認識は先行

研究(Shimizu &Green, 2002)と同じであった。しかし、ストラテジーに関しては次のようなストラテジーを使って漢字を学習していることが分かった。平均値が高い順に(1)機械的丸暗記(4.75)、(2)語構造分析(4.44)、(3)文脈を介する(4.06)、(4)連想法(3.44)、(5)どうやって学習していいか分からない(3.02)、(6)メタ認知ストラテジー(2.82)であった。メタ認知ストラテジーというのは漢字学習の計画を具体的に立てたり、「どのくらい覚えたか、また、どんな漢字知識が不足しているかを自分でチェックする」など、学習を自分でモニターするストラテジーである。この調査(Mori & Shimizu, 2007)の結果から、学習者は機械的暗記ストラテジーが最も有効だと考えていることが分かった。この考え方は先の調査(Shimizu & Green, 2002)での教師のストラテジーとも共通しており興味深い。教師の漢字指導が影響している可能性があるかもしれない。

また、学習者はメタ認知ストラテジーをあまり使っていないことも分かった。メタ認知ストラテジーを学習者に奨励するために、学習者の意識を高める指導をする必要がある。漢字認識と漢字学習ストラテジーとの相互関係の分析結果では、漢字学習が「楽しい」「漢字には文化価値がある」と捉える学生は、漢字学習に工夫があり、語構造分析を学習に取り入れていた。学習を「難しい」「自分には能力がない」と考える学生は「丸暗記」して学習する傾向があることも分かった。 また、漢字を「難しい」と思い、「漢字学習には特別な能力がいる」と考えている学生は「丸暗記」に頼る学習ストラテジーを用いる傾向もあった。このような結果から、教師や学生が漢字に対して興味を持ち、漢字学習が楽しいと思い、積極的な指導と学習に取り組むことが漢字能力を高めることにつながるという結論が導ける。米国でのこういった漢字に関する研究の結果は日本で漢字を教える教師にも共通していた(Shimizu 2004)。2004年に日本の小学校の国語教師・JSL(Japanese as a second language)・JHL(Japanese as a heritage language)などの3つの教育環境での教師に対して漢字教育の認識とストラテジーについてインタビュー調査した。この調査でも同様の結果が得られたことから、漢字教育一般にも応用できることが多いと思われる。

漢字能力を高めることは漢字の知識を増やすことでもあるが、それでは漢字のどのような知識を獲得する必要があるのかというと、意味・読み(訓・音・熟語)・文脈からの選択(読み・意味)・語構造(部首・構成要素)・書き(単字・

熟語)・字形・用法(品詞・送り仮名)のような漢字知識の項目が挙げられる(加納・他 1992, 1995)。

　学習者が「読み物」の中の漢字語彙を読んだり作文で書いたりする際に、その文脈の中で、上記の漢字知識が必要になる。日本の小学生が学習する教育漢字は1006字である。学年別漢字配当表により、機械的に上記の漢字知識を学習することは日本の小学生にとってもきわめて単調で面白みのない学習なのではないだろうか。3年生・4年生ではそれぞれの学年で200字を学習する。4年生の教育漢字では象形文字より形声文字が多くなり、抽象概念を組み合わせて構成される熟語が多くなってくる。9歳頃になると、児童の思考形態にも変化が現れ、抽象概念を理解できるようになる。この思考形態の移行には目に見えない「壁」がある。その壁を乗り越えられる子供もいるし、「壁」にぶつかる子供もいる。この9歳の「壁」にぶつかる児童は、推測したり、考えたりする力を十分に訓練されていないという問題があることも一つの原因なのではないだろうか。

　本稿の幼児・児童に対する漢字学習では、漢字学習を楽しくするという視点に立って、授業のカリキュラムを作成した。漢字学習が楽しいと思うようになれば、「壁」も乗り越えやすくなると考えた。漢字の構造分析も教え方の工夫によって、漢字が楽しく学べる。漢字の語構造を分析する学習は単漢字だけでなく漢字の概念の組み合わせで構成される熟語の理解も深め、子供の考える力、推理力も養える。語構造を教えるにあたっては、漢字を偏や旁より、もっと詳細に分解して漢字の成り立ち・起源にさかのぼって教えることが漢字学習を楽しくさせ、文化的知識も学べることがある。例えば、「学」という漢字には、ワ冠の上にツに似た部分があるが旧字体では「學」と書く。一説によれば、旧字体の冠の上部は大人が両手を差し伸べた形を表す。その両手の間には「x」が二つあるがこれは大人と子供の相互交流を表す。ワ冠は家や、学校のような建物を表す。この字は「学ぶ」の概念を表している。つまり、「学」という字には子供が大人や教師との交流を通して家や学校で学ぶという意味があるという説明が成り立つ。これを紙芝居のように絵にして子供達に語構造を推理させながら提示していくと子供達は漢字に興味をもつ。漢字の起源には学者に

よってもさまざまな説があるが、子供にとって分かりやすいものを選んだ。その為、漢字の起源の説明が複雑であり、小学生には抽象的で理解しにくい漢字については、この授業では、連想や認知的ストラテジーを使って教えた。例えば認知心理学の研究による語彙の学習や記憶を増進させる方法の一つとして、推理力を養うことが効果的であるという研究からもヒントを得た。語構造の成り立ちの説明が分かりやすい漢字はその成り立ちを説明して、読みと意味を教え、文脈からの選択(読み・意味)、語構造(部首・構成要素)を彼らの認知発達に合わせて教える工夫をした。例えば「花」は草と化を合わせた字で、つぼみは咲いて散っていく姿の変化を表している(藤堂 2003)が、後述するように子供にとっては身近な存在であるウルトラマンが変身して花になったという説明の方が分かりやすい。

3. 幼児期の漢字教育

幼児や小学校低学年児童は遊びを通して学ぶという特性がある。知的好奇心は旺盛で、面白いと思った言語活動の反復作業を好み、4歳ぐらいから言語能力の急激な発達により、絵本などの文字への関心が高まる。日常生活に密着した「～ごっこ」という遊びを好み、5歳になると想像の世界で遊ぶことができるようになる。また、運動を通してする作業も好む。幼稚園児はピアジェの認知的発達理論によれば「前操作期」では自己中心的であるが、6-7歳になると「具体的操作期」に移行していく。具体的事物、状況を把握することによって論理的思考もできるようになり、感情の発達に関しては5歳になると他人の感情を理解するようになる(高木・高橋・望月 2007)。こういった子供達の認知的・感情的特徴を理解して漢字の授業を進めた。

4. 漢字授業
4.1 概要
対象：日本語補習学校で学ぶ幼児、児童 17 名
授業回数：37 回(2008 年 4 月～ 2009 年 3 月) 毎週日曜日
1 回の授業時間：45 分(3 ～ 5 字の漢字を導入)
導入漢字：小学校 1 年生の教育漢字 73 字(表 1)

第2章　海外在住の幼児・児童のための漢字教育

表1　導入漢字73字(小1教育漢字から)

目	耳	口	手	足	大	中	小	犬	山	川	上	下	月	木	雨	森	虫
魚	火	水	見	聞	立	走	車	鳥	母	子	力	男	女	石	土	羽	赤
青	白	人	出	休	肉	牛	馬	花	右	左	一	二	三	草	日	空	四
五	六	七	八	九	十	田	米	林	名	夕	町	本	学	先	生	金	書	光

指導教師が年度末に学校で一人一人の子供にそれぞれの漢字が読めるかどうかを確認した。各漢字の回答正解率(数字は%)は表2のとおりである。

表2　授業37回終了後の漢字テスト回答率(数字は%)

目	耳	口	手	足	大	中	小	犬	山	川	上	下
67	47	93	93	93	93	73	87	100	87	80	93	87
月	木	雨	森	虫	魚	火	水	見	聞	立	走	車
53	40	100	67	60	67	60	73	53	33	60	33	80
鳥	母	子	力	男	女	石	土	羽	赤	青	白	人
53	67	60	73	67	67	40	33	53	87	33	93	47
出	休	肉	牛	馬	花	右	左	一	二	三	草	日
33	27	60	33	73	40	60	53	93	100	100	13	27
空	四	五	六	七	八	九	十	田	米	林	名	夕
20	47	53	67	60	67	73	80	20	27	13	7	7
町	本	学	先	生	金	書	光					
13	40	13	7	7	13	20	20					

＊ミモリ教諭が2008年に行ったテスト結果より

5. 漢字クラス紹介10回分
5.1 授業の手順
導入部

その日に教える漢字3～5字の象形文字を中心に、成り立ちを子供に分かりやすい絵を使った紙芝居で紹介する。導入は起源になる絵から紹介して、どんな漢字になるか、その過程を子供達に推測させてお話を作りながら、最後に漢字を見せる。または反対の順序で漢字の起源を探っていく。

■ 清水　秀子

書き順
　ホワイトボードに水性マジック、または水筆、水筆用特殊ボードに漢字の書き順を紹介してから、子供に書かせる。

アクティビティー
　導入した漢字を使ってアクティビティーやゲームをしながら、漢字の読み方の記憶を定着させる。

6. 10回の授業で紹介した漢字とアクティビティー
6.1 導入漢字A:「目」「耳」「口」「手」「足」
学習のねらい：体に関連する漢字をまとめて学習すると記憶として残りやすい。全部が象形文字なので覚えやすい。
用意するもの：模造紙、マジック、漢字カード(園児または児童の人数分以上、カードの裏に模造紙に貼れるような粘着テープなどをつけておく)

導入漢字Aの紹介
　最初に「目」と書いた紙(図1-1)を見せて、どのような意味の漢字だと思うかと子供達に聞く。そして図1-2、図1-3の絵を順番に見せて、何に見えるかを推測させる。最後に図1-4の絵を見せると意味が分かる。子供達を2つのグループに分けて、速く推測できたグループの得点にする。「耳」・「口」・「手」・「足」の漢字も同様に漢字がどのような絵になっていくかを推測させる。

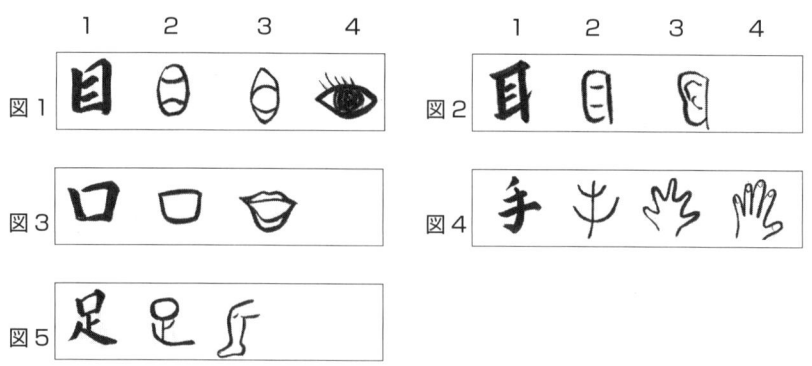

アクティビティー
(1) 模造紙に人の顔と幼児の等身大の体の輪郭の絵を描いて、床または壁や黒板などに貼る。
(2) 「目・耳・口・手・足」の 漢字を一つずつ書いた漢字カードを机の上、または床にバラバラにして並べておく。教師は子供の名前を一人一人呼んで、その子に漢字カードが置いてある場所に来させる。子供は1枚、漢字カードを選び、その漢字カードを「体の絵」の中の部分にマッチングさせて貼っていく。例えば「耳」という漢字カードを拾って、絵の耳のところに貼れば正解。

6.2 導入漢字 B:「大」「中」「小」

学習のねらい：大きい、中ぐらい、小さいという大きさの概念を表す漢字を学ぶ。子供にとって身近な動物である犬の絵を利用し、漢字と関連付けると覚えやすい。

用意するもの：15匹の犬の絵を描いた模造紙1枚、「大」と書いた漢字カード5枚、「中」と書いた漢字カード5枚、「小」と書いた漢字カード5枚

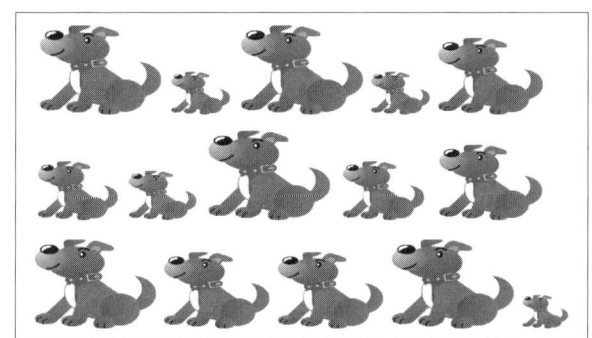

導入漢字 B の紹介

図6　「大」という漢字を見せた後、意味を考えさせる。2枚目の絵を見せて意味を教えた後、子供達を立たせて、「大」と言う漢字のような姿勢をさせてみる。

図7  「中」と言う漢字には「中心」「中ぐらい」という意味があると教えてから子供3人ぐらいで手をつないで細長い形の円を作り、その中に子供が一人中に入り、「中心」の概念を説明する。

図8 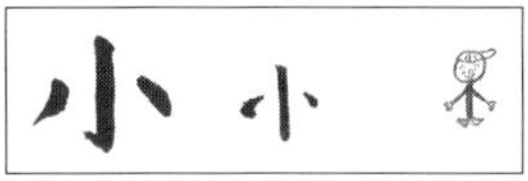 子供達に「小さくなってください。」と言うと子供達はたいていしゃがむ。そして「小さい」という概念を説明する。

アクティビティー
(1)「大」「中」「小」の漢字を一つずつ書いた漢字カードを机の上、または床にバラバラにして並べておく。
(2) 教師は子供の名前を一人一人呼んで、その子に漢字カードが置いてある場所に来させて、漢字カードを1枚選ばせる。
(3) 子供は、その漢字カードを模造紙に描いてある大中小の「犬」にマッチングさせて貼っていく。例えば小さい「犬」の絵の上に「小」と書いた漢字カードを貼れば正解。

6.3 導入漢字C:「上」「下」

学習のねらい：指事文字で抽象的な概念を表す漢字を学ぶ。机の上や下に何かがあるという具体的な説明で漢字の意味と関連付けて学習すると覚えやすい。

用意するもの：模造紙、両面テープ、「上」と書いた漢字カードを15枚、「下」と書いたもの15枚

導入漢字Cの紹介

「上」と「下」は抽象概念を表す指事文字だが、子供にはボールなどを机の上や下に置いた絵を見せて、「上」と「下」の漢字を見せて成り立ちを説明する。

図9　　　　　　　　図10

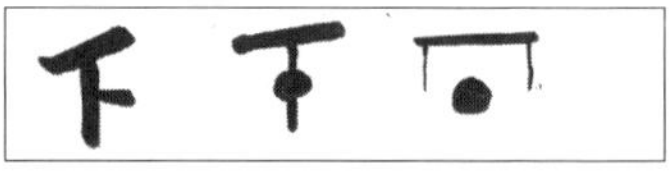

アクティビティー
(1) 模造紙に漢字を書いた漢字カードと同数の机や椅子の絵を下記のように描き、それぞれの絵の上下の位置にマジックテープを貼っておく。（実際の模造紙には机15個と椅子15個を描く。）

(2) 子供が「上」と書いてある漢字カードを選択した場合は子供がそのカードを机や椅子の上の位置に貼る。
(3) 教師が「カードをどこに置いたんですか。」と質問して「机の上」などと置いた場所を言葉で答えさせる。

6.4 導入漢字D:「森」「虫」「魚」「花」

学習のねらい：自然や動物を表す象形文字を学ぶ。これらの漢字の視覚的内部構成の基礎を学ぶ。具象的な漢字なので、漢字がどんなものの形になっていくのかを推理させて楽しく教えると覚えやすい。

用意するもの：模造紙、各字の漢字カード、各5枚ずつ

導入漢字Dの紹介

図11の「森」という漢字は「木」を学んだ後に紹介する。木を2つ書いて、「林」になることを説明してから3つ書くと何になるのかと聞いて子供に推測させる。

図12の「虫」という漢字を始めに見せる。その後、2枚目の絵を順番に見せて、何に見えるかと子供に聞く。

図13の「魚」も同様に漢字から具体的な魚の絵を推理させる。

図14の「花」という漢字を構成する「草冠」と「化」は人が逆さになった形(図14-3)で「姿が変わる」ということを表す。子供達にはウルトラマンと

いう身近な存在が変身すると言った方が興味を引くので、人の姿が変わって花になるという説明をする。

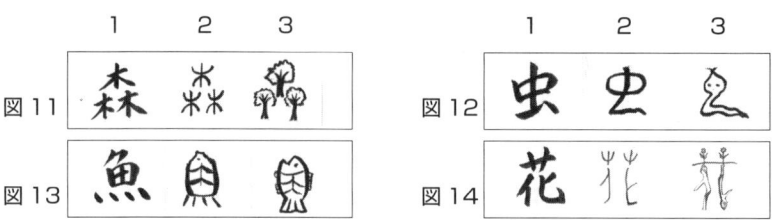

アクティビティー

模造紙に複数の「森」「虫」「魚」「花」などの絵を描いておく。「森」「虫」「魚」「花」と書いてある漢字カードを1人1枚ずつ選ばせて、あらかじめ渡しておく。子供達は教師の合図と共に自分の所持しているカードを該当する絵にマッチングさせていく。その後、2つのチームにして、競争させてもいい。

6.5 導入漢字E:「見」「聞」「立」

学習のねらい:人の動作を表現する動詞の漢字を学ぶ。見る、聞く、立つなどの漢字の成り立ちも子供達の想像を促すように話を作り上げていくと楽しく覚えやすい。

用意するもの:漢字カード(各字を書いたカード5枚ずつ)

導入漢字Eの紹介

図15の「見」は人の目の形を縦にした部分の下に「人あし」がある。「目」を動かせば「ものが目に触れる」ことを表し、「気をつけてよく見る」という意味になると説明する(下村 2000)。図16の「聞」は人が門の中で、外で誰かが話しているのを聞いていることを表していると説明する。

図17の「立」は人が地面に立っている姿を意味していると説明する。

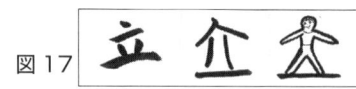

アクティビティー

(1) クラスを2チーム（A, B）に分け、教師はAチームの1人の子供に漢字カードを見せる。
(2) 子供は声には出さず漢字の意味を表わすジェスチャーをする。
(3) 教師が漢字カードを床に並べる。Bチームの子供達はそのAチームの子供のジェスチャーが何を表しているのか考え、床に並べられてある漢字カードの中から正解を選ぶ。その後「〜ちゃんは立っています。」と文章で言う。

6.6 導入漢字F：「石」「土」「羽」

学習のねらい：自然を表わす漢字や動物を表す漢字を学習する。
用意するもの：漢字カード

導入漢字Fの紹介

「石」は崖の下にある石という絵になっていく。「がんだれ」と「口」で構成されていることを視覚的に分からせる。

「土」は大地から芽が出てくる絵になる。「羽」は鳥の翼を表わしている。部首としては羽部になるが、視覚的構成としては2つに分けることができる。

図18 〔石の字源図〕

図19 〔土の字源図〕 図20 〔羽の字源図〕

アクティビティー

それぞれの下の例のように漢字の形を2つに分解して書いた漢字カードを子供全員に1枚ずつ渡す。漢字を構成するもう一方の部分を持っている友達を探して2人のカードを合体させて1つの漢字になったら席につく。

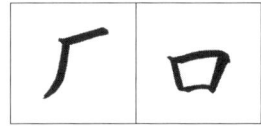
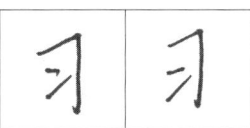
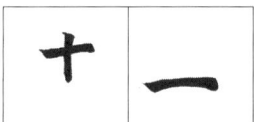

6.7 導入漢字G:「赤」「青」「白」

学習のねらい:これらの漢字の成り立ちは抽象的で、園児、低学年の小学生には説明の方が複雑になるため、心理学的実験を応用した。この実験はStroop testと呼ばれる視覚と認知的水準における色と字の認知的矛盾葛藤の心理学的実験である。この実験を「赤、青、白」の漢字を記憶するためのゲームとして応用した。これは色の判断と文字を読むという2つの異なる情報が同時に脳に入ったときの「葛藤」により色を答える反応が遅くなる現象があることを教える実験であるが、この手法を応用したアクティビティーをすると漢字が覚えやすい。

用意するもの:

アクティビティー1:赤青白の各色の用紙各5枚、黒のマジックで「赤」「青」「白」と書いたカードを各5枚

アクティビティー2:赤青白の各マジックでその色の漢字を書いたカー各2枚、実際の色と違う色の漢字を書いたカードも4枚ずつ。例えば、白の場合、漢字の輪郭を細い黒のマジックなどで描く。また、赤のマジックで青という漢字を書いたカードを用意する。

導入漢字Gの紹介

成り立ちが抽象的なので、まず書道を教えながら漢字を紹介する。この際、水筆紙[1]を使う。この紙に「赤」「青」「白」の漢字を習字で書きながら書き順を練習する。書き上がると、字が消えてしまうので、子供達は驚く。

図21 赤 青 白

アクティビティー1

赤、青、白の色画用紙を床に置いておく。1人1枚ずつ「赤」「青」「白」と別の色で書かれた漢字カードを持ち、教師の合図で自分の漢字カードと同じ色画用紙のところに集合する。

---

[1] 水をつけた毛筆で書くと、墨で書いたのと同じように紙に書けるが水分が蒸発すると字が消える紙。

アクティビティー2

教師が「赤」「青」「白」と別の色で書かれたカードと同じ色で書かれたカードを次々に提示して、子供達に漢字を読ませる。人間はことばの意味が分かっていても、色を表す漢字が別の色で書かれていると、その色を無意識に言ってしまうことがあるので色の認識を漢字で認識する学習につながる。

6.8 導入漢字H：「人」「休」「出」「肉」

学習のねらい：漢字を文脈の中で学習する。漢字を使って文章作りを練習する。
用意するもの：漢字カード各5枚

導入漢字Hの紹介

図22の「人」という漢字の起源には諸説があるが、ここでは子供達に分かりやすいように人が横向きの姿になっていくことを推測させる。図23の会意文字である「休」は人が木の下で休んでいると説明する。図24の「肉」は肉片になっていくことを推測させる。

図22 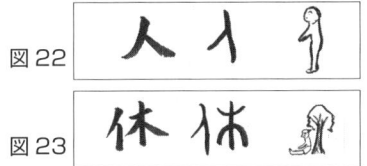　図24
図23

アクティビティー

(1) 漢字カードを1枚ずつ渡しておく。教師が「お母さんが肉を買ってお店から出てきました」などの文章を言い、それを聞いて子供達は、自分の持っている漢字が文章中に出てきたら、漢字カードを持って前に出る。
(2) 子供全員でその漢字を見ながら、(1)で教師が言った文章を言ってみる。そのあと、同じ漢字を使ってみんなで別の文章を作ってみる。例えば「お母さんは肉を買いに行きましたが、スーパーに肉がなかったので出てきました。」など。

■ 清水　秀子

6.9　導入漢字 I:「一」「二」「三」「四」「五」

学習のねらい：数字の漢字を学習する。指事文字の抽象的な概念だが、手を使って、その手の動きから数字の形になるプロセスを順番にみせる。

用意するもの：赤青白の色で丸い形をしたプラスチック製のチップ（各10枚）、「赤一」、「白五」、「青二」などと書かれた漢字カード15枚

導入漢字 I の紹介

最初に図25の「一」の字の形を表す手の絵を見せて何という数字になるか、子供達に推測させる。そして「一」の漢字を見せて意味を分からせる。図26、図27、図28も同様のプロセスで「二」「三」「四」を紹介する。図29では、二本の線で三本の線を足すといくつになるかと子供達に聞く。そして「五」を紹介する。

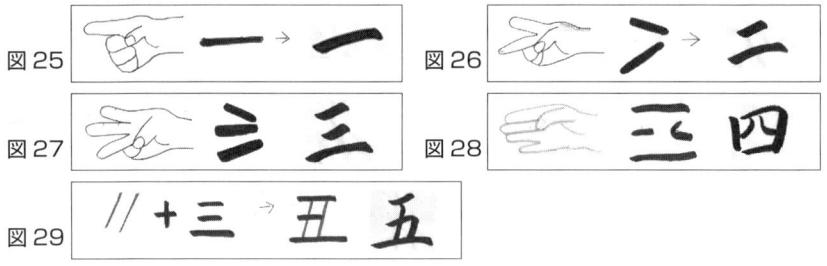

図25　図26　図27　図28　図29

アクティビティー

(1) 赤、青、白のチップをテーブルの上に置いておく。

(2) 1人ずつ、「赤一」、「白五」、「青二」などと書かれた漢字カードを1枚めくり、カードに書かれている分のチップをお皿に入れていく。

6.10　復習

これまでに学習した漢字の中から10字の漢字を選び、神経衰弱ゲームをする。

学習のねらい：既習漢字の読み方、発音、形をゲームを通して楽しく復習させる。

用意するもの：漢字カード10枚（例：「森」）と仮名カード（各漢字をひらがなで書いたカード、例：「もり」）10枚

アクティビティー

(1) 子供達は5人ぐらいでグループをつくる。教師は、各グループに漢字カード10枚と仮名カード10枚を配る。
(2) 子供達にカードを裏にして、テーブルまたは床の上にバラバラに散りばめるように言い、カードを囲んで座らせる。
(3) 1人の子供が、カードを1枚選んで表にし、もう1枚選んで表にする。選んだ2枚のカードが漢字とそれに相応する仮名カードであれば、2枚のカードがもらえ、その後もゲームを続けられる。漢字と仮名カードがマッチしていない場合は、カードをもとに戻し、隣の子供が同様にゲームを続ける。

7. おわりに

本稿ではデンバー日本語補習学校で実施した漢字の授業37回のうちの10回を紹介した。表2の37回目の授業後のテスト結果によると、90％以上の正答率だった漢字は口・手・足・大・犬・上・雨・白・一・二・三などであった。これらの漢字の正答率が高かった理由は明確ではないが、漢字の成り立ちの説明とアクティビティー、幼児の各漢字への興味などの総合的な理由によるものと思われる。漢字学習はともすれば、丸暗記に頼る無味乾燥なものになってしまいがちであるが、漢字の音・形・意味・語構造・文脈での使い方などを教えるにあたって、年齢に合ったアクティビティーを用意し、楽しく教えるように工夫することが大事であると考える。授業では子供達は絵から漢字になっていくプロセスを大変興味深く観察し、また、楽しみながら活発に漢字アクティビティーに参加していた。

■ 参考文献 ■

遊び活動研究プロジェクト(2000)「発達課題と学習内容・遊び活動との関連についての調査研究」『平成12年度紀要第8号(1)』栃木県総合教育センター.
加納千恵子・清水百合・竹中弘子・石井恵理子(1992)『Basic Kanji Book vol.1』凡人社.
加納千恵子・清水百合・竹中弘子・石井恵理子(1995)『Basic Kanji Book vol.2』凡人社.
下村昇(2000)『漢字絵とき字典』論創社.
藤堂明保(2003)『例解学習漢字辞典』小学館.

高木真由美・高橋道子・望月登志子（2007）「幼児期の他者の感情理解の発達：文脈に沿った感情変化を通して」『東京学芸大学紀要』58, pp.135-145.

Mori, Y., & Shimizu, H. (2007). Japanese Language Students' Attitudes toward Kanji and their Perceptions on Kanji Learning Strategies. *Foreign Language Annals.* Vol. 40, No.3 Fall 2007, pp.472-490.

Piaget, J. (1985). The Equilibration of Cognitive Structures: The Central Problem of Intellectual Development (T. Brown & K. J. Thampy, Trans.). Chicago: The University of Chicago Press.

Shimizu, H. and Green, K. (2002) Japanese Language Educators' Strategies for and Attitudes Toward Teaching kanji. *Modern Language Journal. Vol.* 86 *summer.*

Shimizu, H. (2004) Comparison of Teachers' Beliefs about Teaching Kanji among SLJ, JHL, and Japanese Language teachers for Young Learners. In the workshop of Teaching Japanese for Young Learners. International Conference on Japanese-Learning Teaching, Tokyo.

実践報告

第3章 初級からの辞書引き指導の試み
－日本語学習の幅を広げるために－

濱川　祐紀代

●実践校	桜美林大学日本語プログラム
●クラスの目的	1)読めない漢字があっても、そのことばを辞書で調べられるようになる。 2)字形の認識力を付ける。
●学習者数	5～20人
●学習者のレベル・国籍	入門～初級・非漢字系(多国籍)
●使用教材	1)『新装版 講談社漢英学習字典』(春遍(2001)講談社インターナショナル)　2)『初級の漢字』(濱川(2008)自作教材)
●準備するもの	なし

1. はじめに

　本稿では桜美林大学日本語プログラムにおける初級漢字クラス(選択科目)の実践を紹介する。以前、初級と中級の学習者に「分からない漢字があるときどうするか」を問うアンケートをとったところ、どちらのレベルの学習者も「知らないことばを辞書で調べることができる」と回答するものが多かったが、具体的にその辞書の使い方を尋ねてみると、「和英辞典で調べる」「読み方の分からない語彙は無視する」「読み方の分からない漢字は辞書が使えないので、だれかに聞く」という回答が多かった。

　初級では教師が語彙リストを用意し、漢字表記・読み方・意味(母語など)が提示されていることが多い。これは教師が、教師にとっても学習者にとっても

■ 濱川　祐紀代

時間短縮につながると考えたからであり、国内外を問わずとられている方法である。しかしこのことは、「自分1人でことばを調べられない」学習者を生んでいないであろうか。中級に進み、語彙リストが用意されなくなったあと、どのような状況が待っているであろうか。

　筆者は少なくとも辞書を使って調べられるようになることが学習の基本スキルだと考え、初級漢字クラスに辞書引きを取り入れることとした。

2. 初級漢字クラスについて

　本稿は2008年度春学期(4～7月)の初級漢字クラス「日本語演習(初級・漢字)」の実践例を中心に報告する。本クラスでは、読み書き練習などを行わず、字形の認識力を高めるパタン分類や知らないことばを辞書で調べられるようになる練習を中心に進めていった。桜美林大学日本語プログラムには、自律学習のためのチュートリアル[1]と呼ばれるクラスも開講されており、そこでは学習者が自分で学習内容・進度・方法などを決めることができる。そのため、従来行われてきたような漢字の読み書き練習を希望する学習者にはチュートリアルクラスを選択するように勧めた。

2.1 履修者

　本クラスの履修対象者はひらがなやカタカナをこれから学ぶ入門レベルから初級後半レベルまでの短期留学生(半年または1年の交換留学生)である。また『漢英学習字典』(2001)(以下、『KLD』とする)が英語とローマ字表記で作られているため、英語の理解に困らない非漢字系学習者を対象とした。履修者が多い学期には、日本人大学生のボランティアも参加し、教師の補助や学習者の活動のサポートをした。

2.2 授業概要

　授業概要は表1のとおりである。履修希望者に配付したシラバスは、英語で書かれており、表1、表3、表4などの内容が含まれている。

---

[1] 桜美林大学日本語プログラム「グループさくら」(2007)『自律を目指すことばの学習—さくら先生のチュートリアル』凡人社　を参照のこと

表1　授業概要

授業の目標	
1	日本語を自律的に学ぶための漢字学習スキルを身に付けること
2	漢字が適切かつスムーズに認識できるようになること
学習内容	
1	漢字のパタン分類
2	『漢英学習字典』(2001)を用いた漢字の検索
3	『漢英学習字典』(2001)を用いた語彙の検索
4	身の回りにある漢字に着目する
使用教材	
1	『漢英学習字典』(2001)
2	教師が配付する教材『初級の漢字』(2008)
評価	
出席 30%、　試験 40%、　その他 30%(参加態度・宿題他)	

2.3 使用教材

　学習者は学期開始時に『KLD』を購入し、毎回教室に持ってくることとした。『KLD』の構成は表2のとおりである。また『KLD』の特徴は、日本語学習者の視点に立って作成され「字型索引」が取り入れられていること、他の漢字辞典に比べて和語が豊富に取り入れられていること、親字が漢字語彙の1字目に使われていないものも語彙例として取り上げられていることなどが挙げられる。また漢字のパタン分類を取り入れていることから、繰り返し使用することで学習者の字形認識能力を向上させることができると思われる。また、教科書として、教師が作成した『初級の漢字』(2008)を配付し、辞書とともに持ってくることとした。

表2 『KLD』構成[2]

	内容
1	概要:『KLD』の特徴・凡例・説明等
2	字典:字型(パタン)1〜4の順に漢字が並べられている。親字2,230とその音訓や筆順、コアミーニング(中心的な意味)、単語例が掲載されている。
3	付録:パタン・画数・ローマ字等に関する説明
4	索引:音訓索引・部首索引・パタン索引

表3 『初級の漢字』構成

	学習項目		学習項目
1	ひらがな・カタカナ	8	部首索引
2	パタングループ	9	漢字のことばの調べ方
3	ローマ字	10	日本語入力の方法
4	音訓索引	11	同じ読み方の漢字
5	筆順・画数	12	形容詞の漢字
6	さまざまなフォント	13	動詞の漢字
7	名前を漢字で書こう	14	生活漢字

2.4 授業計画

　初級漢字クラスは1学期に13〜15回(週1回90分)開講される選択科目で、2008年度秋学期は全部で13回授業が行われた。授業計画は表4のとおりである。表4の左列の数字は授業回数、右列はその日の授業内容である。

表4 授業計画

	授業内容
1	オリエンテーション、筆ペン体験
2	ローマ字・かな変換練習、音訓索引
3	小テスト1、漢字のパタン分類、筆順・画数
4	小テスト2、さまざまなフォント、漢字の成り立ち
5	発表1(成り立ちについて)、漢字の名前

---

[2] 字型(パタン)については3.3節を参照

6	部首索引
7	中間試験
8	フィールドワーク
9	発表2(フィールドワークについて)、部首
10	書道体験
11	小テスト3、漢字のグループ
12	小テスト4、漢字のグループ
13	期末試験

3. 学習項目解説

各学習項目の内容と目的について説明を加える。

3.1 ローマ字・かな変換練習

『KLD』は漢字の読み方をローマ字で表記しているため、ローマ字を日本語として正しくまたスムーズに読めることが必要となる。一般的な初級の総合教科書とは異なるローマ字が使われている部分があり、拗音・長音・促音・撥音などは特に丁寧に確認していくことが必要である。例えば、エの長音の場合、「姉さん」は「nēsan」、「丁寧な」は「teineina」と区別するだけでなく、eの上に長音記号が必要となる。促音の場合、「一回」は「ikkai」であるが、「発注」は「hatchū」とtを入れなければならない。クラスで行ったタスクは図1、図2のとおりである。

ローマ字1

わたしたちの辞書KLDでは、ローマ字を使って、漢字を探します。また漢字の読み方を
ローマ字で確認します。ですから、この辞書KLDを上手に使えるようになるために、
ローマ字の練習をしましょう。KLDを見て、次のローマ字をひらがなに変えてください。

We look up the kanji using Romaji in our kanji dictionary, KLD. And we learn to know the readings of kanji by Romaji. Practice Romaji so that you can use KLD smoothly. Change the Romaji into Hiragana using KLD.

【 五十音 basic sounds 】　see p.900

01	au		03	motsu	
02	harau		04	warau	

【 濁音 voiced sounds 】　see p.901

01	aida		03	hajimaru	
02	odoru		04	fuben	

【 拗音 palatalized sounds 】　see p.901-902

01	gyaku		03	shokuji	
02	juku		04	basho	

【 長音 long vowels 】　see p.902

01	ōkī		04	shodō	
02	kōcha		05	mezurashī	
03	raishū		06	yūbin	

【 促音 double consonants 】　see p.902-903

01	issho		04	hacchū	
02	kippu		05	hossa	
03	mottomo		06	mittsu	

【 注意 remarks 】　see p.905

01	kinyū		03	tani	
02	kin'yū		04	tan'i	

図1　ローマ字・かな変換練習タスク例a

第3章　初級からの辞書引き指導の試み

ローマ字2

KLDを見て,次のひらがなをローマ字に変えましょう。Change Hiragana into Romaji using KLD.

【 五十音 basic sounds 】　see p.900

01	あつまる		04	ふむ	
02	おわる		05	よむ	
03	のこる		06	すすむ	

【 濁音 voiced sounds 】　see p.901

01	かぎる		04	はずす	
02	ふせぐ		05	よろこぶ	
03	きびしい		06	ならべる	

【 拗音 palatalized sounds 】　see p.901-902

01	じしょ		03	ちょきん	
02	しゅくだい		04	きょり	

【 長音 long vowels 】　see p.902

01	うんどう		04	りょうしん	
02	きょういく		05	もうける	
03	ちゅうしゃ		06	むりょう	

【 促音 double consonants 】　see p.902-903

01	けっか		03	みっか	
02	しっと		04	むっつ	

【 注意 remarks 】　see p.905

01	きにゅう		03	たに	
02	きんゆう		04	たんい	

図2　ローマ字・かな変換練習タスク例 b

3.2 音訓索引

　一般的に初級用教科書にはふりがなが振ってあることも多く、また学習者が教師の作成した語彙リストを持っていることも多い。したがって、日本語学習の中では、読み方は分かるが、語彙の意味や用法が分からないという状況が多い。このような場合に、いつもだれかに教えてもらうのではなく、自分で調べていけるようなスキルを身に付ける必要がある。そのための1つの手段としてまずは音訓索引を習得する必要があると考えた。

　『KLD』の音訓索引は、漢字の読み方をローマ字で検索する。音読みも訓読みも同じリストの中でアルファベット順に並んでいる。初級の学習者の場合、音訓索引のリストの中から該当する読みを探し出すことは容易にできるが、そこに似たような漢字が並んでいると、該当する漢字を選び出すのに教師の想像以上の時間がかかる場合がある。例えば「au」という読みの漢字を探し、「合」「会」という2つの漢字が並んでいる場合、学習者が何度もタスクシートと辞書の間で視線を往復させ確認することがある。またタスクシートの文字フォントと辞書に使われている文字フォントが異なる場合、同一の漢字であるかどうか判断のできない学習者もいる。つまり「読み方さえ分かれば問題なく辞書で調べられる」とは言えず、字形認識をサポートすること、例えばフォントや筆画に関する指導が必要だと考える。

音訓索引1 - ON-KUN INDEX -

次の言葉を辞書(KLD)で調べましょう。辞書のp.929-p.957を見ましょう。
下の表の中に、ローマ字と漢字番号を書きましょう。
それから、実際に漢字を調べて、その漢字が何ページにあるか、確かめましょう。

Look up the following Japanese words in KLD, p.929-p.957. Then write Romaji and the Kanji Number.
Verify on what page the Kanji is actually found.

A	漢字	ひらがな	Romaji	Kanji No.	page	pattern	meaning
1	慣れる	なれる					
2	乗る	のる					
3	忘れる	わすれる					
4	分ける	わける					

図3　音訓索引タスク例

3.3 パタン分類

　漢字を複雑な線の塊として認識してしまう学習者はレベルに関係なく存在しており、トレーニングを受けることで適切に認識ができるようになることが示唆されている(濱川 2006)。そこで、『KLD』に用いられている漢字のパタンを参考にタスクを作成した。『KLD』では漢字を左右に分かれる「左右型」、上下に分かれる「上下型」、2辺以上を囲む「囲み型」、どの型にも入らない「全体型」の4つのパタンに分類している。パタン分類のタスクそのものは単純な形式のものであるが、漢字から部首や音符を取り出したり、筆画を捉えたりするための前提知識となる。

　4つのパタン分類を初めて導入した3回目の授業では、漢字をA4用紙に拡大し、フラッシュカードの要領でパタン分類の練習を教室全体で行った。「囲み型」の漢字には「店」のように上と左の2辺で囲むものや「問」のように左・上・右の3辺で囲むものなど複数のタイプがあるため、混乱が起きやすい。しかし、フラッシュカードを使ってゲームのように導入しておくことで、日本語のレベルに関わらず何をすべきかがすぐに理解できるようになり、タスクシートの練習に取り掛かりやすくなった。また漢字のパタン分類タスクを行う際、たっぷり時間をかけ、じっくり考えていては、その人の字形認識力(パタンに分類する力)を正確に測ることはできない。通常、わたしたちは漢字のことばを見た瞬間にそれが何を表しているのか把握する。そこで、タスクを行うときは時間制限を設けるなどの工夫をした。

パタングループ1

それぞれの漢字は,パタン1〜4のどれに分類されますか？( )の中に適切な番号を書いてください。

Into which of patterns 1-4 is each KANJI classified? Please write the suitable pattern number in parentheses.

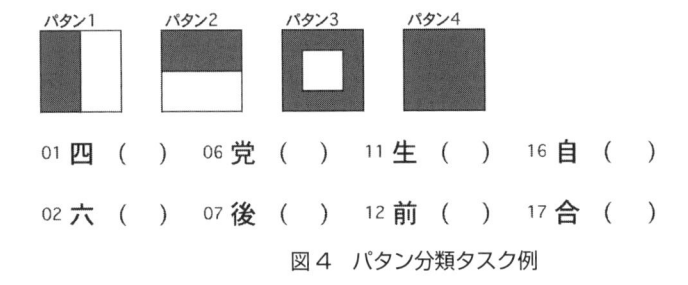

パタン1	パタン2	パタン3	パタン4

01 四 ( )　06 党 ( )　11 生 ( )　16 自 ( )

02 六 ( )　07 後 ( )　12 前 ( )　17 合 ( )

図4　パタン分類タスク例

3.4 筆順・画数

筆順は『KLD』で確認するだけでなく、タスクシートに書き写すタスクを行った。筆順を初めて導入した3回目の授業では、学習者に教師役を頼み、基本的な書き方や筆順を黒板で説明してもらった。共通言語が英語だったため、英語で情報のやり取りをし、共通理解を図ることができた。教師が説明するのとは異なり、単調さが軽減され、質問もしやすい雰囲気が作れた。

筆順や画数を教えることに対して、教師の持つビリーフはさまざまであろう。しかし、筆者は、漢字を学習する際に1字1字の筆順や画数を覚える必要はないが、一度は学習したほうがいいと考える。これは、漢字がどのように組み立てられているのかという筆画に注意が行くようになると考えるからである。ただ漠然と見ているだけでは、その筆画の感覚が養われないのではないだろうか。

学習者は筆順を書き写すタスクを面倒だと感じることが多い。しかし、画数が数えられるようになれば、電子辞書や紙の辞書だけでなく、ウェブ上の辞書やコンピュータのIMEパッドなどの総画数索引も利用できるようになる。クラスで筆画の必要性を繰り返し説明していくことによって、学習者の態度も軟化していったようである。

筆順・画数1 - Stroke Order & Stroke Count -

KLDで漢字の言葉を確認して、筆順・意味・漢字番号・ページ・画数・パタンを書いてください。
Check the kanji words in KLD, and write stroke order, kanji no., page, stroke count, and pattern.

	漢字	読み方 reading	筆順 stroke order	意味 meaning	漢字番号 Kanji No.	ページ page	画数 stroke count	パタン pattern
01	三	さん						
02	川	かわ						
03	口	くち						
04	日	ひ						
05	人	ひと						
06	大	だい						
07	桜	さくら						
08	美	び						
09	林	はやし						
10	学	がく						

図5　筆順・画数タスク例

3.5 さまざまなフォント

　フォントの特徴を知ること、手書きのポイントを知ること、異なるフォントの文字を目にしても同一の漢字だと判別できるようになることを目的とし、タスクを行った。まず、さまざまなフォントを実際に並べて見せ、特徴を説明する。例えば「弁」の上の部分の「ム」はゴシック体でも明朝体でも 3 画に見える。仮に 3 画だと思った場合、辞書で探すことは困難である。他にも「食」の左下のハネを 2 画で数えてしまう、「糸」の 1 画目と 2 画目をそれぞれ 2 画ずつに数えてしまう、などが挙げられる。たった一度の導入では身に付かないが、出てくるたびに教師が指摘していくことできちんと認識できるようになっていく。またこのような地道な指摘の繰り返しが、類字形を識別する際の助けにもなっていくだろう。

　学習者が異なるフォントを表で見比べ、実際に漢字を書く様子を見ていると、頭を抱えながら進めていく学習者が多い。ゴシック体や明朝体は日々の学習の中で見慣れているはずであるが、実際にはどこを 1 画で捉えればよいのか分からず、自ら辞書で検索し筆順欄を細かく確認する姿が見られた。

　教師は正確に字を書くように言い、厳しいチェックをすることもあるが、学習者がなぜ正しく書けないのかについて考えているだろうか。教科書・生教材・配付物などに複数のフォントが使われていないだろうか。「間違いを指摘する前に何が間違いか教えてほしい」と訴える学習者も多い。すべての漢字について指導できないにしても、その基礎となる知識をあらかじめ伝えておくべきだと考える。

さまざまなフォント2

	ゴシック体 Gothic				明朝体 Ming			
	返	聞	食	楽	茶	飲	入	毎
読み方 reading								
パタン pattern								
コアミーニング core meaning								
ことばの例 word example	返金	新聞	食堂	楽器	紅茶	飲み物	押し入れ	毎週
ことばの読み方 word's reading								
ことばの意味 word's meaning								

図6　さまざまなフォントタスク例

3.6 漢字の名前

学習者が自分の名前に漢字を充てるという活動である。自分の名前の読み方を使って音訓索引で漢字を探し、意味を考えて選ぶタスクである。例えば、名前が「マーク」の場合、さまざまな漢字が考えられるが「魔悪」と書くことも可能である。しかし、その漢字の名前を見た人は、本人の性格とは無関係であるにもかかわらず、漢字からその人の人物像を想像し、その人自身を誤解してしまう可能性もある。この活動を通して漢字が音だけでなく意味も伴うものであるということが実感できる。

3.7 部首索引

部首を導入する前に、すでに漢字のパタン分類を学習しているため、まずはパタンに分類し、「へん」「つくり」「かんむり」や「部首」という用語も導入した。漢字をパタンに分類することができても、部首がどの位置にあるのかを推測するのは難しい。そのため、73の「重要な部首」(春遍 2001: 960)を参考に、必ず認識できるようになってほしいと思う部首を20選び、その部首をもつ漢字を繰り返し提示した。例えば、「木, 氵, 攵, 阝, 宀, 艹, 灬, 門, 辶」などを選出した。

筆者は部首や部首名を覚えるべきだとは思っていない。たくさんの漢字の中から共通する部分が取り出せるようになることが大切であり、それを使って調べられるようになることが大切だと考えている。

学習者は最初、部首索引について手順が複雑だと感じているようである。しかし授業の終わるころには「部首索引が使えれば、読み方や意味のわからない漢字のことばがあっても、自分1人で調べられる」と嬉しそうな表情を見せることも多い。

さらに学習者に、部首には意味が含まれているため、漢字を記憶したり思い出したりする際のヒントにもなるということを伝え、成り立ちを扱う漢字教材や、漢字を分解しそれぞれの部分に意味をもたせるような漢字教材を紹介した。[3]

---

[3] 1) 加納千恵子・他(1992)『Basic Kanji Book』vol.1, 凡人社, 2) 加納千恵子・他(1995)『Basic Kanji Book』vol.2, 凡人社, 3) Kanji Text Research Group (2004)『250 Essential Kanji for Everyday Use』vol.1&2, Tuttle Pub, 4) KCPインターナショナル語学研修院 (1999)『1日

第3章　初級からの辞書引き指導の試み

授業の折々にさまざまなタイプの教材を紹介することは学習スタイルの個人差に対応できるうえ、継続して漢字を学習していくための情報にもなり、有意義なことだと思う。

		画数counting		部首 radical	部首番号 radical	部首の名前 radical name	漢字番号 kanji number
		へん	つくり				
1	汗	画	画				
2	活	画	画				
3	付	画	画				
4	代	画	画				
5	林	画	画				
6	柱	画	画				
7	終	画	画				
8	紙	画	画				
9	読	画	画				
10	話	画	画				
		かんむり	あし	部首	部首番号	部首の名前	漢字番号
11	安	画	画				
12	宝	画	画				
13	若	画	画				
14	英	画	画				
15	答	画	画				
16	第	画	画				
17	無	画	画	灬			
18	煮	画	画				

図7　部首索引タスク例

3.8 フィールドワーク(生活漢字)

グループでキャンパス内の食堂に行って漢字語彙を書き写し、教室に戻ってきたあと、その書き写してきた漢字語彙を『KLD』や電子辞書などを使って調べるタスクを行った。キャンパス内の食堂には、メニューだけでなく、さまざ

15分の漢字練習』〈上・下〉アルク，5)武部 良明(1993)『漢字はむずかしくない—24の法則ですべての漢字がマスターできる』アルク，6)ボイクマン総子・他(2007)『ストーリーで覚える漢字300 英語・韓国語・ポルトガル語・スペイン語訳版』くろしお出版

まな掲示があり、学習者はそれらの漢字に興味をもち、写真を撮ったりしていた。
　初級学習者の中には、留学中はサバイバルできればよしとし、文字表記から目をそらしたまま生活する者も少なくない。教師や日本人ボランティアのサポートを受けながら、学習活動として身の回りの漢字に注目すると、漢字の便利さや必要性を発見することもある。また自分で選んだことばを辞書で探す作業は、教師に与えられたタスクに答えるのとは異なり、好奇心がかきたてられるようであった。

3.9 漢字語彙の検索方法

　「部首索引」や「フィールドワーク」の授業で、読み方のわからないことばを目にしたとき、どのように辞書で調べていくのかという実践形式での練習も行った。例えば、「大学院」や「地下鉄」というように複数の漢字からなることばを調べるときの方法である。学習者は1字目を使って検索してもそのことばが見つからない場合、「このことばは辞書に載っていない」と見切ってしまうことも多い。そこで、このタスクを通して、見つからなくても諦めてはいけないこと、他の漢字で検索すれば見つかるはずだということを伝えた。日本語母語話者にとっては当たり前の方法が、日本語学習者にとって当たり前でないことも多い。単漢字の検索に留まることなく、もう一歩実際に近い形での語彙検索もサポートをしていく必要があるだろう。

4. 問いかけ文の導入

　学習者との会話の中で、「読み方が分からなかったり、字がはっきり見えないときに、どう質問すればよいのか分からない」と言われたことがある。漢字に関する質問を練習したことがないため、いざ質問したいと思うときが来ても、うまく口から出てこないというのである。そこで「問いかけのしかた」を導入することにした。本クラスではレベル差を考慮した結果、定型表現として提示し、そのまま覚えて使うこととした。例えば「すみません、この漢字はどう読みますか？」「すみません、この漢字を大きく書いてください。」などである。これらの文型は、総合日本語クラスなどで勉強しているかもしれないが、学習者は初めておもちゃを手にしたかのように、教師や日本人スタッフに積極的に

声をかけ、これらの表現を楽しんでいた。このような質問の導入は特別な時間を割く必要がなく、学習者の様子を見ながら取り入れることができるだろう。

5. おわりに

　1学期間を使って、学習者が自律的に日本語学習を進めていくために必須となる辞書の使い方を身に付けた。これは単に辞書で漢字が調べられるということだけではなく、その前提となる知識も身に付けたということである。つまり、漢字を適切に短時間で認識できること、似ている漢字の中から探している漢字が選び出せるようになること、漢字の部首を予測し部首索引が使えるようになること、複数の漢字からなることばを辞書で探せるようになること、漢字には意味があるということ、などである。

　1学期を通してしてきたことは、『KLD』を使ったからできることではなく、学習者が持っている辞書を使ってもできることだと考える。その場合、学習者がそれぞれ異なる辞書を持っているため、教師は学習者がどのような辞書を持っており、どのような使い方をしているのかについて、確認しておくことが必要になるだろう。教師が「辞書くらい使えるようになるはずだ」と考えることを止め、短時間でも語学学習の必須アイテムともいえる「辞書」を教室で取り上げることを提案する。

　「本クラスを履修すれば漢字量が劇的に増える」という効果が望めるわけではないが、学習者から「日本語学習を続けていくうえで必要な知識が身に付いた」「辞書が便利だと気付いた」というコメントを得ることができた。さらに、「身近な人に読み方や書き方を尋ねる方法が分かってよかった」というコメントもあった。「学習者が自分でできること」の幅が広がったことは素晴らしいことだと思う。1人でできることの幅が広がるということは、自分の好きな世界に飛び込んでいける可能性が広がるということである。学習者のためにもこのような試みが広がっていくことを願いたい。

■ 濱川　祐紀代

■参考文献■

桜美林大学日本語プログラム「グループさくら」(2007)『自律を目指すことばの学習―さくら先生のチュートリアル』凡人社.

濱川祐紀代 (2006)「漢英学習字典を用いた漢字学習の試み ―日本語学習者を対象とした漢字指導の実践―」『漢字教育研究』7, pp.14-41.

濱川祐紀代 (2008)『初級の漢字』桜美林大学(学内出版の冊子、国際交流基金日本語国際センター図書館で閲覧可能).

春遍雀来　(2001)『新装版　講談社漢英学習字典 –Kodansha's Kanji Learner's Dictionary』講談社インターナショナル.

実践報告

第4章 日常生活の中で見つけた漢字を共有するクラス活動
－漢字圏と非漢字圏の学習者がともに学べる活動をめざして－

関　麻由美

●実践校	津田塾大学
●クラスの目的	1)自分の身近な生活の中の漢字を意識する。 2)日常生活の中からリソースを探すストラテジーを身に付ける。
●学習者数	5〜10人程度
●学習者のレベル・国籍	初級〜上級・多国籍
●使用教材	1)『Kanji in Context』(アメリカ・カナダ大学連合日本研究センター(編)(1994)ジャパンタイムズ), 2)『Basic Kanji Book vol.1』(加納・他(1989)凡人社), 3)『Basic Kanji Book vol.2』(加納・他(1989)凡人社), 4)『Intermediate Kanji Book vol.1』(加納・他(1993)凡人社), 5)『Intermediate Kanji Book vol.2』(加納・他(2001)凡人社)
●準備するもの	B6サイズの紙、マジック・インキ、マグネット(人数分)

1. はじめに

　日本語を学ぶ人たちは多様化している。1つの大学内で学ぶ交換留学生を例にとってみても、その一人ひとりを丁寧に見ていくと、日本語の能力だけでなくその目的・目標も実にさまざまである。レベル別・目標別のようなクラス編成が可能であれば、それに越したことはないだろう。しかし、それがかなわない時、多様な学習者が同じ教室でともに学ぶにはどうしたらよいか、というところから、津田塾大学の漢字クラスの試みが始まった[1]。専門も、日本語能力も

---

[1] 筆者の前任者の齋藤伸子現桜美林大学教授が2000年度〜2001年度担当、2002年度から津田塾大学の林さと子教授のアドヴァイスのもとに筆者が漢字クラスを担当している。

漢字力も異なる多様な学習者が学びあえる活動をめざし、学期ごとの反省の上に改良を重ねてきた活動を紹介する。

2. 学習者

学習者は全員交換留学生で、半期または1年大学に在籍する。入学の時期は春学期または秋学期と人によって異なるが、各学期10名前後の学生が漢字クラスに在籍している。新入生と先学期から継続して履修する学生とが混在し、その構成は約半数ずつになっている。母国で大学3年生の時に来日する学生が多く、年齢は20歳前後、出身国はイギリス・アメリカ・オーストラリア・フィリピン・韓国・台湾などである。日本語のレベルは初級半ばぐらいから上級に至るまでの幅があり、漢字力にも大きな差がある。また、専門も日本語・言語学・文学などの人文学系、東アジア研究・政治学などの社会科学系、物理学・数学などの自然科学系、美術系などさまざまである。

3. カリキュラムとシラバス

学習期間は半期(春学期は4月から7月、秋学期は9月から1月)で、各学期、週1回の90分授業が試験日を含めて15回行われる。

このクラスでは、同一テキストを使った一斉授業を行わず、授業は個別学習、「今週の漢字」と呼んでいる全体活動、漢字プロジェクト(主に教室外の個別学習)の3つの活動からなっている(表1)。

表1 漢字クラス活動一覧

	活動①(50分) 個別学習	活動②(40分) 今週の漢字	活動③ 漢字プロジェクト
第1回	学習計画を立てる	先学期から継続して履修する学生による発表	
第2-6回	チェックテスト	全員による発表	
第7回	中間テスト(2～6回の復習テスト)	全員による発表	
第8-13回	チェックテスト	全員による発表	
第14回		学期中に発表された言葉の一覧を配付し、振り返りを行う	発表会
第15回	期末テスト(8～13回の復習テスト)		

3.1 活動①

　学習者が自分のペースで各自の目標に向かって学ぶことを目的とした個別学習である。使用するテキストも到達目標も学習者ごとに異なるため、シラバスは一人ひとり異なる。第1回の授業で、学習者はまず自分の漢字力に合わせて『Basic Kanji Book vol.1』『Basic Kanji Book vol.2』『Intermediate Kanji Book vol.1』『Intermediate Kanji Book vol.2』『Kanji in Context』の中から使用する教科書を自分で選ぶ。次に、学期終了時までにどこまで学ぶか到達目標を設定し、それに基づいて毎週の学習計画を立てる。そして、それに沿って授業外の時間に自習し、第2回以降の授業で毎週自習した範囲のテストを受け、その場でフィードバックも受ける。学習計画に無理があった場合は計画を見直し、適宜変更して学習を進めていくという方法を毎週繰り返していく。

　チェックテストと呼んでいる毎週行うテストは、上記のテキストについて課ごとに読み書きそれぞれ初級レベルは10問、中級レベルは20問のクイズを作成したものである。そのほかに中間テストと学期末テストで、学んだ範囲の復習テストを行っている。

3.2 活動②

　「今週の漢字」と呼んでいる全員参加の活動である。これは、それぞれの学習者が、身の回りから漢字1字、あるいは漢字を含む言葉を1つ探してきて、クラスで毎週発表するという活動である。例えば街中で見かけた言葉や自分が読んでいる雑誌の中に出てきた言葉や友人との会話の中に出てきた言葉など、日常生活の中で出会った言葉について、その漢字の読みや意味、また、いつどこでその言葉に出会ったかというエピソードを発表する。全員の発表が終わった時点で、発表された言葉すべてを使ったストーリー作りを行う（具体的な活動方法については4.授業例で詳述する）。この活動では、各自の発表した言葉に加え、他の学習者が発表した言葉がシラバスとなる。

3.3 活動③

　「漢字プロジェクト」と呼んでいる個別に行う活動である。自分の興味のあることをテーマにした漢字の学習素材、あるいは、後輩留学生の役に立ちそう

な漢字の学習素材を作製する。授業時間内にはプロジェクトのための時間を設けず、企画から作製に至るまですべて教室外での作業となるが、進捗状況は折に触れ学習者に確認する。テーマがなかなか決まらない学習者には、興味・関心のあることについて話し合ってテーマ選びの助けをする。そして試験前の最後の授業で作品の発表会を行う。作品例については 5. 漢字プロジェクト作品例で紹介する。この活動も、各自の作製した作品と他の学習者によって発表された作品の内容がシラバスになる。つまり、活動②と③の場合あらかじめ決められたシラバスがあるのではなく、学習者が学習材料を提供するという役割を担うことで、シラバスができあがる。

4. 授業例

　授業全体の構成を図式化したのが図1である。点線が教室外、実線が教室活動で、毎回の授業では活動①を行ったあとに活動②を行っている。授業には、大学で開講している「日本語教員養成課程」の中の1科目である「日本語教授法演習」を受講している日本人学生が、ボランティアで数人参加している。教師一人では対応しきれない、活動①のチェックテストの採点や学習者へのフィードバックを手伝っている。また、活動②においては、学習者の発表を聞いて質問するなどの参加のし方をしている。

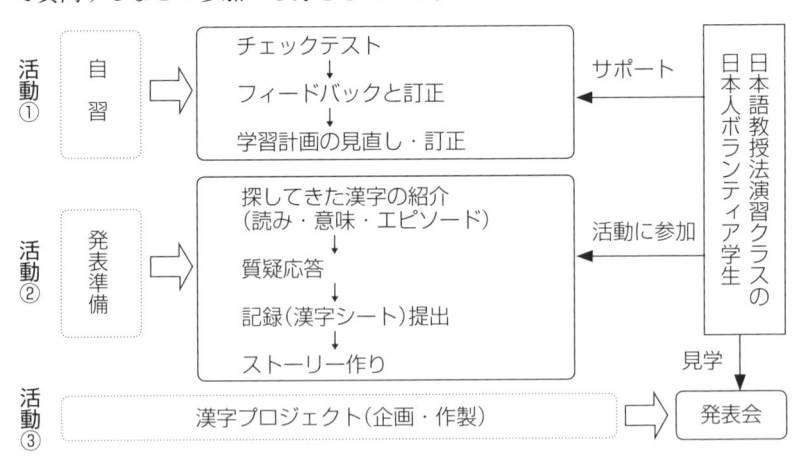

図1　授業の構成

第4章　日常生活の中で見つけた漢字を共有するクラス活動

　ここでは活動②「今週の漢字」について具体的に紹介する。
　「今週の漢字」はその名のとおり、学習者が1週間の間に身の回りで見つけた漢字あるいは漢字を含む言葉を、「私の今週の漢字」としてクラスで発表する活動である。その漢字はどこで見つけてきてもかまわない。電車の吊り広告で見つけたもの、街中で見つけたもの、今読んでいる雑誌の中で見たもの、友だちと話している時に出てきて教えてもらった言葉など、リソースも問わない。とにかく1つ探してくること、それが毎週の課題である。そうして持ち寄った漢字(を含む言葉)をクラスで発表するのがこの活動である。
　まず、活動①のチェックテストが済んだ人は、活動②の発表に備え、探してきた漢字の言葉をB6サイズの紙にマジック・インキで大きく書く(図2)。次に、自分の発表する番がきたら、前に出て、その紙をマグネットで黒板に貼る。そして「私の今週の漢字は○○です」と言って発表を始める。
　学期が始まって2回目の実際のある日の授業の様子を再現してみよう。

教　師：では、準備のできた人、「今週の漢字」を発表してください。
学生A：はい、じゃ、私します。私の今週の漢字は「一夜漬け」です(図2)。意味は、一夜の間だけつけてならした漬物とか、その時起こった事件をすぐ芝居に仕組むこと、わずかの時間で作った

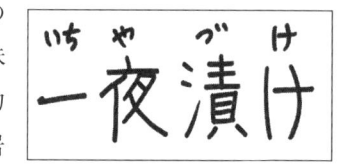

図2　黒板貼付用

脚本、小説などのこととか、急ごしらえの準備などの意味があります。今日、私が紹介するのは、3番目の意味です。先週、学校が始まってから、遊びばかりで勉強に慣れていません。ずっと遊んでいたので、きのうの夜になってから、今日の試験のために勉強しました。それで、きのう、すごく後悔しました。一夜漬けは、テストの前の夜になって、あわてて勉強することです。
学生B：一夜漬けの結果はどうでしたか。
学生A：大変でしたけど、なんとかできました。でも、たぶん、あしたは忘れると思います。(笑い)
教　師：Aさんは、この言葉をどうやって知ったんですか。

学生A：私がきのう勉強しているのを友だちが見て、「一夜漬けの勉強だね」と言ったんです。
教　師：ああ、寮の友だちから、この言葉を習ったんですね。
学生A：はい。
教　師：じゃ、今までに、一夜漬けをしたことのある人は？
　　　　（ほとんどの学生が手をあげる）
教　師：あ、Cさんは一夜漬け、したことないんですか。
学生C：はい、ありません。
教　師：それはすごいですね。じゃあ、これからも一夜漬けしなくても済むように、毎日勉強してください。ほかに質問ありますか。なければ次の方、発表お願いします。

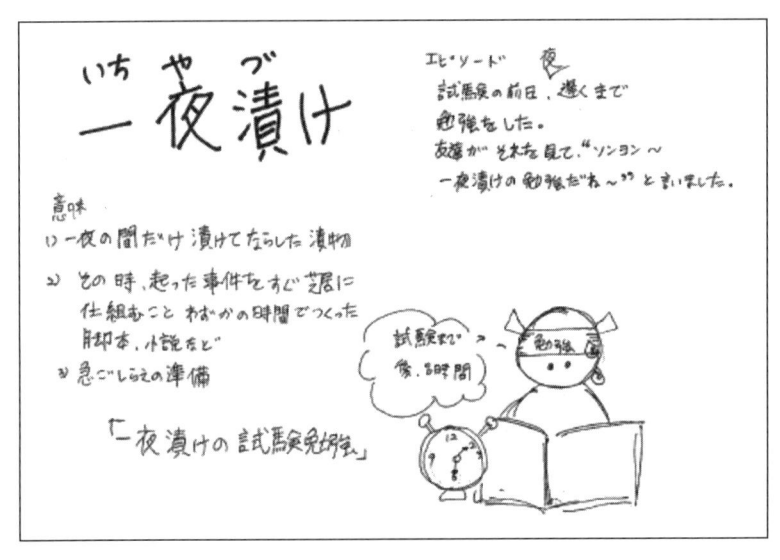

図3　提出用漢字シート

　このようにして次々発表していく。発表が終わった人は、発表内容を記録した漢字シート(図3)を教師に提出する。フォームは自由だが、発表した漢字・読み方・意味・エピソード(その漢字をいつどこでどのような状況で見つけたか)を書くよう指示している。ほとんどの学生は、活動①のチェックテストが終了次第、漢字シートに発表する予定の内容を記録して準備している。文法的

な誤りなどがあった場合は、次の授業の際に付箋をつけて学習者に返し、誤りの説明をし、訂正したものを再提出してもらう。そして、学期中に提出されたすべての漢字シートを集めてコピーし、表紙をつけ（表紙のデザインは学習者による）冊子にしたものを、学期終了後全員に配付している。その学期に皆で学んだ記録はいい記念にもなる。

　同じ日の授業で発表されたほかの漢字もいくつか紹介しよう。

学生D：私の今週の漢字は「店」です。この漢字は駅で見ました。駅の外にたくさん店があります。英語でshopです。読みは「みせ」です。買い物が好きだから、この漢字を選びました。
学生E：どんな店が好きですか。
学生D：食べ物の店とか、服の店とか…何でも好きです。
教　師：この漢字、「みせ」のほかに音読みで何と読むかわかりますか。
学生F：てん。
教　師：そうですね。○○店というときには、てんと読みますね。

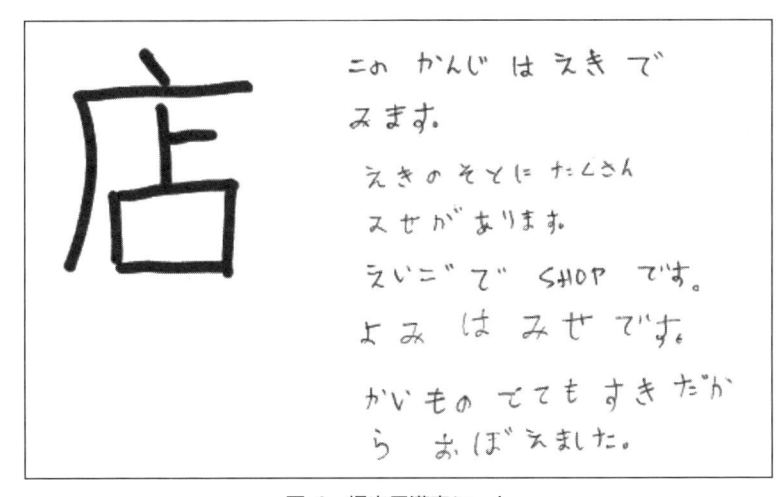

図4　提出用漢字シート

学生G：わたしの今週の漢字は「海賊」です。英語でpirateです。マンガで見ました。マンガは樋野まつりの『ウォンテッド』です。実は、わたし

　　　　は、まだ全部読みませんけど、樋野さんのマンガはいつもすてきな終わりがあります。とにかく、私は海賊の話はおもしろいと思いますから、「海賊」は私には役に立つ漢字です。
学生H：すみません、だれのマンガですか。
学生G：樋野まつりです。樋野さんのマンガは絵がとてもきれいです。
学生I：そのマンガはおもしろいですか。
学生G：はい。私は海賊の話が好きですからおもしろいです。
教　師：そのマンガは日本で買ったんですか。
学生G：はい。
教　師：どうしてそのマンガを選んだんですか。
学生G：私はアメリカで、樋野さんのファンでしたから、日本で樋野さんのマンガを買いました。

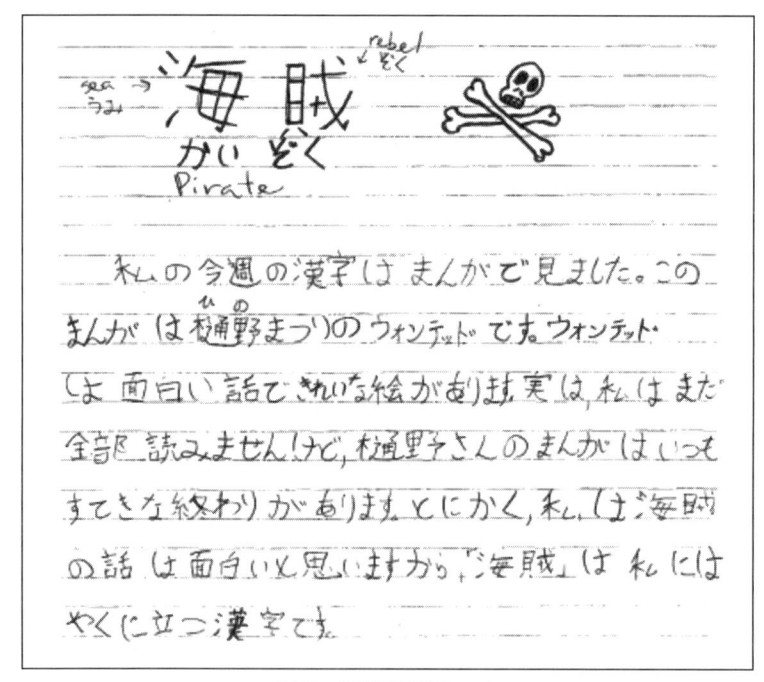

図5　提出用漢字シート

　このように、発表者は、漢字の読みと意味だけでなく、いつどこでどのような状況でその言葉に出会ったのか、自分とその言葉にまつわるエピソードを説

明する。それによって、聞いている人たちもその場の状況を思い描くことができ、発表者とともに追体験することができる。つまり、どのような文脈で漢字が使用されるかも学習できるわけである。それと同時に、他の学習者がどのようなリソースを使って学んでいるかの情報交換もできるのである。

　学習者がまだ発表に慣れていない時や、日本語レベルが初級の場合には、なかなか以上のようにスムーズに発話できないこともある。その場合には、「いつ、その漢字を見ましたか」「どこで、見ましたか」「どうしてその漢字を選びましたか」のように教師が簡単な質問をして、その時の状況がわかるような発話を引き出せばよい。どのようなリソースからどのようなストラテジーを使ってその言葉を知ったのかを、発表者から聞き出すのがこの活動での教師の役目である。このような活動を続けていくと、発表者はあらかじめ話すことを準備して発表に臨むようになる。また、発表を聞いている他の学習者も、教師にかわって、そのような質問を発表者にするようになっていく。

　この日は出席者が9名で、9つの言葉が発表された。黒板には、「珈琲」「海賊」「禁止」「轟く」「竜巻」「一夜漬け」「金」「車」「店」と書かれた紙がランダムにマグネットで貼られている。これからが、「今週の漢字」の活動の第2ステージである。全部の発表が終わったところで、これらの漢字を全部使い全員でストーリー作りをする。その時、関連のありそうな言葉をマグネットを使って並べてみたり動かしてみたりすると、ストーリーが作りやすくなる。

教　　師：それでは、ストーリー作りを始めましょう。どの言葉とどの言葉が関連があるかしら。
学生K：「一夜漬け」をするために「珈琲」を飲む。
教　　師：ああ、いいですね。コーヒー飲みますよね。(「一夜漬け」と「珈琲」の紙を並べ、線で結ぶ。)
学生L：でも、一夜漬けはよくないので、「禁止」したほうがいい。
教　　師：なるほど。確かによくないですね。(「一夜漬け」と「禁止」の紙を並べ、線で結ぶ。)

というように、関連付けられる言葉を並べ換えながら文を作っていく。黒板には以下のように紙が貼り替えられ、線でつながれた。

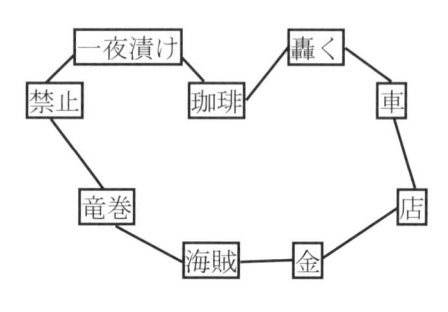

図６　黒板に貼り付けられた漢字

最終的にこの日みんなが作ったストーリーは以下のようなものになった。枠で囲ってある言葉が、この日発表された言葉である。

「一夜漬けをするために珈琲を飲む。でも一夜漬けはよくないので、禁止したほうがいい。なぜなら、一夜漬けをするつもりでずっと勉強しないでいて、その晩竜巻が来たら困るからだ。竜巻が来たら困るのは、海賊も同じ。海賊は金が好き。お金がいっぱいあれば店に行って車が買える。車が３台で轟く。おいしい珈琲を飲むと轟く。」[2]

このように紙を貼ることで、学習者は頭の中に意味地図を描きやすくなる。それぞれが発表するだけではなく、発表された言葉で意味地図を作ること、ストーリーにすることによって、記憶は強化される。ただ、ここで気をつけなければいけないのは、限られた言葉でストーリーを作るので、かなりこじつけに近いものが出てくることもあるということである。しかし、どんなに非現実的な内容であっても、学習者から出たユニークな発想を受け入れることが重要である。言葉の使い方については訂正してもいいが、発想の内容そのものを否定してはいけない。そうでないと、発想が広がらないのでストーリーは作れない。そもそも何の共通点もないような言葉と言葉を無理につなげていくのだから、むしろ、常識ではなかなか思いつかないつながりを楽しむつもりでこの活

---

[2] 「轟く」という言葉は、テレビ番組である芸能人がとてもおいしい食べ物を食べたときに「これは驚きじゃなくて轟きだ」とおいしさの表現をしていたことに興味を持った学習者が発表した言葉である。この発表を聞いた別の学習者が何を食べると轟くかという質問をしたことから、最後の「珈琲を飲むと轟く」というような言い回しが出てきた。このように、一般には通用しない、クラス内だけで楽しむ表現が使われることもある。

動に臨んでいる。今日はどんなストーリーになるかと、学生たちも発表の終わったあとのこの活動を楽しみにしている。

5. 漢字プロジェクト作品例

　活動③の漢字プロジェクトは、前述のように、自分の興味や日本での生活体験から「こんなものがあったらいいだろう」と思われることをテーマに、漢字の学習素材を作製するものである。学習者は「今週の漢字」の活動を通じて、生活の中にある漢字を意識するストラテジーを身につけるようになっている。そのストラテジーを駆使してこのプロジェクトに臨むことになる。

　作品例の一部を挙げると、全国の都道府県名とそこに使われている漢字を使った熟語を集めた本、日本人に「氵」のつく漢字で思い浮かべるものは？とアンケートを取った結果をまとめたもの(図7)、自分の好きなロック歌手やアイドルのプロフィール集(図8)、留学生活の中で撮りためた写真に漢字のタイトルをアニメーションで表示させ、音楽もつけたスライドショー、後輩留学生のために作った銀行口座の開き方のマニュアル本など、創造性、独創性豊かで、学習者の生活に密着したものができあがっている。

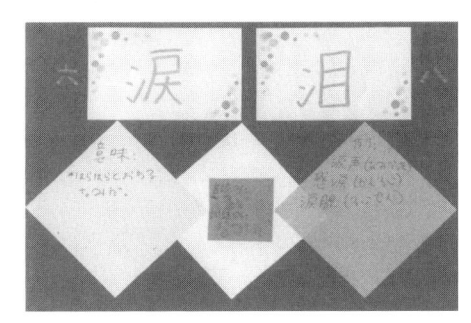

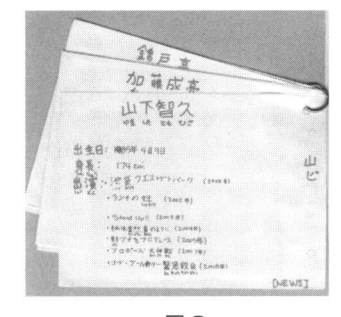

図7　　　　　　　　図8

6. 評価

　活動①については、普段のチェックテストと中間テスト・学期末テストの結果をもって評価する。活動②については、授業において漢字を発表することで学習材料を提供するという役割、つまり活動の参加者としての義務を果たしたかが評価の基準となる。発表のうまい、へたは評価の対象にはしていない。ま

た、発表された漢字のテストも行っていない。テストを行うことで発表する漢字を選ぶ際に何らかの影響が出てくるだろうと考えられるからである。活動③については、プロジェクトによって何が得られ、自分にとってどのような意味のあるものであったかという学習者自身の自己評価を中心に評価を行っている。作品の美しさ・見栄え・発表の技術などについては、感想を伝えることはあっても、評価の対象にはしていない。

7. 活動を振り返って～どう応用できるか～

　活動①は個々の学習計画に沿って行うため、一人ひとり内容も進度も異なる。自分のペースで学習を進められるのが良いという学習者自身の評価にもあるように、個人差の大きいクラスの場合有効な方法である。しかし、クラスの人数が多くなると教師側のチェックテストの作成と準備が大変になる。その場合は、同程度の学習者でグループを作り、個人個人ではなく、グループごとに異なるチェックテストを行うなどの工夫がいるかもしれない。

　活動②はどの学習者も非常に楽しいと評価している活動である。大人数のクラスの場合には、全員ではなく数人ずつ発表していくなどの方法で行うこともできるだろう。エピソードを聞くことで、他の学習者の学び方や言葉の使い方を知るだけでなく、発表者がどのような生活を送っているのかが見えてくる。お互いのことがよくわかるようになると、クラスの雰囲気もとてもよくなり、発表に続くストーリー作りもしやすくなる。

　初級レベルの学習者と上級レベルの学習者が混在しているが、そのことが問題になったことはない。初級レベルの学習者の発表する言葉が初級レベルの言葉だとは限らないからである。また、最初のうちこそ比較的やさしい漢字を発表していた学習者も、回が進んでくると、クラスの皆に役に立ちそうな漢字、皆の興味を引きそうな言葉というように、仲間のことを配慮して選ぶようになってくる。活動を重ねていくうちに、一人ひとりがクラスというコミュニティの一員としての役割を自覚するようになるからだろう。

　そして、個人作業ではあるが、楽しみながら学べるいい方法だと学習者が口をそろえて言っているのが活動③である。企画から作製にいたる過程で、選んだ漢字と学習者との間には深いインターアクションが起こり、学びを促進す

る。また、自分のやりたいことについてそれぞれの方法で取り組めること、さらに、作品として1つの形に完成させることの達成感、そうしたものが楽しさにつながり、このプロジェクトを支えていると考えられる。

　共通の興味を持った者がいれば、この活動を小グループでのプロジェクトワークとして行うこともできるだろう。その場合には授業中に話し合いや作業の時間を設けることも必要となるかもしれない。

8. おわりに

　漢字の学習は確かに大変なものだが、ともに学ぶ仲間の存在があり、さらに自分の好きなこと・物・人に関することであれば、自律的に楽しく学び続けやすくなるだろう。ここで紹介した活動も、学習を継続させやすくするための、そしてさらに楽しくするための工夫の余地がまだまだあると思われる。また、教育環境の異なるそれぞれの機関に適した方法でこれらの活動が応用されれば幸いである。

■ 参考文献 ■

アメリカ・カナダ大学連合日本研究センター（編）（1994）『Kanji in Context』ジャパンタイムズ．
加納千恵子・清水百合・竹中弘子・石井恵理子（1989）『Basic Kanji Book vol.1』凡人社．
加納千恵子・清水百合・竹中弘子・石井恵理子（1989）『Basic Kanji Book vol.2』凡人社．
加納千恵子・清水百合・竹中弘子・石井恵理子・阿久津智（1993）『Intermediate Kanji Book vol.1』
加納千恵子・清水百合・竹中弘子・石井恵理子・阿久津智・平形裕紀子（2001）『Intermediate Kanji Book vol.2』凡人社．
齋藤伸子・関麻由美・林さと子（2007）「漢字クラスにおける自律学習と協働的活動」『PROCEEDINGS OF THE SECOND CONFERENCE ON JAPANESE LINGUISTICS AND LANGUAGE TEACHING NAPLES, MARCH 20TH-22ND, 2002 第2回日本語・日本語教育学会論文集』
関麻由美（2004）「教室外の個別体験を共有する教室活動 —留学生対象の漢字クラスでの試み—」『津田塾大学言語文化研究所報』19.
関麻由美（2006）「クラス活動から見えてくる生活者としての学習者 —さまざまなネットワークとのかかわりから—」『津田塾大学言語文化研究所報』21.

実践報告

第5章 コーチング手法を用いた漢字指導
－5か月の集中プログラムで－

高橋　秀雄・山本　栄子

●実践校	TAC日本語学舎
●クラスの目的	Eメールでビジネス情報のやり取りができる。専門分野に関する記事が理解できる。コンサルタント業務ができる。
●学習者数	10人程度
●学習者のレベル・国籍	初級・多国籍（主にインド人IT技術者）
●使用教材	1)『ストーリーで覚える漢字300』（ボイクマン・他(2007)くろしお出版）、2)『Remembering the Kanji』（Heisig(1977)）
●準備するもの	ホワイトボード3脚、模造紙、エッセー

1. はじめに

　制度教育で日本人が学習する国語と違って、外国人学習者は、それぞれの目的と学習環境の制約・条件のもとで学んでいく。徹底的に依頼者の意向・期待・学習スタイル・予算などを確認し、何が最優先事項か何を犠牲にするかの共通理解にたつことが、コースデザインに不可欠なことだろう。たとえ経営に直接携わらない教師であっても、費用対効果といった市場の要請と無関係に現場で授業をしていてはプロとして不十分である。こうした予算と時間との制約の中で、従来の文法指導の方法にとらわれない導入法の工夫が最優先課題となった。この状況の中で進めてきたプロジェクトの一つが、インドIT技術者を対象とした集中プログラムだった。したがって、漢字導入という独立した課題に応えるものというよりは、このプログラム全体の中で、ツールとしての日本語の一部である漢字をどう位置づけどう扱ったか、そこを中心に報告する。

デザインしたコースはインドで2か月、日本で3か月の計5か月間のコースであり、1日7時間、5か月700時間の集中コースである。

第1グループから第5グループまではインド人IT技術者の企業研修、第6グループはそれとは別のアメリカ人、ドイツ人、韓国人主婦の個人参加のグループで全期間日本で行った。第5グループまでの共通言語は英語だが、第6グループは日本語による直接法で進めた。第6グループには、あらかじめ、学習者の母語で語彙シート、旧日本語能力試験(以下JLPTとする)3級までの文法を網羅したダイアログ30、ディクテーション30まで渡しておき、基本的な日本語の指示用語を早めに導入しておいた。共通言語が日本語なので日本語で意思疎通をしないわけにいかず、学習者間で授業中分らない人に説明する力が思いのほか早く付いた。母語が英語以外の学習者は電子辞書の持ち込みを許可した。

2．コーチングの応用

このプログラムではコーチングの哲学を応用した。コーチングの哲学とは、学習者の自覚を高めることによって、相手が持つ最高のものを引き出すということである。具体的このプログラムでは二つのことを心がけた。一つはコントラクト、つまり合意で、教師が一方的に教案を決めるのでなく話し合った上で了解すること。もう一つは、従来の文法用語を使用しないで導入することである。

まず始めるにあたって「日本語学習はそもそも誰のプロジェクトか」の合意に時間をかけ、自分自身が自覚すべき課題であることを理解してもらい、その話し合いのプロセスを通して責任を学習者に移譲し、コース終了後も自学できるように準備をした。

この合意のプロセスを通して、学習者それぞれの学習進捗に立ち会うという教師の決意を伝える。

次に話し合うのがフィードバックである。フィードバックとは、相手が設定した目標に向かって進んでいるかを、予め言葉や範囲などを設定し合意した上で、その枠をはみ出ない様に情報を与える事をいう。それによって本人自身が修正を行い、更に目標に向かうことを目的とする。褒めたり論したりすると、

この枠を超えて「評価」に入ってしまう恐れがあるので、自制しながら進めないといけない。さもないと、学習者に移譲した責任を奪ってしまうことになりかねない。以上の二つのことをオリエンテーションで話し合う。

　コーチングの応用の他、もう一点の工夫は、コース全体を通して、文法用語を使わないということである。文法用語を使用しないことに代わる工夫は、1. 構文導入の時間をずらすこと、2. 音、3. 絵（イラスト）、そして 4. 相手の推測力である。1. の時間のずれとは、漢字の場合は、形の意味と音を別々に導入し、後でマッチングさせる工夫で、2. の音とは、動詞の活用や機能表現、て形などを音だけで認識させる工夫である。そして、3. の絵とは、複雑な文法や構造を簡単な絵で説明する工夫で、4. の相手の推測力とは、説明しきらずに相手に根拠を考えさせる工夫などである。

　最終的に、このコースは、卒業プロジェクトとそのプレゼンをもって終了する。卒業プレゼンとは、5か月目に3人前後の小グループに分かれて行うプロジェクトのことである。テーマは、実際の誘致をシミュレーションした「日本人観光客の誘致」、関係者のインタビューを基にして世界市場に向けて作成した「本校 TAC の紹介のホームページ」、日本人顧客開拓用の「自社の顧客へのプレゼン」、このコースで導入されたダイアログやディクテーションを基礎にして作成した「日本語の教科書作成」等で、その原稿の作成過程では、教師は学習者の希望に沿ってコンサルテーションを行う。プレゼン当日は10名ほど内外の関係者も同席して評価する。これは漢字を含め、日本語そのものを使いこなせるような戦略的なツールにしてもらうことが狙いだ。

3. シラバスの骨子

　本プロジェクトのシラバスを紹介する。1か月目（M-1）から5か月目（M-5）の流れは、ほぼ表1の内容に沿って進める。

第5章　コーチング手法を用いた漢字指導

表1　5か月コースのシラバス

	授業内容	文字・語彙
M-1 1か月目 基礎文法	・オリエンテーション ・基礎文法の導入 ・会話(L1~32)を音のみで導入 ・エッセーをローマ字で書く	・動詞(70) ・い形容詞(70) 　な形容詞(30) ・副詞(30) ・漢字(150)
M-2 2か月目 発話の基礎	・既習項目を発話練習で定着させる ・雑誌やビデオで日本事情を理解する ・エッセーを読む。書いて発表する ・漢字クイズ	・動詞(70) ・い形容詞(70) 　な形容詞(50) ・副詞(30) ・漢字(150)
M-3・4 3・4か月目 発展	・ビジネス場面で話すための練習 ・エッセーを読む ・Eメールの表現練習 ・漢字クイズ ・習字 ・俳句	・動詞(130) ・い形容詞(140) ・な形容詞(18) ・副詞、副詞句(120) ・接続詞(30) ・漢字(400)
M-5 5か月目 仕上げと現場への準備	・バイリンガルコンサルタントとして自信を持てるよう、小グループでシミュレーションする ・各界のプロの講演で質疑応答をする ・ビジネスの折衝場面のやりとり ・Eメールや議事録を書く練習 ・エッセーの読み ○すべてのハンドアウトを終了時に配布	・副詞、副詞句(50) ・接続詞(30) ・漢字(200)
全体を通して	・個人コンサルテーション・ディクテーション、ディスカッション、ディベート等を継続して行う ・2～5か月目には発表や即興スピーチ(3分間)を行う ・2～4か月目にはスピーチクリニックを行う	

表2 一日のながれ

時間	作 業
9:30	教師による文化・経済・政治についての話と質疑応答
9:45	今日の予定を確認
10:00	学習者による前日の学習の要約と質疑応答(主導権は発表者)
10:20	文法導入と練習/エッセーの読み/語彙シート；動詞・形容詞など
12:00	漢字クイズ、語彙クイズ、ダイアログ、ディクテーションの復唱
13:00	ランチ
14:00	一対一の発話練習やグループディスカッション
16:00	発話練習やディスカッションで得た知識や発見を共有する
16:30	グループでその日に習ったことを復習
	学習者とのコンサルテーション
17:30	終了

3.1 M-1(1か月目)

　文法導入では、ゼロからJLPT3級程度のレベルないし2級に向けての準備を行う。この時期はローマ字書きを基本とし、動詞(70)、形容詞(90)、副詞(30)がローマ字で書かれた語彙シートを配布する。エッセーの読み練習でもローマ字を使用する。またコンサルテーションを2回行い、学習内容だけでなく、精神面のサポート、特に進行が遅れがちな学習者へのモラルサポートに力をいれる。

　この時期に基礎漢字150字を導入する。漢字そのものを導入するというよりは、漢字に慣れるために、象形文字とその変移を紹介し、意味の推測を楽しませる。単純な作業なのでクラス全員でする。推測を促すと参加する姿勢が強くなり「のり」が良くなるので、少し疲れ気味の時にするとよい。容易に推測できそうなものから次第に複雑なものへと進む。

3.2 M-2(2か月目)

　ここでもローマ字書きを基本とした語彙シートを配布する。エッセーの読み練習ではローマ字だけでなく、漢字やかなも使用する。ここから次第にエッセーからローマ字が消え、M-3ではローマ字が完全になくなる。

　漢字導入として『ストーリーで覚える漢字300』(ボイクマン・他2007)を

使用する。クラス全員で進度を合意して自習を始める。まだ学習の仕方に慣れていない時期のため、クラスで漢字をいくつか取り上げ、学習の仕方を指導する。できるようになったら、クラスでは漢字クイズだけで理解をチェックする。

3.3 M-3(3か月目)、M-4(4か月目)

この時期から語彙シートもエッセーも、漢字やかなのみで表記されたものが使われるようになる。

漢字学習に『Remembering the Kanji』(Heisig 1977)を使い始める。学習者が自分で立てた計画に従い、自学で漢字の意味を学習していく。「漢字クイズ」は週2回行い、クイズの範囲はあらかじめ教師と学習者が相談して決めた範囲で行う。M-3の「漢字クイズ」は図2、図3を、M-4の「漢字クイズ」は図4を参照のこと(4.3.1節)。また、M-4では習字や俳句創作なども行う。

3.4 M-5(5か月目)

この時期は、M-4同様、学習を進めるが復習にも力を入れる。

漢字学習が100字程度進むごとに、漢字の読みを目的とした短文を準備し、さらに、週2回程度そのシートを配ってクイズで確認する。短文には、ビジネス上必要と思われる表現を出来るだけ取り入れる。Eメールや手紙の様式も同時に導入する。

4. 漢字導入について
4.1 漢字学習のながれ

漢字学習の進め方は、まず、クラス全体で話し合い、学習者に計画表を作ってもらう。毎週のクイズとチェックの日を決めてもらい、合意した範囲のページから抽出してクイズを出す。教師は、計画表の作成時には助言はするが、最終決定は学習者がする。無理がありそうな場合、再度、計画を立て直させる。

毎日15～30程度の漢字を覚えていく。M-1, M-2(初級漢字)の学習には、『ストーリーで覚える漢字300』を使い、それ以降M-3からM-5は『Remembering the Kanji』を使う。漢字学習が単調な作業にならないように、

実際には存在しない漢字を創作させたり（例：姑→黏、窽→ハネムーン）、漢字のしりとりゲームなどをさせたりして工夫する。時には、成功している漢字の勉強法などを学習者に披露してもらい、お互いに啓蒙させる。あるグループが学習したばかりの漢字を、他のグループに教えることもある。これは Cross Reading というセッションで、2つのグループに分かれて、それぞれ違うエッセーに取り組み、書かれている内容をどう解釈し、その情報をどう伝達するか考えてグループ発表をする。その時相手グループに新出漢字を紹介することもある。相手グループの「つっこみ」もあるため、理解が深化し学習も迅速に進む。これは、M-3 あたりから通常始める。

コース後半の M-4, M-5 には、コース前半で取り上げなかった漢字の書き順の意義を習字の練習や俳句の創作を通して説明し、ひらがなへの漢字の進化やカタカナへの借用をできるだけたくさん紹介する。

初めの2か月で基礎漢字 300 字、最後の3か月で 600 漢字という進度は、非漢字圏の学習者には並大抵なものではない。限られた期間で網羅するには限界がある。それを補ってくれるものが、「知識・知恵の共有」であった。知っていることをクラスの他者と共有するということ、そしてそれをわかりやすく説明するということを通して、個々のプロジェクトが協調、協力の輪を織りなして完成に向かった。

4.2 漢字導入

ゼロからとは言え、ある程度学習者の既習漢字に数に違いがある。コーチングの応用でまず漢字導入の準備として学習者に確認することの一つは、学習における「S カーブ」の多様性を認識することである。進歩は一直線に起こるのではなく、ちょうど S のようなカーブを描くこと、そして、それぞれの学習スタイルの違いがあっていいということをオリエンテーションで学習者と確認し合う。使う教材や学習の進捗状況は同じでも、理解度は異なるため、その違いを「遅れ」ととらずに学習スタイルの違いだと解釈させておくということである。学習者が確認するもう一つの事は、知識の共有である。理解が速い学習者、既に理解している学習者には、その理解、知識をほかの学習者達と共有してもらう時間を授業中に設ける。そうすることで、助け合う姿勢も自然に生ま

れる。

　文字の導入については、漢字→カタカナ→ひらがなの順で行う。日常、学習者が目にする頻度の高さ順にし、歴史的な文字の成り立ちに沿った導入が自然だという判断からである。

　まず、漢字の導入として M-1 の時期に漢字の構造を説明しながら、100 字〜150 字程度を導入する。例えば、「口→古い→占→店」のような順に行い、漢字の意味を推測しながら進めていく。初めは意味・形を象形、会意で導入し、読み方は後で導入する。この方法は『ストーリーで覚える漢字 300』（ボイクマン・他 2007）を使って、漢字を自学自習で進めていくための準備として位置づけられ、漢字学習は面白いということと、自学も可能なのだというメッセージを送る意図がある。

　第 1 グループから第 5 グループの学習者は全員が IT 技術者なので、漢字は PC と関連文書でのみ必要であるため、そこに集中し書き方を取り上げない。但し、クイズの答え合わせでは、指で空に描く練習を徹底する。この答え合わせの時、漢字の構造から物語を作り、漢字の字形が思い出せるように工夫する。例としては、「習」は「羽＋自」、「妊」は「人＋妊婦」。教師があえて教えず、学習者による説明を待つこともある。教師より理にかなう自作の物語で説明をする学習者もおり、そのような場合はみんなでそれを借用する。「自主性」を養うためにこの作業には時間をたっぷりかける。

　さらに、存在しないでたらめな漢字「創作漢字」を作ってもらい、小グループで意味を当てるゲームをして競わせる。「ウ冠＋男女」でハネムーンというつわものもいた。漢字の同じように見える部分が必ずしも同じ起源を持っている訳ではないことを理解したり、漢字に慣れたりすることがその目的で、このような受け身ではないアウトプットの作業を取り入れて学習にバランスを持たせる。

　漢字クイズの代わりに「漢字しりとり」も M-4, M-5 で行う。3〜4 人の小グループに分かれて、ホワイトボードや模造紙を使用し、同じ漢字から縦横に広げていく（図 1 参照）。この時、辞書以外、授業中に使ったものならノート等、何でも参考にできる。ルール作りは通常学習者に任せるが、案を求められた場合、間違えた漢字は確認の時、2 倍の点数が引かれるというルールを伝え

る。この「漢字しりとり」のセッションは慎重に書かせることによって、曖昧な漢字構造の知識を明確にする狙いがある。

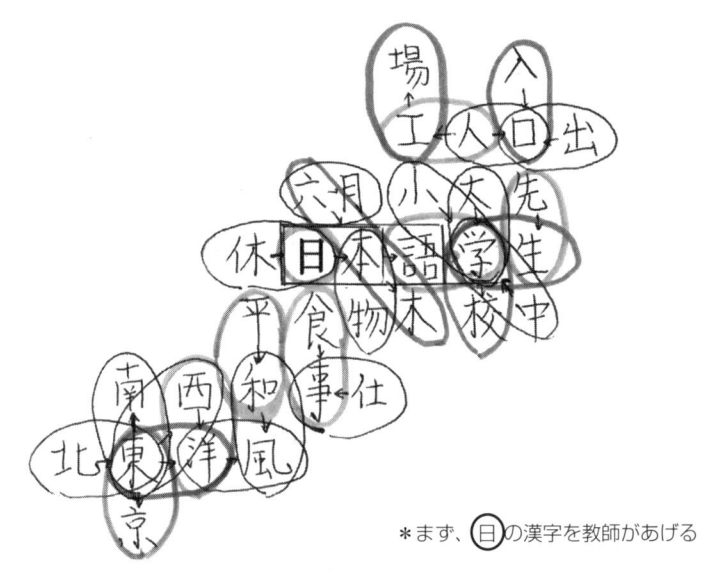

＊まず、㊐の漢字を教師があげる

図1　漢字しりとり

　JLPT2級に向けての基礎文法の導入はM-1の4週目までに全部終わるが、漢字導入はM-1の3週目から始まり、M-2の終わりまでに構造部分から、意味が判断しやすい300程度の漢字を選んで導入する。M-2の最終週の時点で、語彙は頻度の高い、い・な形容詞が220、動詞が140、副詞が60導入されているが、それをこなす文型や単語が既にローマ字や学習者の母語の表記で導入されているため、次第に形だけで導入されている漢字と、母語や文字やローマ字だけで導入されている音のマッチングが起こる。これが起こる場は、1.漢字クイズの答え合わせの時、2.進捗に応じて文化・習慣・エチケットなどの情報を目的に既学習、未学習の漢字を取り入れて教師が書いておいたエッセーの読みの練習の時、それに3.ディクテーションの確認のときである。以下、それぞれの節で詳しく述べる。

第5章　コーチング手法を用いた漢字指導

4.3　意味と音のマッチングの場
4.3.1　漢字クイズ（図2、図3、図4）

　図2、図3の様式で配布し、10分程度で解答させる。左に抽出した漢字を書き、右にその意味を書く漢字クイズをしたあと、意味の答え合わせをしてから、音読み・訓読み共に例文で確認し、その過程で初めて形と読みとをマッチングさせる。マッチングは、単に教師が読み方を教える場合と、推測させる場合とがある。それぞれ違うものとして導入していたため、驚愕や歓喜があちこちでおこる。この経験が土台となって、これ以降の漢字学習には、マッチングをしてみようという自主的な姿勢が見えてくる。

Kanji (NO1)								2007/9/07
		English	Kun yomi	On yomi		English	Kun yomi	On yomi
1	一		一つ	一時	19	上		上 上がる	上手
2	二		二つ	二時	20	下		下 下がる	*
3	三		三つ	三人	21	百			百円
4	四		四つ	四月	22	千			千円
5	五		五つ	五人	23	万			一万円
6	六		六つ	六人	24	円		*	150円
7	七		七つ	七時	25	本		山本さん	二本
8	八		八つ	八人	26	休		休みます	休日
9	九		九つ	九人	27	力		力があります	体力
10	十		十	十人	28	体		体	体力
11	月		月	月よう日	29	東		東口	東京
12	火		火	火よう日	30	南		南口	東南アジア
13	水		お水	水よう日	31	西		西口	東西せん
14	木		六本木	木よう日	32	北		北口	南北せん
15	金		お金	金よう日	33	白		白い	白人
16	土		*	土よう日	34	黒		黒い	黒人
17	明		明るい 明日	*	35	車		車	中古車
18	早		早い	*	36	言		言います	*

図2　M-3の漢字クイズ（1）

Remembering the Kanji (1〜350)　名前＿＿＿								2007/09/27
		英語	くん読み	おん読み		英語	くん読み	おん読み
1	案			案内	20	占	占う	独占する
2	株		＊	株式会社	21	句		文句を言う
3	状			状況	22	的	的	目的
4	黙		黙る	沈黙は金	23	直	テレビを直す	直接
5	然			自然	24	真	真ん中	写真
6	導		導く	導入する	25	工		工場
7	輸			輸入する	26	則		原則
8	相		相手	相談する	27	切	切る	大切
9	客			お客様	28	副		副社長
10	景			不景気	29	別	妻と別れる	別々
11	敗		敗れる	失敗する	30	多	多い	多少
12	故		＊	事故	31	原		原宿　原因
13	訂			訂正する	32	願		お願いします　＊
14	調		調べる	調子がいい	33	圧		圧力
15	談			相談する	34	点		この点
16	売		売る	新発売	35	安	ボーナス	安い　安全
17	落		お金を落とす　ひこうきが落ちる	ドル下落	36	茶		日本茶
18	品		品川	品質	37	高		円高　高校
19	専		＊	専門家	38	読	読む	読者

図3　M-3の漢字クイズ(2)

1. きのうは①胃がいたくて、たいへんでしたが、

   今日は②元気になりました。

2. 健康(けんこう)は③大切ですよ。④若いから 考えないかもしれませんが。

3. ⑤言葉は大切なコミュニケーションの手段(しゅだん)(means)です。

4. トヨタ、ホンダ、スズキなどの大手自動車⑥工場がインドに作られた。

5. 12月の⑦上旬に⑧日本語の試験があります。

図4　M-4の漢字クイズ

4.3.2 エッセー

　あらかじめ導入してある漢字と、これから導入する漢字を使って、既習の文型を基礎にして教師が書いたエッセーを読ませる練習をする。やり方は、まずエッセーをそれぞれ自力で読ませ、それから3人程度の小グループに分かれて、グループごとに読み方と意味のマッチングしてもらう。未学習の漢字に関しては推測してもらう。作業に必要な時間を自分たちで決めてから始めるため、時間内に終わらせる練習にもなる。また、グループでの作業のため、知識の共有も活発に起こる。読んだ後で各グループが担当する段落をジャンケンで決めてクラスメートに向けて説明するため、最終的なマッチングや読みの検証ができる。ここで、教師は、無声子音や長母音に気をつけながら読み方の最終確認をする。この活動は全体で45分程度かかる。エッセーの内容は、歴史・文化・習慣・エチケット・ビジネスマナーを中心に世界共通の社会や科学のテーマで考えさせたり、疑問を持たせたりするために、教師が面白く書きあげて準備をしておく。

4.3.3 ディクテーション

　ディクテーションは、日本語の文字表記が目的ではないので、個々の学習者の母語での表記かローマ字で進められる。M-4あたりからは、日本語表記を試みる学習者もいるが、聞きとりの速度についていける限りどの文字で表記するかは自由に選択させる。文法や日常表現や「パワージャパニーズ」と私たちが呼んでいる諺、ビジネス用語等も取り入れてあり、そのまま正確に覚えることが求められる。特に、「顧客との交渉時に起こりそうな誤解や曲解をどう避けるか」、「相手の日本語が理解できない時、どう対処するか」、「どういう質問が相手の本音を聞き出すか」、「どうしたら信頼が生まれるのか」といったテーマに沿って作られているため、漢字が読めないうちから反復練習で一字一句完璧に覚えさせるものである。その日の締めとして授業の最後の15分を利用して行う。

　ディクテーションの毎回の確認では、音だけで導入した頻度の高い構文や表現の中で使った漢字を教師あるいは学習者に板書してもらいながら確認していく。文全体が聞き取りやすい場合は漢字だけを、聞きとりにくい場合はローマ字で構文を確認しながら漢字も同時に確認する。コース全体を通して120余

の文を覚える。ディクテーションの構文はJLPT2級に対応して作ったものである。但し、無声子音や長母音の多少の聞き違いはあるが、優先すべきことは、書かれた文字に頼りすぎないようにさせることであるため、120の構文をプリントアウトしたものを、最後に渡すことにしている。

参考までにディクテーションの流れを紹介しておく。

1. 文ごとに3回読んで聞かせる：1回目は普通の早さで読み、まだ書かない。2回目は書きとらせるためにゆっくり句、あるいは節ごとに読む。3回目は確認をさせる。通常は3文。
2. 暗唱させる：音を聞き取れているかを確認する。
3. 意味を説明させる：共通言語が英語の場合は英語で、英語以外の場合は、一番近い意味の日本語で説明してもらい、その説明と元の言葉との違いをつかんでもらう。この時、教師はひらがなに相当する漢字を導入する。
4. 覚えさせる：学習者に必要な時間を聞いて、その時間内で覚えさせる。M-1, M-2では、通常は10分で、M-3以降は5分程度。思い出すための単語、キューワードを一つ選んでおいて、覚える練習をペアでする。
5. 全体で確認する：教師がキューワードを言い、個々で暗唱させ、確認させる。それから、皆でゆっくり言う。
6. 個人の確認：M-1では教師がキューワードを言ってから、手を挙げて言ってもらう。M-2からはアットランダムに教師が指名する。
7. 応用する：違う動詞や名詞を指示して言わせる。誤用があるので、丁寧に進める。ディクテーションの初めから終わりまでは15分から30分のセッションとなる。
8. 1週間分をまとめて、ディクテーションクイズをする。

5. おわりに

漢字導入にコーチングの哲学を応用し、意味と音を分けて導入した。意味だけなら常用漢字二千余を3か月で覚える学習者もいる。意味と音が一体化している母語話者にとって、意味と読み方を分けるという方法はなじめないものがあるかもしれないが、学習者にとっては漢字はただの「形」と認識していることもある

ため、思いがけない想起から物語を作って漢字学習が進むことがある。

　一般的に、教師が丁寧に教えすぎると、学習者は工夫をしないで理解したつもりになり、必ずしも期待する応用力に結び付かない。よい教師は学習者の出番を作り、黒子に徹することだろう。そこに力を入れるのがコーチングの試みである。

　5か月で目標レベルに到達した学習者から、現場に出て目標レベルに到達した学習者まで様々である。しかし、学習者から耳にするのは「初めから指導教科書がない学びは人生で初めてだが、毎日が"やった"という達成感があった」「指導教科書なしでは不安で、話せるようにはならないと思った」「授業中に人生で初めて居眠りをしなかった」「言葉の勉強は言葉だけでなく文化の理解も重要だと分かった」などのコメントだった。指導教科書に書かれたことをいち早く理解し応用することが当然の文化だった学習者にとって、参加を促され、判断を求められ、失敗を通してものにする学び方に戸惑っただろうが、手引書のない現場にバイリンガルのプロとして出ていくわけであるため、その経験こそが要となるだろう。教師も、責任を委譲するマインドとその手法を持ち合わせる必要がある。正しくすべてを教えるという伝統的な教授法でなく、与えられた状況と条件の中で、何を切り捨て何を優先するかを判断し、その判断に伴うリスクを負う覚悟が求められる。正しいことを教えるのでなく、正しい判断ができるよう導くと、やがてコースが終わった後でも、自分からツールとして自然な日本語をウェブサイトやEメールを通して身につけていく。

　企業からの社員訓練の要請がますます増えていく中で、要望に応える的確なコースデザインをし、折々工夫しながら楽しく教えようとするさいの参考になれば幸いである。

■ 参考文献 ■

ボイクマン総子・渡辺陽子・倉持和菜（著）・高橋秀雄（監）（2007）『ストーリーで覚える漢字300 英語・韓国語・ポルトガル語・スペイン語訳版』くろしお出版.

ボイクマン総子・渡辺陽子・倉持和菜（著）・高橋秀雄（監）（2008）『ストーリーで覚える漢字300 英語・インドネシア語・タイ語・ベトナム語訳版』くろしお出版.

Heisig, James W.（1977）*Remembering the Kanji*, Japan Publications Trading Co, LTD.

Max Landsberg（1996）*THE TAO of COACHING*, Harper Collins Business.

実践報告

第6章 「何ができるか」という視点に基づく漢字授業

有山　優樹・落合　知春

●実践校	イーストウエスト日本語学校
●クラスの目的	初級漢字（当校選定）の学習 ・生活に関係する漢字がわかる ・身近な場面で必要とされる漢字が使える ・漢字の基本的なルールを身に付ける ・漢字学習ストラテジーを身に付ける
●学習者数	10～15人程度
●学習者の レベル・国籍	初級・多国籍
●使用教材	『たのしい漢字＜初級＞　試用版』（嶋田（監）・DN 教材開発プロジェクト） 『たのしい漢字＜初中級＞　試用版』（嶋田（監）・DN 教材開発プロジェクト）
●準備するもの	レアリア

1. はじめに
1.1 漢字たまご

　イーストウエスト日本語学校（以下 EW とする）では、漢字学習が各レベル別々のものとして分かれているのではなく、初級で学んだことが中級、上級へと1つの線でつながっていくようにそれぞれの時点で求められる目標、できることの目安を設定して

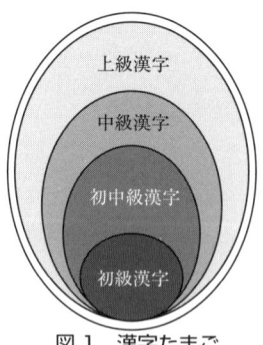

図1　漢字たまご

いる。図1の「漢字たまご」は、その考え方を形にしたもので、初級の漢字を中心とし、学習が進むにつれて学習したことが膨らんでいくというイメージである。つまり、漢字学習は段階的に積み上がっていくというより、少しずつわかること・できることが増えて広がっていくものだと考える。その「わかること・できること」を明確にして漢字学習をしていこうというのが本校の取り組みである。

どのレベルでどんなことができるようになるのかを表したものが表1の「漢字スケール」である。一番左側の列の初級・中級・上級は日本語の学習レベルである。次の列は「漢字たまご」を縦に割った断面図のようなもので、「わかること・できること」がどのように広がって行くか、日本語の学習レベルに沿ってわかるように示してある。また、学習漢字数、学習期間、使用教材も示している。学習者の身近にある漢字を学ぶということから、自らの興味・関心、専門へと能動的に漢字を学ぶ学習へ広がり、最終的に漢字学習は社会へと広がっていくことを表している。

表1　漢字スケール

	<できること>		<字数>	<期間>	<教材>
上級	・幅広い分野の文章を、漢字語彙の知識を活用して理解できる。	大学入学		4か月〜	生教材
	・自分の専門分野について書かれたものが理解できる。 ・目的・場面に応じて漢字が適切に使用できる。		約1000	6か月	上級レベル教材
中級	・漢字の知識を活用して、能動的に漢字が使える。 ・各専門分野に共通する漢字がわかる。	専門学校入学	約700	6か月	中級レベル教材
初級	・生活に関係する漢字がわかる。 ・身近な場面で必要とされる漢字が使える。 ・漢字の基本的なルールがわかる。		334*	5〜6か月	『たのしい漢字』初中級 『たのしい漢字』初級

＊2010年5月現在漢字数、初級334の中には旧日本語能力試験出題基準3・4級漢字を全て含む

1.2 学習目標

「漢字たまご」の核となる部分の初級の漢字学習について紹介する。初級では、『たのしい漢字　試用版』[1]（以下『たのしい漢字』）という教材を使って漢字を学習する。この教材は、表1の「できること」にある「漢字の基本的なルールがわかる」「身近な場面で必要とされる漢字が使える」「生活に関係する漢字がわかる」を目標としている。また、「何ができるかを明確にする」「漢字の接触場面から学ぶ」「漢字学習ストラテジーを身につける」という3つのコンセプトを柱として作られている。

本校の初級クラスでは『たのしい漢字＜初級＞』と『たのしい漢字＜初中級＞』の2つを使い、初級から初中級へと螺旋状に漢字を繰り返しながら学んでいく。下の表2は『たのしい漢字＜初級＞』の各課のタイトルで、その課の漢字の接触場面やトピックを表している。

表2　『たのしい漢字＜初級＞』第1課〜第15課タイトル

第1課	はじめまして	第6課	いっしょに！	第11課	私の生活
第2課	買い物	第7課	食事	第12課	病院
第3課	スケジュール	第8課	家族	第13課	旅行
第4課	新しい町	第9課	好きなこと	第14課	マーク・サイン
第5課	休みの日	第10課	待ち合わせ	第15課	ニュース

さらに各課に「できること」を示している（表3）。この「できること」が「なぜこの漢字を学ぶのか」という学習の動機付けとなり、学習目標となる。また、最終的には「何ができるようになったか」という評価にもつながる。

---

[1] EWで作成された『できる！日本語＜初級＞』（近刊）というメインテキストに準拠して作成された漢字教材。

表3 第6課・第15課の提出漢字と「できること」

課	タイトル	提出漢字	できることの具体例
6	いっしょに！	A 来,帰,読,聞,書,話,会,社,友,今	・図書館や地域センターの案内を見て、目的の場所を探すことができる。 ・ツアーに参加したり、習いごとをしたりする場合に、お知らせを見て必要な情報（時刻や金額）や、お得な情報（割引、サービス）を得ることができる。また、語学学校のコースを選ぶことができる。 ・漢字を使って、友だちとメールで誘い合うことができる。
15	ニュース	A 天,気,雨,多,度,低,台,風,交,通,死 B 事,故,温,震 C 晴,雪,曇	・新聞などの天気予報欄にある漢字がわかる。 ・駅などの電光掲示板の漢字から運行状況などがわかる。 ・テレビのニュース速報やネット新聞から簡単なニュースの内容がわかる。

　表3は、第6課と第15課の提出漢字と「できること」を記述したものである。第6課の漢字は動詞が多く、品詞でまとめられているように見えるが、「できること」で示されているような「漢字との接触場面」を重視し、学習していく。例えば、「帰」は、旅行パンフレットなどで見られる「日帰りツアー」などの形で学習する。また、「語学学校のコース紹介」では、「日常会話コース」などという形で「会」「話」を学習する。このように、学習者がその漢字に出会うであろう「接触場面」を重視した内容になっている。

　以上のものは、漢字で書かれた物から情報を拾っていくという活動だが、「書く」機会が多い漢字も実際の場面の中で練習できるように考えている。第6課の提出漢字には基本動詞が多く、これらの漢字はメールなどのやり取りの中で頻繁に使われると考えられる。そこで提出漢字を使って友だちにメールを書いてみるというタスクがある。

　第15課は「ニュース」に関連のある漢字を学習する。ニュースといっても、社会的・政治的な話題ではなく、天気や地震など学習者にとって身近な情報を取り上げている。そして、その際にキーワードとなるような漢字語彙が認識でき、意味がわかるかどうかに重点が置かれている。天気予報では、「雨」「晴」

「雪」「曇」という基本的な天気を表す漢字を学習する。しかし、天気は漢字よりもマークで示されていることが多いため、旧日本語能力試験4級出題基準にある「雨」を除き、この段階では意味がわかればいいという考え方をしている。一方、「地震」や「事故」という漢字は、見た目は難しい漢字だが、学習者が日本で生活する上では、生活に密接な漢字だと考えられる。これらの漢字は単漢字で覚えるのではなく、「熟語」つまり語彙として意味を学び、さらに「読み方」も覚えて欲しいと考えている。このように漢字によって、その課までに「意味がわかればいいのか」「読めればいいのか」「書けるのか」ということも明確に示している。

2. 使用教材について
2.1 提出漢字

『たのしい漢字＜初級＞，＜初中級＞』では、以下のように漢字を3つの種類に分け、最初から全ての読み方を覚えたり、正しく書くことを求めるのではなく、段階的に繰り返して学習することにしている。

表4　提出漢字の種類

A：読み方と書き方を学習する。
B：意味と読み方がわかればよい漢字。後の課でAとして再提出される。
C：サインとして意味が理解できればよい漢字。読みも書きも問わない。　Aとして再提出される。

漢字を学習するときには、この漢字がAなのか、Bなのか、Cなのかということを、学習者、教師ともに常に意識して学習を進めていく。

2.2 課の構成

1課の構成は次のようになっている。
①トビラ
　その漢字が使われる接触場面を表す絵、写真があり、学習する漢字が使用される場面で新しい漢字の導入を行う(図2)。

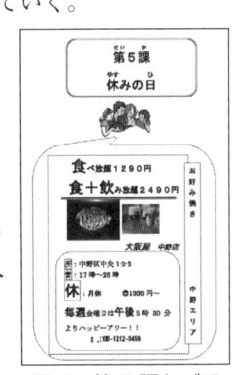

図2　第5課トビラ

②書きページ(マス目)

トビラで導入した漢字の意味や読み方を確認するなど、どうやって覚えるかクラス全体で考える。

③練習しよう1〜書いてみよう〜

漢字を構成要素(パーツ)や意味のグループでまとめ、既習の漢字の整理をしながら学ぶ。また、読み方のルールや形声文字の知識(音符)を繰り返し確認する。

④練習しよう2〜やってみよう〜

漢字を使って必要な情報を取ったり、行動したりできるよう、実際の接触場面に近い状況で、タスクが達成できるかどうかチャレンジする。

3. 授業について

3.1 授業の進め方

1日の漢字学習の時間は原則1コマ(50分)の半分(25分)程度である。1課(漢字12個程度)を2〜3日で進め、3か月弱で全15課が終わる。1課に2日かけるか3日かけるかはクラスメンバーの漢字学習歴、知っている漢字の量などを考えて設定する。

本校では2日で1課を進めているクラスが多いため、2日で進める場合について説明する。

1日目は「トビラ」を使って漢字の導入、「書きページ」(マス目)を使って、漢字自体の学習、そして「書いてみよう」で学習した漢字の確認をする。

2日目は前日に習った漢字の復習後、「やってみよう」でその漢字を使ったタスクを行う。

3.2 授業例1　漢字の導入

ここではテキスト第9課「好きなこと」(学習漢字:好歌音楽映画旅海外車)を取り上げ、どのような漢字授業が考えられるかを紹介する。

＜課の導入＞

授業では、テキストのほかにレアリアや写真を用意することが多いが、それ

らを選ぶ際には漢字との接触場面を重視し、学習者がこの課の漢字をいつ・どこで目にするかを考えている。

　この課では、「音楽祭」「東京国際映画祭」「海外旅行」という漢字が入っているちらしやポスターの写真を用意した。以下は、実際の授業例である。

　　　　　　　　　　～第9課の導入 授業例～

T：みなさんの好きなことは何ですか。
L：（スポーツ、読書、カラオケ、映画…様々な答えが出てくる）
T：ここに色々なポスターがあります。
　　これはアンさんの好きなものです。
　　（1つのポスターを指して）何のポスターですか。
L：旅行？
T：それはどこを見てわかりましたか。
L：（学習者に漢字を示してもらう。この場合はポスターにある「旅行」）
T：これは日本の旅行ですか？外国旅行ですか？
L：外国です。
T：どうしてわかりましたか。
L：外。外があります。
T：外？
L：外国。
T：ああ、外は『外国』ですね。だから外国旅行ですね。
　　では、（「海外」の漢字を示して）これは？何ですか？何と読みますか？
L：「うみ？」「うみがい！」…（知っていることが次々と出てくる）
T：（学習者から正解が出る場合も、そうでない場合もあるが、最後に正しい読み方を確認する）

　このように、接触場面から漢字を導入するときは、場面提示はもちろんだが、学習者が自分の「好きなこと」について正しく話せるのかではなく、どの漢字を見て情報が取れたのか、または、未知の漢字を推測したならば、どうやって推測したのかを聞くことが重要である。つまり、初めての課（トピック）の導入では、教師の学習者への問いかけが非常に重要であると考える。

　そして、学習者が「今日は"好きなこと"についての漢字を学習するんだ」

と理解したところで、写真やレアリアの中に出てきた提出漢字を順に取り上げ、漢字1つ1つの学習に入っていく。

＜提出漢字の導入＞
　次に、1つ1つの漢字をどのように導入しているかを紹介する。
　漢字を記憶する方法は人それぞれである。本校では、様々な記憶方法を学習者に紹介したり、また逆に聞いたりしている。記憶方法には、構成要素に分ける、イラストから連想する、例文を書いて学ぶなど色々あるが、学習者とともに漢字を記憶する方法を共有する時間を持つことが重要だと考える。次の授業例は、学習者が考えた「オリジナルのイラスト」を使って導入を行っている場面である。

～第9課 提出漢字「歌」の導入 授業例～
歌
T：この漢字どうやって覚えますか。
L：歌っています。（台の）上に立って（「歌」の左部分）、こっちがこれする人。（指揮者のジェスチャー）
T：え？　あ、もしかしてコーラスですか？（絵を描きながら）これが口で、ここが台で、（「可」の「口」を取った部分）それで、
　　右側が指揮者ですね。
L：おぉ～（歓声が上がる）

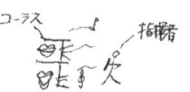

　授業では、毎日このようなやり取りが行われている。もちろん全ての漢字を同じように指導していくわけではないが、漢字を楽しく、そして覚えやすくする1つの方法だと考え、このように共有する漢字を各課1、2個取り上げている。そして、学習者から記憶する方法が出てこなかった場合は教師が紹介し、必要に応じて補足説明をする。例えば、「歌」の場合は、構成要素である「欠」は、他の漢字でもよく使われるため重要だと考え、『口を大きく開ける』の意味です。『飲』（既習漢字）にも使われていますね。」のように紹介する。
　漢字学習の方法（ストラテジー）には様々なものがあり、学習者の漢字学習スタイルも様々である。導入時、教師はできるだけ多くのストラテジーを紹介

し、学習者が自発的にストラテジーを選択し、使えるように支援することが大切である。

　このような方法は「非漢字系の学習者」のクラスならば楽しくできるかもしれないが、「漢字系の学習者」がいるクラスではできないと思われるかもしれない。しかし、実際はそのようなことはないと考える。本校の学習者は漢字系、非漢字系(人数比9：1)がともに同じ教室で漢字を学んでいる。ある日、下記のような「記憶する方法」を熱く語ってくれた上海出身の学習者がいたので紹介したい。

学習者Kさん(初級後半)
T：(「海」の漢字を記憶する方法を学習者に聞いている)
K：海は生命のはじめてのところです。人の母。
　　(「海」の右側「毎」を示して)母は人を生まれる
　　(「毎」を「人」と「母」に分けて)
　　そして海は生命の…(聞き取り不明)
T：起源？
K：起源。そう起源。海は地球の75％その意味です。はい。母。上に人がいます。
T：わぁー。そうですね。その通りです。すごい。
　　(教師はこの後、「海」の「毎」の部分は「母」とは字形が異なることを確認)

　漢字系の学習者は、漢字の成り立ちや構成要素について詳しいことが多いので、このような時間を持つことで、他者にそれを伝えることに喜びを感じたり、日本の漢字と自国の漢字の違いを発見し、日本の漢字に興味を抱いたりしているようである。

3.3 授業例2　「漢字の記憶法」の共有

　次の例は「構成要素」から漢字の記憶方法を考える場面である。

> T：（「秋」を指して）この漢字、どうやって覚えますか。
> L：秋、木が赤くなります。火の色です。
> T：（「予」を指して）じゃ、この漢字はどうやって覚えますか。
> L：……。
> T：（「約」を指して）じゃ、この漢字はどうやって覚えますか。
> L：……。

　「秋」「予」「約」の3つの漢字について教師が「どうやって覚えますか」と質問したところ、「秋」については学習者から記憶方法のストーリーが出てきた。しかし、「予」「約」は学習者の反応がなかった。

　同じ質問にも関わらず、「秋」の方は学習者からすぐにアイディアが出てきたのはなぜだろうか。よく知っている既習の構成要素に分けられること、「木」「火」という「モノ」から「秋」をイメージするのが容易だったことが理由ではないかと考えられる。一方、「予」「約」は具体的な「モノ」を表す漢字ではない。そのため、学習者は記憶方法を考えるのが難しかったのではないだろうか。そのような漢字こそ、教室でクラスメイトや教師と記憶方法を考え、共有することが役に立つと考える。

　学習者からすぐに記憶する方法が出てこなかった場合、まず、「パーツはいくつありますか」「このパーツは前に勉強しましたが、何ですか」のような質問で、パーツに分けられること、そしてそのパーツの意味を確認することから始めるとよいだろう。

　例えば「約」の場合、構成要素に分けた後、「糸」の意味を確認し、なぜ「約」に「糸」が入っているのかを学習者に問いかける。学習者から出た記憶方法の例を挙げると、「約束」であれば、二人の間を「糸でつなぐ」、「予約」は「前もって糸（自分のしるし）をつけておく」などがあった。このように、記憶方法を共有する際には教師の引き出し方が重要であると考えられる。

3.4 授業例3　「練習」の時間

　3.1でも述べたように、学習者の漢字を記憶する方法は様々である。書いて覚える人、見て覚える人、声に出して読んで覚える人などがいるだろう。そこ

で、授業では個々に自由に漢字を覚える時間を設けている。たくさん書いて練習したい学習者はここで思い切り書く練習をする。既にその課の漢字を知っている学習者はマス目に1つずつ書く必要はないが、非漢字系の学習者で、初めてその課の漢字を学習するという場合は、1度は書いて形を確認することにしている。形が複雑なものや間違いやすいものは全員で書き方を確認することもあるが、全ての漢字を同じように全員で書いてみることはしていない。

　もちろん、漢字学習の一番初めには漢字の書字方向や線が突き出る、出ないなどの書き方のルールを確認することが大切である。しかしその後は、それぞれの学習者に合わせ、個別に指導することにしている。教師は学習者の間を巡回し、その人にあったアドバイスをすることが重要である。その際、共通する間違いが多く見られた場合、全体で共有している。

　次に、どのように「書く練習」をするかについて紹介をする。「書く練習」というと、ノートに何回も繰り返し書くだけだと考えがちだが、ただ「何も考えずに」書くのではなく、ストラテジーを意識したり、整理したりしながら練習するように指導している。

　このテキストではマス目に漢字を書く練習のほかに、漢字の音訓や構成要素について整理しながら練習していく（図3）。

　まず、音訓を意識しながら学ぶため、図3のⅠ.のような練習を行っている。学習者はその日に学んだ漢字の中から、2つの言葉を作り、□に入る漢字を書く。1つの漢字に複数の読み方があるというのは、学習者がしばしば難しいと言う部分であり、このような形で整理していくのは有効であると考える。

　実際の授業では、図3のⅠ.のような図を板書し、クラス全体で考える

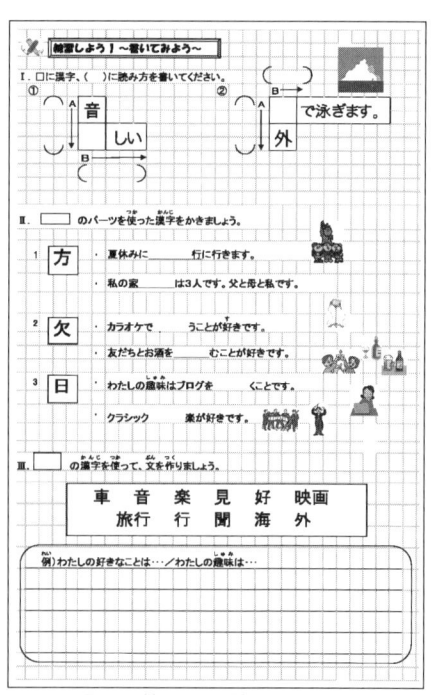

図3　第9課　練習しよう1

ことも多い。また、課が進んで、習った漢字が増えてきたところで、学習者に同様の問題を作ってもらい、お互いに出題し合うなどの活動も行っている。

次に、構成要素を意識してもらうため、Ⅱ.のように、その課で学ぶ漢字と同じ構成要素を持つ既習漢字をまとめる練習も行う。これはその日に学んだ漢字と既習の漢字を関連付けることで、覚えやすくなると考えるからである。また既習漢字を構成要素で整理することで、漢字学習に必要な漢字の分類、分析ができるようにと考えている。

このように、学習者は学んだ漢字を書きながら、音訓や構成要素も同時に整理していくことができる。

授業では、構成要素を書いたカードを使って、漢字作りゲームをすることもある。グループ対抗で、カードを組み合わせてより多くの漢字を作ったグループを勝ちとする。グループごとに発表していき、発表できる漢字がなくなったら、負けとなる。発表する際には、読み方だけでなく、熟語を紹介しながら、(例:『学校』の『校』)、または構成要素を使って説明する(例:『木』の右に『交通』の『交』)というルールを作っておくことが重要である。構成要素の中でも、よく使われるもの、部首などは、クラスの中で、共通の呼び名を決めておくとよい。「にんべん」は「人」、「しんにょう」は「道」というような具合である。

学習者の中には、これまでの漢字学習経験から、ただ漢字を黙々と書くという学習ストラテジーしか持っていない者も見られる。彼らの「書いて覚える」というストラテジーは尊重しつつ、授業の中で様々な方法を取り入れていくことが重要であると考える。

3.5 授業例4　接触場面での練習

接触場面を提示するには、例えば、旅行会社でもらってきた旅行のパンフレットや、旅行に関するホームページが役に立つ。他のトピックのときでも、レアリアや写真があると便利である。授業の準備、「接触場面でのタスク」作りにはGoogleやYahoo!の画像検索もよく使っている。

授業では、毎課、学習した漢字の接触場面からタスクを作成し、学習者に実践練習として問題を解いてもらう。作成の際に留意することは、タスクが「学

習者が推測できる範囲内であるか」である。実生活の中では学習した漢字とそうでない漢字が一緒に出てくる。したがって、問題の中にはもちろん習っていない多くの「余分な」情報が含まれている。接触場面で問題を作成する場合、学習者の既習の知識で推測することが可能な問題、またその力を養える問題を考えることが重要である(図4)。

このタスクは、「自分が欲しい本が何階にあるのか」問うものである。売場案内からこの課で学習した漢字、「音楽」「映画」「旅」を読み取る。例えば、教師は「あなたは夏休みにオーストラリアへ行きたいです。何階に行きますか。」と問いかけ、学習者の答えを求める。そこで、重要なことは、ただ正解を求めるのではなく、解答に至ったプロセスを共有することである。こ

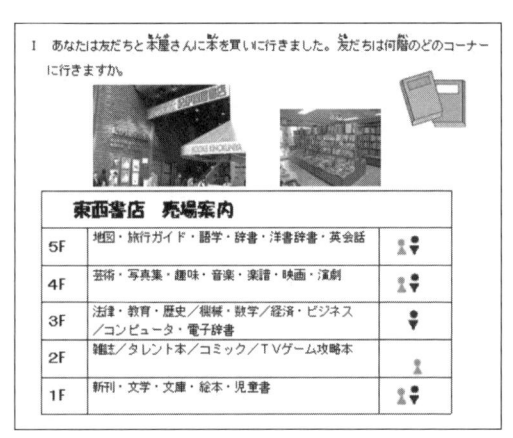

図4 第9課 練習しよう2問題Ⅰ

の場合は、まず、どの漢字が解答のキーとなったかを確認し、多くの漢字から「旅」の1字を探せばわかること、また、周辺のヒント(「旅行ガイド」の「ガイド」など)から推測できることを共有する。また、「飲」の漢字を学習した際のタスクで、飲食店の「食べ放題1500円」と書いてあるちらしから「何が1500円」かを問うようなタスクがある。これは、「放題」という漢字が未習であっても、「食」から推測でき、その店で「食事」が1500円であるという情報を得るための過程を学習する。

4. おわりに

学習者がどんなときに、どんな漢字を必要としているのかという調査から、「接触場面」から学習することと、そして「何ができるようになったか」という学習者の達成感が漢字学習の意欲を高めるのだということが先行の調査によりわかった。

「何ができるか」を明確にしていくことで、教師は次のレベルで何が必要か、また反対に、学習者はどのような学習をしてきたかを知ることができる。その前後のつながりが漢字授業に重要なのではないかと考えている。

■ 参考文献 ■

有山優樹・落合知春・立原雅子（2006）『非漢字圏学習者を対象とした漢字指導－初級レベルの漢字の運用を目指して』国立国語研究所上級研修報告書（ジャヤニヤタイチーム）

有山優樹・落合知春・立原雅子（2008）「インターアクションを重視した漢字教育における教師の役割の重要性 — can-do-statements に基づく教材を使用して —」2008年度日本語教育学会春季大会予稿集, pp.43-48.

鎌田修・嶋田和子・迫田久美子（編）（2008）『プロフィシェンシーを育てる〜真の日本語能力を目指して〜』凡人社.

嶋田和子（2008）『目指せ、日本語教師力アップ！— OPI でいきいき授業』ひつじ書房.

嶋田和子(監修)・DN 教材開発プロジェクト（近刊）『できる！日本語＜初級＞』アルク

嶋田和子(監修)・DN 教材開発プロジェクト（2010）『たのしい漢字　試用版＜初級＞』イーストウエスト日本語学校.

嶋田和子(監修)・DN 教材開発プロジェクト（2010）『たのしい漢字　試用版＜初中級＞』イーストウエスト日本語学校.

実践報告

第7章 専門漢字語彙を学習する授業
－非漢字圏大学院留学生のための「海洋漢字・読解クラス」－

谷田部　由木子

●実践校	東京海洋大学　大学院日本語補講授業「海洋漢字[1]・読解クラス」
●クラスの目的	研究活動に必要な語彙の中で基礎的な漢字語彙を習得し、発表を聞いたりレジュメを読んだりするときに理解できるようにする。
●学習者数	10～15人
●学習者のレベル・国籍	初級後半～中級前半・非漢字圏（多国籍）
●使用教材	自作教材
●準備するもの	特になし

1. はじめに

　大学院課程の段階から来日している理工分野を専門とする非漢字圏からの留学生達は、来日後に日本語学習を始める、あるいは英語で研究活動が続けられるといった場合が多く、体系的な日本語学習のための時間的余裕がないという現状にあると言える。一方で、留学生達は、「専門分野の漢字語彙を知っている」あるいは「読めてわかる」ということが情報の伝達や収集のために有益であると自覚し、日本語学習の初期段階からの専門漢字学習を希望している[2]。

　東京海洋大学では、大学院日本語補講授業の1つとして「海洋漢字・読解ク

---

[1] 一般に初級日本語教育で扱われている語彙ではなく、海洋科学・工学分野の語彙との関連から選定した漢字のことをこのように呼んでいる。
[2] 武田（1994: 77-95）などに詳しい。

ラス」が設置されている。この授業では、上記のような非漢字圏理系大学院留学生の現状に鑑み、特に漢字学習の初期の段階から、専門である海洋科学・工学分野での研究活動に必要な専門語彙の中の基礎的な漢字と漢字語彙の指導を行っている。

2. 基本方針

この授業は、漢字指導についての以下の三点を重視しながら実践されている。

第一に、漢字の親近性と実用性である。漢字学習の初期の段階から、学習者にとって親近性が高いと思われる専門分野での熟語に絞り込んで学習させ、それによって学習者が既に母語において持っている意味概念との連結を図ることを考えている。また研究活動において実際に目にする機会が多いと考えられる熟語に触れることで、日々の研究活動にもプラスの効果をもたらすことを期待している。

第二に、学習の効率性である。習得すべき漢字認知処理技能として、漢字の形態情報を音韻および意味情報と結びつけることに重点を置く。また、同じ漢字や同じ漢字熟語を繰り返し提出して、記憶とその保持につなげることを考えている。

第三に、応用性である。漢字を個別に学習するのではなく、共通の漢字を構成要素とする漢字熟語群を確認し、熟語のネットワークの広がりを意識させ、学習者自身の頭の中のネットワークを広げていくための漢字学習法を示すことを考えている。

3. 「海洋漢字・読解クラス」の授業
3.1 学習者

この授業の対象となっている学習者は、大学院博士課程・修士課程に在籍する留学生および研究生で、非漢字圏学習者を中心に毎学期10〜15名程度が受講している。文法を中心とした学習者の「話す・聞く」日本語力は、初級後半〜中級前半程度であるが、漢字学習の経験については、漢字を勉強したことはほとんどないという学習者から、他大学での予備教育(6ヶ月)において200字程度、場合によってはそれ以上学習したという者までいる。また、既に数年

■ 谷田部　由木子

　間の滞日経験があるという学習者もいて、研究生の時に日本語の授業に参加していたが修士課程では研究活動に忙しく授業に出席できずにいたものの、博士課程に入り時間的余裕ができたため、再度授業に参加するというケースもある。また、この授業は、基本的に非漢字圏学習者を対象としているが、来日して間もない中国・韓国人の院生や研究生、短期学部留学生が出席することもある。

　学習者の専門研究における漢字使用の必要性については、ほとんどの非漢字圏留学生が英語で論文を執筆するため、日本語で論文を書いたり研究発表や討論を日本語で行ったりしなければならないというケースは少ない。研究室での普段のコミュニケーションは日本語で行うことも多いようだが、自分の発表や指導教員との専門に関するやりとりは英語で行っている。一方で、日本人学生による日本語での発表は理解できないことが多く、苦労しているという状況にある。

　この授業では、上記のような状況にある大学院レベルの留学生達が、研究活動に必要な専門語彙の中でも基礎的な漢字語彙を習得することにより、ゼミで日本語での発表を聞いたりレジュメを読んだりするときに少しでも理解できるようになること、情報交換や交流活動など、研究活動における日本語でのコミュニケーション力を高められるようになることを目指している。

　学習者の東京海洋大学大学院海洋科学技術研究科博士前期課程における専攻分野は以下の通りである。下線はこの漢字の授業に参加している留学生が多く専攻している分野である。

<u>Ａ　海洋生命科学専攻</u>　　：水圏生物科学、生物資源学、海洋生物工学
<u>Ｂ　食機能保全科学専攻</u>　：食品保全機能学、食品品質設計学、ヘルスフード科学
<u>Ｃ　海洋環境保全学専攻</u>　：海洋生物学、水圏環境化学、環境システム科学、環境システム工学、国際環境文化学
　Ｄ　海洋管理政策学専攻　：海洋政策学、海洋利用管理学
<u>Ｅ　海洋システム工学専攻</u>：環境テクノロジー学、動力システム工学、海洋機械工学、海洋サイバネティクス、海洋探査・利用工学

F 海運ロジスティクス専攻：情報システム工学、海洋テクノロジー学、
　　　　　　　　　　　　海上安全テクノロジー、流通システム工学、
　　　　　　　　　　　　流通経営学、衛星航法工学
G 食品流通安全管理専攻：　食品流通安全管理学

3.2 カリキュラム

「海洋漢字・読解クラス」の授業は以下のカリキュラムで行われている。

表1 「海洋漢字・読解クラス」カリキュラム

学習期間 学習時間	使用教材	各回の授業の 学習活動・学習内容	各課の宿題	試験・その他
前期 4〜9月 （15週） 週1コマ （90分）	自主制作教材A （資料1，2参照）	1. 復習クイズ 2. 宿題の発表 3. 新しい漢字の学習 　(1) 訓・音読み 　(2) 意味 　(3) 熟語構成 　(4) 漢字熟語群 4. 読み教材 　(1) 漢字語彙 　　読み・意味 　(2) 本文読解 　　語彙穴埋め	1. 本文漢字語 　彙穴埋め 2. 単漢字書き 　練習 3. 漢字語彙の 　読みと意味 　を覚える	1. 初回授業 　実力チェック 　クイズ（※） 2. 中間回授業 　復習・練習 3. 最終回授業 ・到達度チェック 　クイズ（※） ・期末試験 ※は同一のもの
後期 10〜3月 （15週） 週1コマ （90分）	自主制作教材B			

3.3 シラバス

　次に、実際にどのような漢字と漢字語彙[3]を授業で扱っているか紹介していく。前述のように、非漢字圏からの理系大学院留学生達は、来日後に日本語学習を開始する場合が多く、また研究活動に多忙で体系的な日本語学習をする十分な時間的余裕もない。そこで、これらの学習者に対する漢字指導において、

---

[3] 熟語だけでなく、漢字一字や送り仮名を伴い単語となるものも含めて漢字語彙と言う。

■ 谷田部　由木子

「実際の研究留学生活に役に立つ」という視点で漢字の選定を行うことは、学習効果を上げる意味でも必要不可欠であると言える。実際に役に立ち学習効果が高いと考えられる漢字というのは、学習者が日常生活および研究生活で目にする機会の多い、親近性の高い漢字と漢字語彙ということになる。東京海洋大学の大学院日本語補講授業では、日常生活で接触の多い漢字語彙、および、どの専門分野であっても一般的に大学院での研究生活に共通して必要な漢字語彙（「研究」・「論文」・「発表」など）については、他の科目の授業でも学習する機会がある。そこで、この「海洋漢字・読解クラス」では、特に、海洋科学・工学分野の語彙を構成する基礎的な漢字と漢字語彙に絞って指導している。漢字の選定については、水産学の用語辞典[4]などの資料にあたり、高頻度で出現している漢字を中心に取り上げた。

　具体的には、半期に学習する漢字と漢字語彙を表2にリストアップした。毎回の授業では、各課で提出される新しい漢字として、5字ずつ（13課で65字）訓・音読みと意味を学習する。漢字語彙については、13課分で230語（1課当たり平均17.7語）程度、さらに漢字熟語[5]に限ると、13課分で170語（1課当たり平均13.1語）程度学習することになるが、複数の課で同じ熟語が出現しているので、これは、異なり数ではない。また、学習者から語彙例の提案がなされることもある。

　ここで、表2の「新しい漢字」について、広く日本語教育で使用されてきた漢字の教科書である『Basic Kanji Book』（加納・他 1989）を例に重なりを見てみると（表2の下線の漢字は同 vol.1で、波下線は vol.2で扱われている漢字）、vol.1との重なりは15字、vol.2との重なりは21字で、計36字となる。すなわち、この授業で「新しい漢字」として取り出している漢字について言えば、漢字学習の初期段階でありながら、その半数近くは、『Basic Kanji Book』外ということになる。学習者の専攻と関連づけ、専門語彙を構成する基礎的な漢字に絞り込むという漢字選定の結果がここに表れていると言えるだろう。

---

[4] 『留学生のための水産学用語読み方辞典』（長崎大学留学生センター 2003）
[5] 2字以上の漢字で構成される語。表2の漢字語彙のうち、漢字1字の語および送り仮名を伴う訓読みの語を除いたもの。

表2 「海洋漢字・読解クラス」で学習する漢字と漢字語彙

課	新しい漢字	学習する漢字語彙
0	海・洋・水・産・魚	海　日本海　海洋　海上　海中　太平洋　大西洋　〜洋水　海水　水中　水上　水産　生産　魚　海水魚　金魚
1	貝・池・育・法・陸	貝　魚貝類　池　池水　育つ　育てる　飼育　教育　方法　漁法　泳法　陸　陸上　大陸
2	船・面・流・探・網	船　船長　船員　漁船　海面　水面　地面　流れる　流す　海流　水流　流水　流木　上/中/下流　探す　探知機　網　漁網　〜網
3	底・深・温・塩・圧	底　海底　水底　底面　深い　深海　海深　深海底　深海魚　温かい　温度　水温　体温　塩　海塩　塩水　塩分　圧力　水圧
4	変・加・度・菌・養	変わる　変える　変化　変温動物　大変　加える　加工　加圧　加熱　〜度　温度　深度　菌　殺菌　〜菌　細菌　栄養　養分　養殖
5	数・湾・適・発・類	数学　人数　〜数　湾　東京湾　内湾　湾内　生活　活動　発生　発表　種類　魚類　人類　魚貝類
6	卵・生・植・藻・動	卵　魚卵　産卵　生まれる　生きる　生える　生　生活　水生　生物　発生　植える　植物　藻　藻場　海藻　藻類　動く　動物　活動　自動
7	体・洗・薬・酸・冷	体　魚体　体温　船体　洗う　水洗　洗剤　洗濯　薬　薬品　〜薬　酸っぱい　酸　酸化　酸性　酸素　アミノ酸　冷たい　冷やす　冷凍　冷蔵　冷水
8	速・型・能・最・化	速い　速度　高速　時速　加速　小型　新型　〜型　能力　可能　最も　最新　最〜　変化　化学　〜化
9	群・沖・岸・潮・遊	群れ　魚群　沖合　岸　海岸　川岸　湖岸　沿岸　湾岸　潮　潮流　親潮　黒潮　満潮　干潮　浮遊生物　遊ぶ　回遊
10	肉・血・液・尾・分	肉　魚肉　筋肉　血　血液　血合肉　液体　気体　固体　尾　交尾　分ける　部分　分類　塩分
11	漁・運・業・鮮・保	漁船　漁港　運ぶ　運搬船　運送　海運　運動　運河　漁業　〜業　生鮮　海鮮　新鮮　鮮度　保つ　保温　保冷　保存
12	凍・量・熱・料・原	凍る　冷凍　解凍　量　量る　大量　少量　量産　熱い　高熱　加熱　熱帯　熱量　材料　原料　原因

3.4 授業の流れ

次に、各回の授業の進め方については、以下の通りである。

(1) 復習クイズ

前回の授業で学習した漢字語彙について読み方と意味をチェックし、また訓読みと音読み、熟語構成のパターン、漢字熟語の意味を他の日本語で説明するなどの方法で漢字語彙の理解と定着をチェックする。

(2) 宿題の確認

学習者が、宿題となっている読み教材の本文の穴埋め(資料2)の発表をし、文法事項などについても確認しながら本文の理解をチェックする。また、必要に応じて、文字を見ずに本文の再生を試み、基礎的な専門語彙を音声面からも確認する。

(3) 新しい漢字の学習

1課につき5つの漢字(表2「新しい漢字」)について学習する。それぞれの漢字について、訓読みと音読み、英語による意味の確認、品詞の確認をしてから、漢字語彙例(表2「学習する漢字語彙」)を挙げていく。この際、視覚だけでなく手を動かして書くことによっても記憶につなげるために、語彙例は教師の板書を学習者が自分で書き写す方法をとっており、資料1のような用紙を使って全て学習者自身が記入していく。この授業では、漢字表記を見て「読める」「意味がわかる」ことを第一の目標にしているため、板書を書き写すという作業の際、部首や構成部分の確認には重点を置くものの、書き順や画数などの正確さは求めていない。学習者によっては、初めてその漢字を書くという場合もあるが、書き練習は別に宿題として与え、個人作業としている。

指導の中で重点を置いているのが、①漢字を語彙構成要素として意識すること、②1つの漢字を構成要素とした漢字熟語群の確認である。1つ1つの漢字を個別に学習したり覚えたりするだけでなく、他の漢字とどのように結びつき熟語を形成しているのかを知り、また漢字熟語についても、それぞれ別個のものとして捉えるのではなく、ある1つの構成要素を中心とした熟語群として認識することが、漢字学習の上で大切だと考える。具体的には、横方向の熟語の列挙だけではなく、図1のような形状で学習者に示すことで、熟語群としての塊と漢字熟語のネットワークを意識させるようにしている。

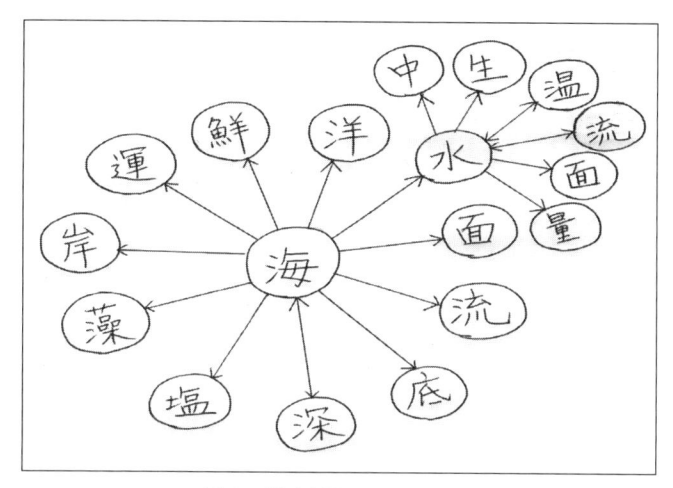

図1　漢字熟語ネットワーク

(4) 読み教材

(3)で学習した漢字と漢字語彙が確認できるような簡単な読み教材に移る。表3にあるように、読み教材の本文のトピックについては、3.1に挙げた学習者の専攻との関連づけを図っている。具体的には、主に小中学生を対象とした海洋や水産に関する資料を参考に、学習者が専攻する分野につながるような内容の文章を、漢字語彙習得を念頭におきながら教師が準備したものである。読み教材で取り上げる漢字語彙は、各課の「新しい漢字」で学習した語彙[6]の他に、さらに1課当たり平均12.3語、うち漢字熟語については1課あたり平均7.8語となっている。

資料2に読み教材のサンプルを挙げた。本文を読む前に、内容理解のためのキーワードを中心とした漢字語彙の読みと意味を確認する。ここでは、既習の漢字や熟語を繰り返し提出することで、定着を図る。また、キーワードとなる漢字語彙の意味の確認によって、本文の内容が予測でき、理解の助けとなる。次に、本文の穴埋め作業に移るが、個人作業なので、時間内に終了しない学習者には宿題とする。

---

[6] 表3の「読み教材漢字語彙」のうち、下線は、「新しい漢字」で学習した漢字語彙。

表3 読み教材本文トピックと漢字語彙

課	読み教材本文トピック	専攻	読み教材漢字語彙[7]
1	養殖	A	養殖 食べる 海 育つ 魚貝類 方法 陸上 池 人間 種類 天然 えさ
2	カツオ・マグロのとり方	A	海面 流木 船 東 太平洋 探す 網 南 流す 方法 群れ 回遊 集まる
3	海底の調査	E	海底 調査 深い 底 水圧 深海 船 温度 塩分 海流 動き 住む 生物 強い 問題 技術 進歩 研究
4	缶詰	B	缶詰 方法 加熱 温度 以上 殺菌 微生物 変化 細菌 食品 栄養 原料 空気 冷やす 品質 安全 保存
5	海の環境	C	環境 人間 方法 生活 問題 湾 数 産業 活動 海岸 海面 発生 海底 魚貝類 自然 守る 利用 都市 汚い 埋め立て 赤潮 酸素
6	藻場	A	藻場 海岸 生える 海藻 貝 生物 住む 動物 卵 産む 深い 集まる 場所 植物 酸素 産卵 葉 光合成 敵 逃げる 理由
7	魚の冷凍	B	冷凍 魚貝類 方法 魚体 洗う 酸化 薬品 海底 細菌 流す 死後 体温 冷水 加える 種類 以内 表面 氷 頭 内蔵 尾 血液 筋肉
8	ロボットの開発	E	開発 時速 歩行 成功 人間 ～型 発表 身長 体重 小型化 区別 可能 走行 最新
9	海流と回遊	C	近海 流れる 北 南 温かい 海流 魚群 回遊 魚種 水温 栄養 植物 動物 親潮 黒潮 冷たい 低い 比べる
10	魚の筋肉	A	筋肉 分ける 活動的 血液 運ぶ 酸素 運動 部分 泳ぐ 尾 動かす 回遊魚 血合肉 色 赤い 白い 色素
11	冷凍運搬船	F	冷凍 運搬船 近海 品種 遠洋 漁業 大西洋 漁船 急速に 陸 大型 地中海 通る 運ぶ 漁港 着く 鮮度 保つ 積む 運河 市場 解凍
12	カニ足風かまぼこ	B	足 魚卵 量 場所 養殖 外国産 大量 すり身 加工 食品 原料 冷凍 卵白 加える 加熱 切る 表面 冷やす 色 形 味 歯 値段 赤い 着色

※アルファベットは3.1の専攻分野と対応

[7] 一部ひらがなの語彙も含まれる。

以上のような流れで授業を行っており、漢字熟語について見てみると、各回の授業で平均して21語程度を学習することになる。が、一覧にあるように、新しい漢字熟語のみを提出しているわけではない。記憶とその保持を高め、必要性を認識させ、漢字熟語群を意識させるために、同じ漢字、同じ熟語を繰り返して複数課で学習するようになっている。例えば、「海」という漢字を構成要素に持つ熟語として、海洋・日本海・海上・海中・海水・海面・海流・海底・海深・深海・海塩・海藻・海岸・海鮮・近海・海運という語彙を学習する。

3.5 評価

定着を確認するために、毎回の授業で行う復習クイズの他に①実力チェッククイズと到達度チェッククイズ(漢字の訓・音読みと意味。初回と最終回に同内容で行う)、②期末試験(学習した漢字語彙について理解と定着を確認する。資料3に問題例を挙げた)の2種類の方法を取り入れている。特に①により、研究活動などに多忙で普段の復習の時間が確保できない学習者にとっても、最低限覚えるべき漢字の範囲が示され、自分自身の習得をチェックする機会を与えられることになる。

4. 学習者の反応

以上のように、「海洋漢字・読解クラス」では、海洋科学・工学を専門とする大学院留学生達が学習する漢字の範囲を、専門語彙との関連づけによって絞っている。そして、その範囲内の漢字と漢字語彙を繰り返して扱い、また共通する1つの漢字を構成要素とする複数の熟語を学習することで、学習者に漢字熟語の拡大と定着を実感させ、漢字学習への取り組み方を示唆することを目指した授業を行っている。

この授業に対する学習者側の反応として、以下の点が挙げられる。
①授業への出席率、クイズの成績、宿題などから見て、学習者のモチベーションが持続している場合が多い。
②学習した漢字が以後の課でも繰り返し提出され、学習者は、既習の知識を使って読めたり意味がわかったりするため、達成感につながる。
③専門との関連づけにより、漢字熟語や読み物のトピックについて、その意

内容を理解するための負担が軽減される。
④授業の内容が自身の専攻している分野と合致する学習者から他の熟語例が紹介されたり、読み教材の本文の内容について、新しい説が紹介されたりすることで、漢字学習において学習者がイニシアチブをとる。
⑤研究活動が忙しくなり授業への出席が継続できなくなっても、漢字熟語のシステムや学習方法のヒントを得たことで、その後自分で専門の語彙をチェックすることができるようになる[8]。

5. 問題点と課題

　学習する漢字を専門語彙と関連づけて絞り込むことによって、学習者の持つ既得概念との結びつき、繰り返しによる記憶と保持、学習者の関心との合致という効果が期待できると言えるが、一方で学習者の専攻する分野が異なり多岐にわたることで、ズレが生じてくることになる。東京海洋大学の授業でも2003年の統合[9]により工学を専門とする留学生が加わるようになり、分野間で専門語彙が重なり合わない部分が大きくなるという状況が生じるようになった。従って、熟語構成能力の高い漢字を選定していくことで専攻する分野によるズレを少しでも小さくし、バランスよく漢字熟語を配置しながら、学習者にとっての効率性、親近性、実用性を維持していくようにすることが課題である。

6. おわりに

　この「海洋漢字・読解クラス」は、専門研究のための漢字学習の入門〜初期段階であると位置づけられる。さらに次の段階につなげるために、実際の研究活動の場面で使用されている漢字熟語により近づけた漢字学習の教材を整備していく必要があり、各専攻分野の学術論文を始めとする資料の収集と分析を続けていかなければならないと考えている。

---

[8] 学習者に対して実施したアンケートからのコメント。
[9] 2003年、東京水産大学と東京商船大学の統合により、東京海洋大学が設立された。

第7章　専門漢字語彙を学習する授業

■ 参考文献 ■

加納千恵子・清水百合・竹中弘子・石井恵理子 (1989)『Basic Kanji Book vol.1』凡人社.
加納千恵子・清水百合・竹中弘子・石井恵理子 (1989)『Basic Kanji Book vol.2』凡人社.
武田明子 (1994)「非漢字圏から来た理工系留学生への漢字教育」『異文化間教育』8, 異文化間教育学会, pp.77-95.
東京海洋大学大学院海洋科学技術研究科 (2008) 平成 20 年度大学院履修要覧
長崎大学留学生センター (2003)『留学生のための水産学用語読み方辞典』(改訂版)

資料 1 「新しい漢字」学習用

4　缶詰			
かんじ	くんよみ おんよみ	いみ	ことば
変	(　　) (　　)	〔　　〕	
加	(　　) (　　)	〔　　〕	
度	(　　) (　　)	〔　　〕	
菌	(　　) (　　)	〔　　〕	
養	(　　) (　　)	〔　　〕	

資料2 読み教材

4 缶詰

1. ひらがなで書いてください。

① 缶詰(   )   ② 方法(   )   ③ 原料(   )
④ 空気(   )   ⑤ 加熱(   )   ⑥ 温度(   )
⑦ 以上(   )   ⑧ 殺菌(   )   ⑨ 微生物(   )
⑩ 冷やす(   )   ⑪ 品質(   )   ⑫ 変化(   )
⑬ 細菌(   )   ⑭ 食品(   )   ⑮ 安全(   )
⑯ 栄養(   )   ⑰ 保存(   )

【本文】

　缶詰は、次のような方法で作られます。まず、原料を調理してから缶に入れます。そして、中の(　　　)を出して、密閉した後で、加熱します。加熱(　　　)は、中に入れるものによってちがいますが、たとえば、魚は100度(　　　)で加熱して、殺菌します。このようにすると、中の微生物が死にます。その後で、すぐ冷やして、品質が(　　　)しないようにします。缶詰は、(　　　)が入ることがなく、食品添加物も使われていないので安全で、(　　　)もあります。また、長い間(　　　)することができて、値段も安いです。それで、缶詰は、世界中で食べられています。

※ 調理する：to cook　　密閉する：to seal　　添加物：additive

2. 上の(　　　)に入ることばを下からえらんで書いてください。

　　変化 ・ 空気 ・ 栄養 ・ 以上 ・ 温度 ・ 細菌 ・ 保存

第7章　専門漢字語彙を学習する授業

資料3　期末試験問題例

2. ○に入る漢字を下からえらんで、（　）にはひらがなを書いてください。3×5=15

Ex. （かいすい）海 → 水中 （かいちゅう）

① 遠・海 → ○
② ○ → 下・球
③ 気・固 → ○
④ ○ → 業・港
⑤ 塩・部 → ○

海　漁　洋　地　分　体

3. ①〜⑧のことばを、下の漢字を使って、_____に書いてください。（　）にはひらがなを書いてください。　3×8=24

（例）みずのなか　　水中　　（すいちゅう）

① うみとかわがいっしょになるところ　　（　　　）

② ちきゅうがいちにちにいっかいまわること　　（　　　）

③ カルシウムやビタミンなど　　（　　　）

④ うみのふかさ　　（　　　）

⑤ さかなをとるふね　　（　　　）

⑥ たべものがわるくならないようにすること　　（　　　）

⑦ なにかをつくるためにつかういちばんはじめのもの　　（　　　）

⑧ スピード　　（　　　）

水	・	中	・	存	・	船	・	口	・	養
海	・	河	・	速	・	栄	・	転	・	漁
原	・	深	・	度	・	保	・	料	・	自

実践報告

第8章 漢字で教える日本語
－外国人ろう者の場合－

佐藤　啓子

●実践校	ダスキン・アジア太平洋障害者リーダー育成事業
●クラスの目的	ろう者の学習者に、初期の段階で必要な漢字を導入することによって効果的に日本語を身に付ける。
●学習者数	5人未満
●学習者のレベル・国籍	入門～初級・多国籍
●使用教材	『基本文型・例文集』（自作）
●準備するもの	漢字カード・絵カード・手話辞典（教師が手話ができることが望ましい）

1. はじめに

　本稿では、筆者が外国人ろう者（耳の聞こえない外国人）に日本語を教えた経験から、実際にどのように指導したのか、ちょう者（耳の聞こえる人）に教える場合とどのような違いがあり、どのような工夫が必要になったのかについてなるべく具体的に示したい。

　また、ろう者の母語である手話（日本人ろう者の場合は日本手話、アメリカ人ろう者の場合はアメリカ手話）についてや、ろう者を対象とした日本語指導において初期の段階から漢字を取り入れた理由についても触れたいと思う。

　タイトルを「漢字で教える日本語」としたように、漢字を教えることを目的とした実践の報告ではなく、「漢字を使うことによって外国人ろう者に効果的に日本語を教える」という視点に立った実践の報告を行いたい。

　対象者が外国人ろう者ということで、一般的な日本語の授業に直接役立つア

イデアとなるかどうか明言はできないが、学習者の状況に合わせて指導者が工夫するという点において、これから日本語を教えようとする人に何かヒントを示唆できればと思う。

2. 外国人ろう者が日本語を学ぶということ

　一般的な日本語指導においては「読む・書く・聞く・話す」の4技能を教えるが、本稿で指導した外国人ろう者は、「読む・書く」のみを扱った。日本国内のろう学校では日本人児童・生徒に対して音声を用いて授業を行っているところもあるが、ここでは短期の日本語研修生(成人)を対象にしているため、授業の場面で発音を指導していない。

2.1 手話について

　ここでは、ろう者の母語である手話について簡単に説明しておきたい。市田(2003: 22)によると「ろう者」とは手話を母語とする耳の聞こえない人のことを指し、日本においてろう者が使用する手話を「日本手話」と言う。また日本手話は自然言語の一つであり、日本語とは語彙も文法も異なる独自の言語であるとしている。そして「日本手話に限らず、世界各地のろう者が使う手話は、日本語や英語などの音声言語と対等の複雑で洗練された構造を持つ自然言語であることが明らかにされている」と木村・市田(1995: 10)が述べている。

　つまり、手話は世界共通ではなく、日本人ろう者は日本手話を、アメリカ人ろう者はアメリカ手話を母語とし、それぞれの手話は日本語・英語と対等の文法構造を持っているということである。

　手話というと、手を動かして表すことから手話を身振りのようなものだと考える人もいるかもしれない。しかし、手の動きだけでは単語を並べているにすぎず、文法はあごを上げたり引いたり、眉を上げたり下げたり、頷いたり首を振ったりすることによって表される。

　手話には「てにをは」などの助詞にあたるものがないと言われることもあるが、上に書いたような眉の上げ下げ、何種類もの頭の動きなどでそれを表すのである。

2.2 ろう者が日本語を学ぶ上での困難点

手話という全く文法構造の異なる言語を母語とするろう者が書記日本語(日本語の読み書き)を学習する上で最も問題となるのは、一つは文字・語彙を覚えるのにちょう者とは比較にならないほど時間がかかってしまうということであろう。初級の授業でよく行われる口頭練習ができないため、文字・語彙・文型を覚えるときに、ひたすら書くという作業に頼るしかない。したがって、書く回数も10回20回ではなく、その何倍もの回数を繰り返しながら根気よく書いて覚えなければならない。

もう一つは、意味の定着が難しいということである。例えば「にほんご」とひらがなで表記された語彙が「日本語」という意味と結びつきにくいため、意味を取り違えることが多い。特に「こんにちは」「こんばんは」のようにひらがなで書くと似ている語彙の間では意味の取り違いが起こりやすくなる。以上のことから表音文字であるひらがな・カタカナだけに頼って日本語学習を進めていくのには限界があると考えた。

2.3 ろう者の特性を生かして

ろう者が日本語を学習するということは、音声に頼らずに視覚によってのみ学習するということになる。したがって、教師はこの点を考慮して指導することが大切になるだろう。

さらにちょう者のように最初にひらがな・カタカナを導入し、次にやさしい漢字から導入していくという方法は必ずしも適切であるとは言えない。上で述べたろう者の学習上の困難点からも、表音文字であるひらがな・カタカナよりは、それだけで意味を表す漢字の方が定着しやすいということが予想される。実際にあるろう学校では「ひらがなだけでは分かりにくいから漢字を書いてくれ」と子どもたちに言われ、授業中板書をする際には習っていない漢字も使用し、ほぼすべての漢字にふりがなをつけているそうだ。例えば「一輪車」という言葉を示す場合、一般には「一りん車」と習っていない「輪」はひらがなで表すが、この学校では全て漢字で表し、読みを意識させるためにルビをふるという。我々ちょう者には思いつかない、まさに逆転の発想である。

とりわけ、ちょう者に比べてろう者が優れているのは、ろう者が視覚的に物

のイメージ・形を正確にとらえることができるという点である。例えば、人の顔の描写の場合、ちょう者が見落としてしまいそうな細かい点まで実によく覚えていて再現できる。このような経験から積極的に漢字を導入することは有効であると思われる。その際には、音訓などの読みにこだわらず彼らの母語である手話を使って意味を理解させ、意味と漢字とを結びつけることを第1の目的とした。

3. 石井式漢字教育について

本稿では、以上のような視点と似た立場をとっている「石井式漢字教育」についても触れたい。

石井式漢字教育は石井勲が40年も前から実践している教育方法で、就学前の幼児に対して漢字を取り入れた言語教育である。漢字はひらがなよりやさしい(石井 2003: 54)と考えており、「鳩」「鳥」「九」の中で、一番先に覚えて読めるようになるのは、「鳩」であると言う。その理由を「簡単な字は覚えやすいと思われているが簡単で特徴のない文字は、記憶の手がかりに乏しく覚えにくい」と指摘し、「人の顔も、ほくろがあったり、皺が多く、ひげがあったり、眼鏡をかけているとか、余計なところがあればあるほど覚えやすいように、複雑な字形の方が記憶の手がかりが多くて覚えやすい」(石井 2003: 57)と説いている。また、読めるようになることが先決だとして、読み書き同時教育にも異議を唱えている。

石井(2003)の述べていることは、視覚のみで言語を学ぶろう者の場合にあてはまることも多く、日本語をろう者に指導する上で参考になることも多かった。

4. 外国人ろう者への日本語研修
4.1 日本語研修概要

本稿では、ダスキン・アジア太平洋障害者リーダー育成事業を通じて来日した研修生(外国人ろう者)への日本語指導について報告する。概要は表1のとおりである。

■ 佐藤　啓子

表1　日本語研修概要

対象者	外国人ろう者(非漢字系学習者・成人)2名
レベル	入門〜初級
期間	3か月
時間数	週5日間(2.5時間/日)
目的	携帯でメールの送受信ができること パソコンを使ってウィークリーレポートが書けること
使用教材	『みんなの日本語初級Ⅰ』の抜粋 『同　翻訳・文法解説英語版』の抜粋 漢字カード(自作) 漢字かな交じり文の読み練習用プリント(自作)

4.2　漢字指導において工夫した点

(1)早い時期に漢字を導入する

　3か月という短期間の日本語研修であるため、ろう者以外の他の学習者(肢体不自由)にはひらがな・カタカナのみで授業を行い、漢字を導入していない。

　しかし、ろう者の場合は発音を聞いたり自分で発音したりして覚えることができないため、早い段階から漢字を取り入れ、なるべく多く見せて慣れさせるようにした。その際、漢字を見て意味がわかることを第1の目的とし、読みは補助的に示すにとどめた。書きについては特に時間を割いて指導しないが、教師の板書を見よう見まねで書くこともあり、書き方を聞かれた場合にのみ教えた。

(2)手話を使って漢字の意味を教える

　漢字を導入するときには必ず教師が実際に手話を使って意味を表し、確認のために学習者自身にも手話で表現させた。ちょう者が何度も声に出しながら書いて漢字を覚えるかわりに、つまり漢字と音を結びつけるかわりに手話と漢字を結びつけるようにした。普段手話を使ってコミュニケーションをとっているろう者にとって、手を動かしながら覚えるということはごく自然なことであると思われる。

　通常の漢字カード(表－漢字/裏－ひらがな)以外に、表に漢字を書き、裏に手話の絵を貼ったものも用意した(図1)。授業に変化を持たせるために使用し

た、自習用としても活用できるだろう。

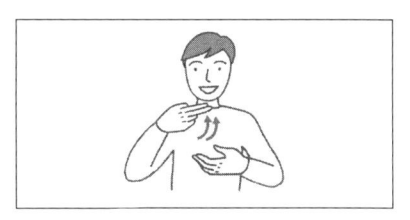

図1　漢字カード（8cm×20cm）

米内山明宏（監）・緒方英秋（著）（2007）『すぐに使える手話辞典6000』p.297　（ナツメ社）より

(3) 漢字の形を表す手話はそのまま取り入れる

　学習者は、日本語と並行して日本手話も習っているので、以下のように漢字の形を手話で表したものは、それと漢字を関連づけて覚えさせた。日本手話の授業は日本語と比べて進度が速く、1か月もすれば日常会話程度は話せるようになるため、手話で習ったことが漢字習得の助けになるようであった。

　授業では実際に教師が手話を使って表現したが、本稿では参考までに図2～12（『すぐに使える手話辞典6000』）を示しておく。

図2「上」の手話 　　　図3「下」の手話

図4「中」の手話 　　　図5「小」の手話

図6「北」の手話

図7「田」の手話

図8「日」の手話

図9「川」の手話

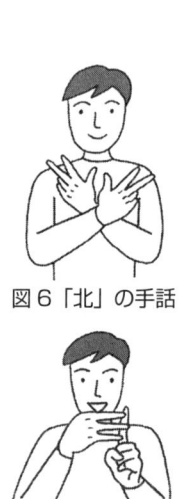

図10「人」の手話

図11「入」の手話

図12「品」の手話

米内山明宏(監)・緒方英秋(著)(2007)
『すぐに使える手話辞典6000』p.60, p.133, p.213,
p.219, p.235, p.282, p.308, p.383,
p401, p.526, p.408 (ナツメ社)より

(4) 提出順・画数にはこだわらない

　正しく書けるようになることが目的ではないため、画数の多い漢字も初めか

ら導入した。先の石井式漢字教育でも述べられているように九より鳩が難しいとは限らないため、「日よう日」は最初から「日曜日」と導入した。先行文献にあるように視覚的に認識するのであれば、情報量の少ない漢字(画数の少ない漢字)より情報量の多い漢字(画数の多い漢字)の方が記憶に残るのではないかと考え応用することにした。

　また、筆者も画数にこだわるのではなく、学習者のニーズに応じた漢字から提出するのが重要なことだと考える。ちょう者の、それも日本人が考えた難易度が外国人ろう者にとって覚えやすい提出順になるとは考えにくい。

　そこで外国人ろう者の研修生にとって大切だと思われる語彙は初級教科書に載っていなくても導入することにした。ある研修生は実際自分の日本での研修目的である「手話通訳、養成する」などはすぐ覚えることができた。表2を参照してほしい。

表2　導入した漢字例

ろう関係の漢字語彙
障害者、ろう者、研修生、ろう学校、通訳、養成、団体、青年部、目的、手話、日本語など
日常よく目にする漢字語彙
駅、改札、地下鉄、北口、南口、西口、東口、入口、出口、非常口、お手洗い、開、閉など

(5) 象形文字など物の形を表す漢字は成り立ちを示す絵を見せる

　漢字を教えるときにその漢字の元の形を表す絵をいっしょに示すと漢字の意味がいっそうはっきりとイメージとして記憶に残るようである。先にも述べたように、ろう者が視覚的に物のイメージ・形を正確にとらえることができるという点から考えてもこれは有効な方法であるといえるだろう。

表3　導入した漢字例

物の形を表す漢字
魚・木・山・雨・車・目・耳・手など

■ 佐藤　啓子

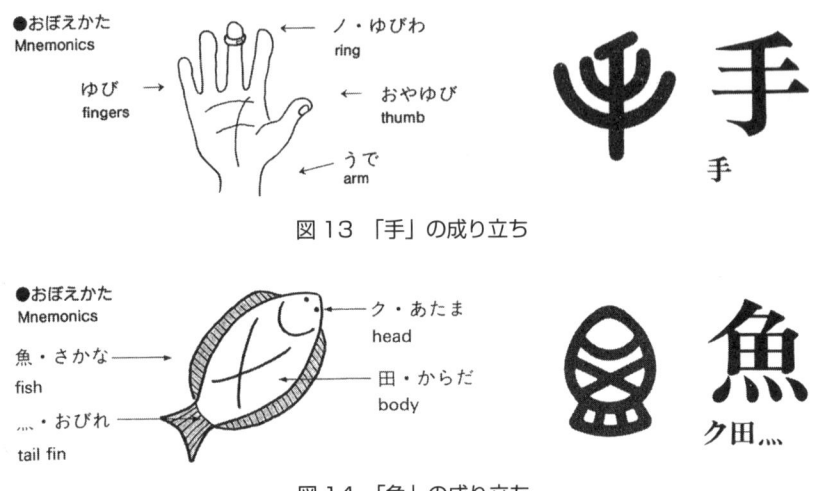

図13　「手」の成り立ち

図14　「魚」の成り立ち

武部良明（1993）『漢字はむずかしくない』p.21, p.31（アルク）より

(6) 漢字の一部の意味を手話で示す

　例えば「買」という漢字の「貝」の部分を手話で示し、「昔はお金の代わりに貝を使って買い物をしていた」という話をすると、印象づけられてすぐに覚えられるようである。貝を表す手話が漢字の「貝」によく似ていることもイメージしやすい要因であろう。また、「休」「男」などの会意文字の場合はそれぞれ「人が木の下で休んでいる」「田で力仕事をする人」と手話で説明すると理解の助けになるようである。その他「話」「語」「読」などは「言」の部分に注目させ、手話で「言う、話すなど言葉に関係がある」と説明した。

(7) すべての読み方を提示しない

　例えば彼らが毎週パソコン（以下PC）で書くレポートに必ず必要な「～月～日」の説明はしたが、最初はあえて読みには触れなかった。また「一日（ついたち）」「二日（ふつか）」「三日（みっか）」など一般的な日本語学習者でも苦労する読み方については示さないことにした。

　助数詞の「一人（ひとり）、二人（ふたり）」、時間の言い方「～時～分」についても同様に扱った。二人（ふたり）を手話で表すと「二」+「人」で、六分（ろっ

ぷん）は「六」+「分」になる。意味の理解を主眼に置いたため、読み方に関する指導や練習は省略した。

(8) PCの漢字変換を使う

例えば「<u>わたし</u>は　<u>にほんご</u>と　<u>しゅわ</u>を　<u>べんきょう</u>します」というひらがなの文を板書し、下線部をPCで漢字に変換させる。これも読み書きのみの単調になりやすい授業に変化を持たせるための手段の一つである。学習者によって日本語のレベルが異なるため、難しそうな様子であれば、最初は漢字かな交じり文にふりがなをつけて提示するなどの工夫も必要である。

この練習はPC入力に慣れている学習者の場合、ひらがなと漢字を結びつけるのに役に立つが、PC入力に慣れていないと時間がかかり効率が悪い。

それでも研修生がPC操作に慣れてくると、毎週PCで書く日本語のレポートには、習った漢字が増えてくる。本研修の到達目標の一つがPCでレポートを書くことであるため、最初は効率が悪くてもPCを使用した漢字変換練習は取り入れるべきであろう。

4.3 実際の授業例

実際にどのような手順で1日の授業(2時間30分)を進めるかについてその具体例を紹介する。以下、板書した例文を□で表す。漢字だけで意味が理解できない時にはふりがなもつけたが、本稿では省略する。

(1) 筆談（既習文型を使ってQ&Aをする）

漢字かな交じり文で質問を板書する。

> Q：昨日どこへ行きましたか。

「昨日」「どこへ」「行きました」の意味を手話で一つずつ確認する。また、「〜ました」「〜か。」の意味も手話で確認する。手話で確認できない時には英語を書かせて確認する。

そのあと答えを前に出て書かせたり、ノートに書かせたりして、教師がチェックする。

■佐藤　啓子

> A：ろう学校へ行きました。

という研修生の答えに対し、

> Q：ろう学校で何をしましたか。
> Q：だれと行きましたか。

など、筆談を続けていく。その際、忘れずに意味の確認を行った。

(2) 前日に習った文型の復習

前日に習った例文を漢字かな交じり文で板書する。

単語・文の意味確認は(1)と同様に手話または英語を書かせて行う。

> ・三時に事務所へ来てください。
> ・ここに名前を書いてください。
> ・新宿駅西口改札へ行ってください。

(3) 新しい文型の導入・練習

手話で状況を説明する。

今日導入する文型を使った例文を板書する。

> ・Aさんは今日本語を勉強しています
> ・Bさんは今事務所で働いています。
> ・Cさんは今プールで泳いでいます。

単語・文の意味を、絵で見せる、手話で表す、英語で書くなどして説明する。

練習方法は、Q&A練習の他に絵を見て文を作る、日本語を手話に、または手話を日本語にする、などである。漢字を使用して単語の意味の導入を行っていくが、動詞の活用などひらがなが必要な部分はひらがなを用いて練習を進めていった。

(4) 漢字練習

・漢字テスト(前日に習った漢字)
　漢字を見て、その意味を手話であるいは英語で書いて表す。
・漢字読み教材(表2「私の一日」の前半部分)

既習文型・語彙なので、1文ずつ「『私』は、どういう意味?」「『昨日』は手話でどう表す?」と聞き、「7時15分に」「起きました」についても同様に手話で意味を問う。すべての語彙の理解が終わったところで、もう一度文全体の意味を手話で表現させて、間違いがないか確認する。他の文についても同様に行う。

　次に漢字語彙が書かれたカードを見せ、それを手話で表現させて意味の確認をする。時間があれば、カードを机の上に並べ、教師が出した手話を見てそれにあうカードを取らせその枚数を競うゲームなども行う。

　また、動詞の漢字語彙と名詞の漢字語彙を分けて見せ、品詞の違いを意識させながら、手話で意味の確認をする。

　英語がわかる学習者なら、英語で書かせて意味の確認もできるが、動きのない単調な授業になってしまうことに注意が必要であった。

　最後にその日に習った漢字の中で教師が指定したもの(10個程度)を覚えてくることを宿題とし、翌日テストをした。

表4　漢字読み教材

<u>私の一日</u>
私は　昨日　7時15分に　起きました。
私は　8時に　朝ごはんを　食べました。
私は　研修生と　食堂で　朝ごはんを　食べました。
私は9時半から12時まで日本語を　勉強しました。
12時に　一人で　部屋で　昼ごはんを　食べました。
午後1時から3時まで　手話を　勉強しました。
それから　友達と　スーパーへ　行きました。
私はパンと　卵と　魚を　買いました。
私は　佐藤さんと　新宿へ　行きました。
そして　レストランで　晩ごはんを食べました。
9時半に　うちへ　帰りました。
それから　日本語を　勉強しました。
11時15分に　寝ました。

バラエティに富んだ練習形式を提示することはできないが、大切なことは漢字語彙と意味を結びつけるために確認を繰り返すことである。

5. 漢字を取り入れるメリット

まず早い時期から漢字を導入すると漢字に対する抵抗が少なくなることがあげられる。ろう者にとって表音文字であるひらがなの羅列よりは漢字の方が印象に残り覚えやすいといえる。それだけでなくろう者にとってメールは欠かせないものであるが、その際も「三時に事務所へ来てください。」という文面の「三時」「事務所」「来」という漢字の意味がわかれば内容の見当がつく。

また、「かきます」「かいます」などひらがな表記だけでは紛らわしい単語も「書きます」「買います」と漢字で書けば間違いが少なくなるはずである。それ以外にも「食」の意味を知っていれば、「食堂」「食事」が「食べる」ことに関係しているということがわかり、文を理解するときの助けにもなるだろう。

外国人ろう者であっても漢字に意味があることは理解の助けになるようで、ひらがなのみで表記したテストを実施したときには、学習者から「漢字を使って表記してほしい。そのほうがわかりやすい。」という要望が出たことがある。またそれだけでなく、学習者がいつも利用する駅名、宿泊しているホテル名などはすぐに覚え、PC変換はもちろん手書きでも書けるようになった。また、毎週レポートが課されているため「○月○日○曜日」などは日本語が得意ではない学習者でもすぐに書けるようになる。その場合には、漢字の成り立ちや手話との関連などを説明するとよりスムーズに入るようである。

漢字を手話と関連させながら覚えることについては「手を動かしながら覚えることができてわかりやすい」という感想も聞かれた。

6. おわりに

外国人ろう者に対する初級の日本語指導において、ろう者の特性を生かすという点で早い段階での漢字の導入は非常に有効であるということがわかった。そしてその際には、一般的な日本語教育においての漢字の提出順や数、難易度にこだわらず学習者に必要な漢字から導入していくことが大切であろう。

外国人ろう者に対する日本語指導はまだ歴史が浅く課題も多く残っているの

が現実であり、今後もろう者に特化した漢字指導が望まれる。

■ 参考文献 ■

石井勲（2003）『石井方式 幼児のための日本語塾』登龍館．
石井勲（2007）『改訂版 頭がいい親の3歳からの子育て』コスモトゥーワン．
市田泰弘（2003）「ろう者のバイリンガリズム」『月刊言語』8月号，大修館書店．
米内山明宏（監）・緒方英秋（著）（2007）『すぐに使える手話辞典6000』ナツメ社．
木村晴美・市田泰弘（1995）『はじめての手話』日本文芸社．
スリーエーネットワーク（編）（1998）『みんなの日本語初級Ⅰ　本冊』スリーエーネットワーク．
スリーエーネットワーク（編）（1998）『みんなの日本語初級Ⅰ　翻訳・文法解説書英語版』スリーエーネットワーク．
武部良明（1993）『漢字はむずかしくない』アルク．
永保澄雄（1987）『はじめて外国人に教える人の日本語直接教授法』創拓社．

財団法人　日本リハビリテーション協会　ホームページ　http://www.jsrpd.jp/
ダスキン・アジア太平洋障害者リーダー育成事業　ホームページ
　　http://www.normanet.ne.jp/~duskin/

実践報告

第9章 『Intermediate Kanji Book』を用いた中級漢字クラスのヒント

杉浦　千里

●実践校	筑波大学
●クラスの目的	1) 中級漢字100字程度の意味・用法を学ぶ 2) 漢字圏と非漢字圏学習者のペアワークによる問題点の補完 3) 漢字の「読み」と発音の意識化
●学習者数	10〜30人
●学習者の 　レベル・国籍	中級前半・多国籍
●使用教材	『Intermediate Kanji Book vol.1（改訂版）』（加納・他（2005）凡人社）
●準備するもの	宿題、課ごとの新出漢字インデックス（1課〜5課）、ペア読みシート、練習シート

1. はじめに

本稿では『Intermediate Kanji Book vol.1』（以下、『IMK』とする）を使って、実際にどのようなクラス運営を行っているかを紹介したい。

筆者は以前カザフスタンで、現地の日本語教師のためのクラスを担当し、この教科書を使った。学んでほしいことが満載の非常にいい教科書なのだが、300ページを越すこの教科書をどう扱ったものか苦心した。1学期に2課ほどしか進めず、学ぶ方も教える方も未消化なまま学期を終えた苦い経験もある。

その後、筑波大学に移ってこの教科書を使った授業を続けているが、その中で気づいたことを3点挙げる。

1) 学習を進めるのは学習者本人。「授業外個人学習」が漢字学習の推進力になる。
2) 教室では、1)で得た知識を確かめたり、応用したりする活動を行う。クラスメイトとの協働を中心とした授業をデザインするのが教師の役割。
3) 漢字圏と非漢字圏学習者のペアワークを通じて、お互いの問題点を補うことができる。

これらを念頭におきつつ、限られた時間の中でいかに効果的に楽しく授業を進めていくかについて述べていきたい。

2. クラスの概要

現在筆者が教えている筑波大学の授業について説明する。

2.1 学習者について

筑波大学に所属していることと日本語を母語としないことの2点は共通だが、年若い学部留学生・短期留学生・年配の研究者など多彩な学習者が在籍している。国籍も同様で、2009年度1学期は中国・韓国・台湾・アメリカ・インドネシア・タイ・エストニア・スロベニア・イギリス・エジプトなどからの学習者が集まった。日本語のレベルは中級後半で、漢字の力は『Basic Kanji Book』（加納・他1989）を終了した程度。学習者数は学期によって異なるが、概ね10名〜30名ほどになる。

2.2 漢字のコースの進み方

筆者は「K600」というクラスを担当しているが、このクラスでは、『IMK』の第1課から第5課を扱っている。このクラスを終了すると学習者は次の「K700」クラスで、同じく『IMK』の第6課から10課を学び、更に、『IMK』vol.2を扱うクラスで学習を続けることができる。

2.3 『IMK』の構成と各課のタイトル

『IMK』vol.1は1課から10課まであり、「復習」「基本練習」「要点」「応用練習」「課題」「コラム」で構成されている。

表1 『IMK』第1課から第5課タイトル

第1課	漢字の仲間	第4課	漢語の形容詞
第2課	反対語の漢字	第5課	同音の漢字
第3課	漢語の動詞(1)		

2.4 授業時間

　筑波大学では3学期制を取っていて、各学期10週にわたって授業が行われる。この漢字クラスは週に1回、75分のクラスで、計10回、750分で『IMK』5課分を扱うことになる。この時間で分量の多い5課分を行うのはかなりの強行軍となる。そのためには学習者の授業外個人学習をもコースデザインに組み込む必要がある。

　評価(成績)もそれを反映して、最終テストだけでなく、宿題の提出や毎回のクイズも評価の対象とする。

2.5 授業のスケジュール

　実際の10回の授業は表2のように進められる。

表2　スケジュール(2009年1学期)

No.	内容			提出課題
①	オリエンテーション	漢字力診断テスト	宿題配布	診断テスト提出
②	診断テスト解説 L1 ペア読み	テキスト構成説明 L1 基本練習		
③	L1 要点・応用練習	L2 ペア読み	L2 基本練習	L2 宿題提出
④	L1 クイズ	L2 応用練習		L2 宿題提出
⑤	L2 クイズ	L3 ペア読み	L3 基本練習・要点	
⑥	L3 応用練習			L3 宿題提出
⑦	L3 クイズ	L4 ペア読み	L4 基本練習・要点	
⑧	L4 応用練習	L5 ペア読み	L5 基本練習	L4 宿題提出
⑨	L4 クイズ	L5 応用練習	L1〜5 復習	L5 宿題提出
⑩	L5 クイズ	最終テスト		

3. 授業の流れ
3.1 初回の授業【漢字学習への構え】

まず、オリエンテーションと「漢字力診断テスト」(『IMK』p.1-8)を行う。オリエンテーションでは授業前の予習が重要であることを繰り返し学習者に伝える。漢字学習というと、教室で教師が新出漢字の筆順を示し、学習者がノートに書き練習をするとか、音読み訓読みのカードを教師がどんどんめくって学習者が声をそろえて読んでいくといった「手取り足取り」的なイメージが、教える方にも学ぶ方にもあるようだが、このクラスではそういった作業は一切しないことを重ねて学習者に伝える。それは授業外個人学習として済ませ、更にスケジュールにある課の練習問題は自分で解いた上でクラスに参加することを求める。

『IMK』のまえがきの通り、このテキストでは漢字学習の方針として次の5つが挙げられている。

(1) 漢字学習は語彙学習である。
(2) 漢字は読み書きだけ覚えても、文中での用法を知らなければ使えない。
(3) 漢字は読解や作文など他の日本語能力と関連づけた形で学習する方がよい。
(4) 漢字の字形や読み、漢字語彙の用法などを覚えたり整理したりするために有効と思われる知識や注意点などを学習項目として立てる。
(5) 漢字の効率的な覚え方や練習方法は、学習者の文化圏、興味の対象、学習スタイルなどによって異なるので、学習者自身が自分に最適の方法を発見するのがよい。

(『IMK』まえがき:vii)

これらを授業の中で扱う時間を確保するためにも、授業外個人学習は必須であることを、学期の初めに教師学習者双方が明確にしておく必要がある。

オリエンテーションの後、『IMK』巻頭にある「漢字力診断テスト」を行う。学習者はこの結果を基に、自分自身の弱点を知り、今学期の目標として設定する。最終授業で余裕があれば、同じテストを再度行い、学習の伸びを知ること

もできる。

　テスト終了後に「宿題」(『外国人学習者のための中級漢字語彙用法問題集1』)を配布する。これは1課につき8ページで構成された小冊子で、新出漢字を文の中に入れて、書き練習と読み練習をするセクションと、反対語や仲間はずれの言葉を探すといった用法に焦点を当てたセクション、更に、新出漢字を使った語彙を自分で選び、短文を作成するセクションで構成されている。

　更に、「課ごとの新出漢字インデックス(1課～5課)」も配布する。これは『IMK』の巻末資料「字形索引 Pattern Index」と同じものだが、1課ごとに新出漢字をまとめてコピーを作成したもので、1つ1つの漢字を探すためにページを繰らなくて済むため学習者には好評だ。クイズの前にはこれを握りしめて、頭に叩き込んでいる姿が目立つ。

　これで初回の授業は終了となるが、この時点で授業を取るのをあきらめる学生も出てくる。多くの時間を要求されることがわかり、それでもこの授業を取るか、取らないか、学習者自身の自主的な判断が求められ、漢字学習への「構え」をこの時点で作ることは重要だ。「このクラスを取るなら、学期中はデートをしない、病気をしない、宿題をすることになるよ」と冗談で言うが、冗談ではなかったことを学習者は後々知ることになる。

3.2　2回目の授業【ペア読み ペアワーク】

　まず、前回の診断テストの結果を返却する。学習者自身が漢字に関する現在の力を自覚し、今学期の自分の課題がなんであるか意識することをねらっている。

　次にペアワークについて説明する。その際のポイントは次の2点である。
(1) この授業では、まず、予習してきたところをペアで確認し、それから全体でそれを共有する。それらは全て日本語で行うこと。
(2) ペアを作るときはできるだけ、漢字圏の学習者と非漢字圏の学習者がペアを作ること。漢字圏の学習者は当然、漢字の形や意味には強いが、読みを正確に覚えていないことが多い。そのため、発音しても相手に通じにくいことがある。また、自国の漢字と日本の漢字を混用していることもあるので、それらを非漢字圏のペアに指摘してもらうと意識化しやす

第9章 『Intermediate Kanji Book』を用いた中級漢字クラスのヒント

い。一方、非漢字圏の学習者は未習漢字が圧倒的に多い。漢字圏のペアに助力してもらうと理解が早い。非漢字圏の利点としては、1つ1つの漢字を意識的に覚えているので、既習の漢字については形や読みを正確に覚えている場合が多く、この点では漢字圏学習者に勝ることもある。

以上を説明してからペアを決め、お互いに簡単な自己紹介をした上で、アイスブレイキングも兼ねて「ペア読み」(資料1, 2)を行う。

この「ペア読み」は筆者が当該クラスを担当する以前から筑波大学で行われていた活動である。

ここで使用するものは1枚の紙で、この1枚の紙の表をシートA、裏をシートBとする。1課の新出語彙の音読み、訓読みが網羅されることに留意して作成された短文が20文ほど並んでいる。シートA、シートBともに同じ文だが、シートAの奇数番号の文には振り仮名がなく、シートBは偶数番号の文に振り仮名がない。ペアはA、Bを決め、1文ずつ、振り仮名なしの文を読んでいく。読み方がわからない場合はペアに答えを教えてもらう。

この活動を行うと学習者間の「緊張が解ける」様子が見られる。それは、1)ほとんど初対面の相手とペアになると、双方の漢字力、日本語力を推し測るのに時間がかかるが、この活動をしながらだとそれがスムーズに行える。2)ペア双方の条件が均等なので(どちらも半分は読み方の答えを持っているという点で)リラックスして楽しめる。この2点によるものだろう。

ペア読みが終わったら第1課の「復習」問題(資料3)を始める。

まず、先ほどのペアでそれぞれが授業外個人学習してきた答えを確認する。次に答えをペアの片方が板書し、もう片方が理由を説明する。例えば、1番なら「1の漢字は牛、馬、鳥で、これは動物のグループですから、ここには、fの魚が入ります」と言えれば合格だ。一見、簡単なようだが、これがすらっと言えることはほとんどない。多くは「1番は?」と聞くと、「魚」とか、ひどいときには「f」とだけ答えることが多い。

日本語のレベルは中級なのだから、単語ではなく文で答えるようにと指示すると、学習者は発奮し、回を追うごとにこのような発話に慣れていく。漢字を

選んで書いて終わりではなく、発話の中でも正確に表現できることを学習者に意識させるのが教師側のねらいである。

同様に「基本練習」(『IMK』p.19-20)も行い、「漢字のクラスだけど、書くだけじゃないんだ」ということを自覚してもらってこの授業は終了する。

3.3 3回目の授業【グループワーク】

この日はまず、第1課の宿題を提出させる。授業中の内職を防止するためにも提出は授業の開始時点とし、これを過ぎての提出は点数を一律50%カットすると初回のオリエンテーションで通知しておくので、学習者は必死で仕上げてくる。

次に、第1課「要点」(『IMK』p.21-24)の学習に入る。ここでは漢字の4つのグループ①形②音③意味④用法についての説明があるので、4人のグループを作り、1人1つを担当してグループ活動をする。次のような手順で進める。

まず、それぞれが担当箇所を黙読し(3分程度)、次に1人ずつ、グループ内で説明する。わからないことがあったら相互に質問する(7分程度)。終了後、クラス全体で再度報告し(5分程度)、最後に教師主導で確認と質問を受ける(5分程度)。①の形のグループに関しては部首の説明や部首名のリストを渡す。④の用法に関しては「熱中するとは言えても、夢中するとは言えない」などの例を出して、理解が深まるように助力する。

以前は「要点」を教師が一方的に説明して、「input(知識を十分に注入)」した気になっていたが、学習者は「intake(十分に理解し、取り入れる)」していないのではないかと思うようになり、以来、このような形に変えた。それは、グループワークで他者に説明することを通して学習者が自身の理解を確かめることができると考えるからだ。このように他者と協働することで理解を深めることができるという体験を学習者は重ねていく。

「要点」で理解を深めた後、「応用練習」(『IMK』p.25-27)に移る。ペアで答えの確認をしてから、ペアの片方が板書し、もう片方が全体に向けて口頭で説明する。教師は補足説明と漢字の形や書き方、送りがななどを確認しながら進めていく。

「課題」(『IMK』p.28-29)と「コラム」(『IMK』p.30)は残念ながら授業時間

内では扱えないので、授業外でやること、チェックが必要なら協力するので申し出るよう伝えて第1課を終了し、引き続き第2課の「復習」「基本練習」に入る。

3.4　4回目の授業【クイズ・漢字で楽しむ・漢字の「読み」と発音の意識化】

　前回、第1課が終了したので、この日は第1課のクイズ(資料4)を行う。10分程度で終わるもので、漢字の書きと読み、用法を問う問題で構成されている。

　クイズ終了後、第2課の「要点」に入る。ここに書かれている内容を「ペア読み」と同じように シートA、シートBに分けて書き直した用紙を配り、交互に反対語を考えていく活動を行う。わからなかったら教科書に戻って確かめながら、ペアで練習を続ける。終了後、クラス全体に戻り、教師主導で確認をし、質問を受ける。

　第2課要点⑥の「対になる漢字の組み合わせ語」については次のようなシート(資料5)を使って練習する。これはここに出てくる漢字「高低大小強弱増減…」を無作為に並べ替えたものを1枚の紙にプリントしたもので、ペアで協力して漢字語彙を作り、読み方も書く。時間制限をして、どのペアが数多くできるか競って楽しむ。種明かしはテキストを見れば済む。活動終了後、「終始と始終」などの意味、用法の確認などを教師主導で行う。

　この課ではもう1つ、漢字の「読み」と発音の意識化も行う。漢字学習に関しては色々な立場があるだろう。漢字は読んで意味がわかればいい、書けなくてもいい、ましてや漢字の読みをひらがなで正確に書くことは必要ないという意見もある。なるほどとも思うが、筆者は「読み」の学習を、コミュニケーションに必要な力として位置づけている。特に漢字圏の学習者には必要な力だと考える。

　エピソードを1つ紹介したい。ある日、授業に遅れてきた学生が「先生、ジケンがあった。遅くなりました。」と言いながら教室に入ってきた。他の学生も筆者も「事件！何の事件！」と驚いたが、当の本人はただ、「ジケン、ジケン」と繰り返すだけ。他の学生が「ジケン？ジッケン？専門の実験？」と言って、漢字を書いて確認して要領を得た。

　漢字圏の学習者の場合、当然、漢字語の使用が多くなる。日本語と共通の意

味を表すものが多いので漢字は見ればわかる。発音も似ているので、非漢字圏の学習者のように1つ1つ正確に「読み」を覚える努力をせずに、なんとなく通じるような気になったまま、中級レベルになる。中級の内容では漢字語の使用も増えるが、いざ、発言してみるとうまく通じない。この段階で、自分の発音に問題があるのではと気にする場合はまだいいのが、相手の語彙力が足りないから理解できないのだと解釈して結局要領を得ないまま終わってしまうことも少なくないようだ。

学習者が促音の有無や長短、清濁で意味が違うということを理解し、自分自身の発音を意識する手段として、漢字の「読み」を覚えるようにと学習者に促している。

3.5 5回目以降の授業

4回目までと同様に、学習者の授業外個人学習を前提として、ペアワーク、要点の学習、宿題、各課クイズと授業は進んでいく。

第3課「漢語の動詞」の要点は教師が作成したパワーポイントの資料を見ながら、和語と漢語の使い分け(例えば「わける」に対して「分割・分担・分類・分配・分解・分断」をどう使うか)を学び、練習問題をどんどん解いていくという活動も取り入れてみた。

また、第5課では「同音の漢字」を意味によって使い分ける練習と合わせて、アクセントによる意味の違いも扱うので、ここで再度、漢字の「読み」も意識化させて、正確な発音の練習を行う。「話しても通じない」のは学習者にとって大問題なので、この練習には真剣に取り組んでいる。

最後の授業で最終テストを行い、1つの学期の授業は終了となる。終了後のアンケートでは、「漢字の授業が楽しかった」「他の人と一緒に勉強すると漢字を覚えやすい」「1人ではいやになるが、授業で一緒に勉強したので続けられた」「他の人に説明すると理解のために役立つ」といった意見が多く見られた。漢字の「読み」と発音については実施し始めたばかりなので、次期のアンケートの結果を待ちたい。

4. おわりに

　本稿では『IMK』を使って、いかに効率よく、楽しく授業を進めていくかということを念頭においた授業実践を紹介したが、これは1つの例に過ぎない。教育の現場が変わり、学習者のニーズや学習環境が変れば自ずとコースデザインや運営方法は変わっていくだろう。しかし、どのような現場であっても、漢字学習は授業外個人学習が重要であること、一方で「授業」という形態を取るのであれば、他者との協働で学習効果を上げること、また、漢字学習をコミュニケーションの学習にも拡大させていく視点を持ち続けることは重要だろう。

　学習者を相手に知恵を絞り、彼らが満足する授業を作り出すのが教師の力量であり、楽しみでもある。

■ 参考文献 ■

加納千恵子・清水百合・竹中弘子・石井恵理子(1989)『Basic Kanji Book vol.1』凡人社.
加納千恵子・清水百合・竹中弘子・石井恵理子・阿久津智(2005)『Intermediate Kanji Book vol.1(改訂版)』凡人社.
加納千恵子(2007)『外国人学習者のための中級漢字語彙用法問題集1　宿題』(非売品)

■ 杉浦　千里

資料１　ペア読みシートＡ

ＩＫＢペア読み練習　１課　　　　　　　　　　　Ａ

Ａシートの人は、奇数番号(odd numbers)の文を読んでください。

1. エベレストは、世界で一番高い山だ。
2. 弟は、今年30歳になるが、まだ独身だ。
3. 気象庁の発表によると、あすは晴れるそうだ。
4. この国は、昔から欧州と関係が深い。
5. 彼はとても温厚な性格で、みんなに好かれている。
6. 来月首相は、南仏を訪問する予定だ。
7. 子供のころ、家が貧乏で、肉が食べられなかった。
8. 北海道、本州、四国、九州という四つの島がある。
9. 相手が強硬な態度をくずさないので、困っている。
10. 仏教はインドで生まれ、中国や韓国を経て、日本に伝来した。
11. 異なる考え方にも、柔軟に対応する必要がある。
12. これは、果汁100％の濃縮オレンジジュースだ。
13. 文部科学省の奨学金をもらっている留学生を国費留学生という。
14. 50年の間に世の中は変わって、貧しかった王国も、ずいぶん西欧化が進んだ。
15. 意志が薄弱で、何でも途中ですぐ止めてしまう。
16. 彼女は、第一印象はあまり良くなかったが、だんだんその良さが分かってきた。
17. 父親は、通産省で係長をしていたが、首になった。
18. 妹は郵便局へ行って、厚い手紙を出してきた。
19. 「濃い」「薄い」「浅い」「硬い」は、形容詞だ。
20. 「米」「英」「仏」「独」「印」は、国名だ。

資料2　ペア読みシートB

IKBペア読み練習　1課　　　　　　　　　　　　B

Bシートの人は、偶数番号(even numbers)の文を読んでください。

1. エベレストは、世界で一番高い山だ。
2. 弟は、今年30歳になるが、まだ独身だ。
3. 気象庁の発表によると、あすは晴れるそうだ。
4. この国は、昔から欧州と関係が深い。
5. 彼はとても温厚な性格で、みんなに好かれている。
6. 来月首相は、南仏を訪問する予定だ。
7. 子供のころ、家が貧乏で、肉が食べられなかった。
8. 北海道、本州、四国、九州という四つの島がある。
9. 相手が強硬な態度をくずさないので、困っている。
10. 仏教はインドで生まれ、中国や韓国を経て、日本に伝来した。
11. 異なる考え方にも、柔軟に対応する必要がある。
12. これは、果汁100％の濃縮オレンジジュースだ。
13. 文部科学省の奨学金をもらっている留学生を国費留学生という。
14. 50年の間に世の中は変わって、貧しかった王国も、ずいぶん西欧化が進んだ。
15. 意志が薄弱で、何でも途中ですぐ止めてしまう。
16. 彼女は、第一印象はあまり良くなかったが、だんだんその良さが分かってきた。
17. 父親は、通産省で係長をしていたが、首になった。
18. 妹は郵便局へ行って、厚い手紙を出してきた。
19. 「濃い」「薄い」「浅い」「硬い」は、形容詞だ。
20. 「米」「英」「仏」「独」「印」は、国名だ。

■ 杉浦　千里

資料３　復習

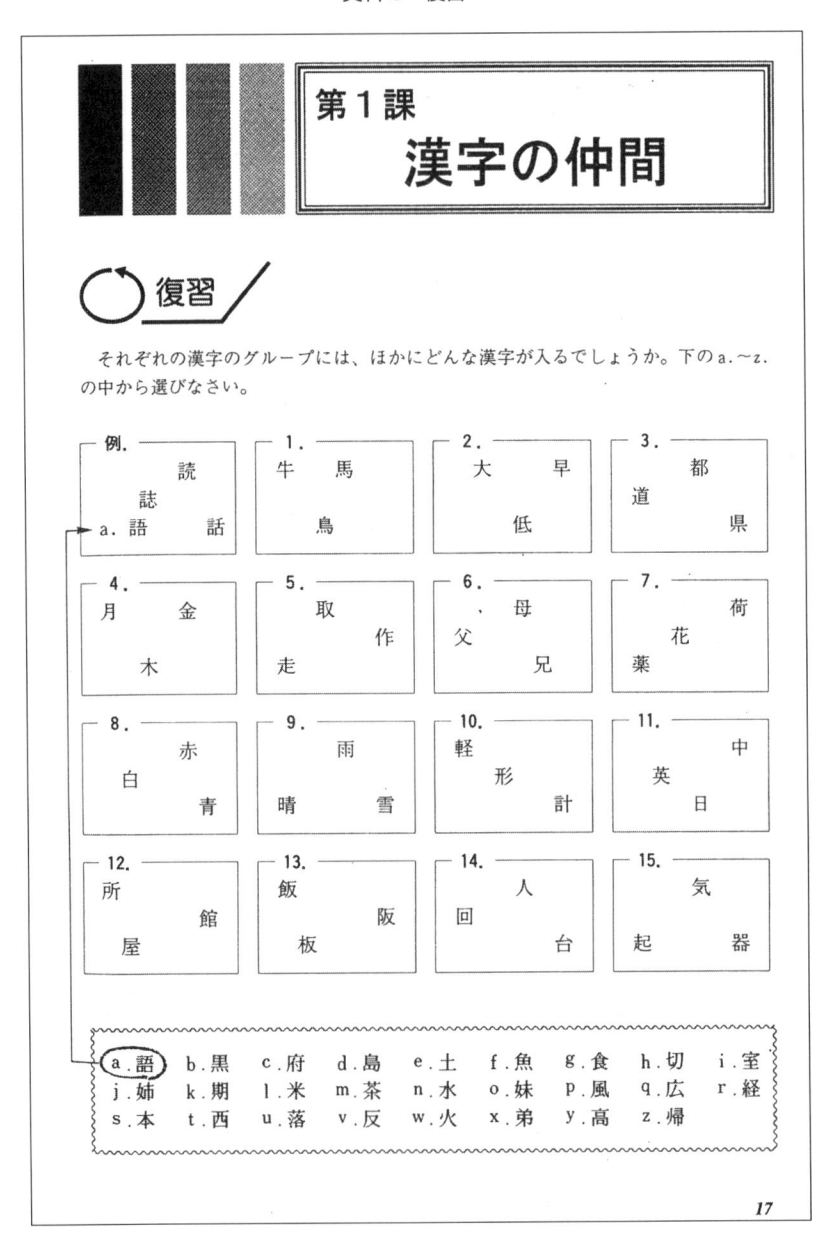

第１課
漢字の仲間

復習

それぞれの漢字のグループには、ほかにどんな漢字が入るでしょうか。下のa.～z.の中から選びなさい。

例.	1.	2.	3.
読 　　誌 a. 語　話	牛　馬 　鳥	大　早 　低	都 道 　　県

4.	5.	6.	7.
月 　　金 　木	取 　　作 走	・母 父 　兄	荷 　花 薬

8.	9.	10.	11.
赤 白 　　青	雨 晴　雪	軽 　形 　　計	中 英 　　日

12.	13.	14.	15.
所 　館 屋	飯 　阪 板	人 回 　　台	気 起　器

a. 語　b. 黒　c. 府　d. 島　e. 土　f. 魚　g. 食　h. 切　i. 室
j. 姉　k. 期　l. 米　m. 茶　n. 水　o. 妹　p. 風　q. 広　r. 経
s. 本　t. 西　u. 落　v. 反　w. 火　x. 弟　y. 高　z. 帰

加納・他（2005）『Intermediate Kanji Book vol.1（改訂版）』p.17（凡人社）より

第9章 『Intermediate Kanji Book』を用いた中級漢字クラスのヒント 第1部 実践報告

資料4 第1課クイズ

〈第1課 クイズ〉

国＿＿＿＿＿＿ 氏名＿＿＿＿＿＿＿＿＿＿＿＿＿

Ⅰ．次の下線のことばの読み方をひらがなで書きなさい。(10)
1. 世界には、貧しい人々がたくさんいる。

2. 独身時代に欧州を旅行し、南仏が一番気に入った。

3. 係長は、首が痛くて、今日は休みだそうです。

4. 経済産業省は、日中の経済関係についての厚い資料を作った。

Ⅱ．次の（ ）に入る漢字を書きなさい。(10)
1. インドは漢字で「（　　）」、ドイツは「（　　）」と書く。
　　　　　　　　　　　　　　いん　　　　　　　　どく
2. 彼女はニューヨーク（　　）立大学を卒業した。
　　　　　　　　　　　しゅう　りつ
3. （　　）の中には、意志が（　　）弱な人もいる。
　　　　よ　　　　　　　　　　はく　じゃく
4. （　　）生労働（　　）の下に社会保険（　　）がある。
　　　こう　せいろうどう　しょう　　　　　　　　　ちょう
5. 国（　　）は、（　　）富の差をなくすように努力した。
　　　こく　おう　　ひん　ぷ

Ⅲ．次の漢字の中から適当なものを1つ選び、○をつけなさい。(10)
1. 厚い辞書　　⇔　{弱・浅・薄・軽}い辞書
2. 深いプール　⇔　{濃・浅・薄・狭}いプール
3. 薄い色のシャツ⇔{濃・硬・厚・重}い色のシャツ
4. 柔らかい体　⇔　{強・硬・濃・厚}い体
5. 普通の方法　⇔　{独立・独占・独特・独文}の方法
6. 金持ちの人　⇔　{貧困・貧富・貧弱・貧乏}な人
7. 柔軟なやり方⇔　{強力・強硬・硬直・硬化}なやり方
8. 重厚な態度　⇔　{浅薄・薄弱・軽薄・貧弱}な態度
9. 淡白なスープ⇔　{温厚・濃厚・濃縮・重厚}なスープ
10. 温厚な性格　⇔　{浅薄・薄弱・薄情・貧弱}な性格

■ 杉浦　千里

資料5　「対になる漢字の組み合わせ語」練習シート

高	減	勝	退	着
前	後	左	下	内
私	多	減	始	終
終	負	大	弱	欠
収	支	発	低	増
敗	進	右	上	出
外	公	少	加	始
勝	小	強		

実 践 報 告

第10章 概念地図を用いた漢字語彙学習

徳弘　康代

●実践校	早稲田大学上級漢字クラス
●クラスの目的	学習者が、それぞれに必要な漢字語彙を概念でまとめた語彙の地図を作成する。それを用いて表現する活動を行うことによって漢字語彙を学習する。
●学習者数	1〜50人
●学習者のレベル・国籍	初級〜上級・多国籍
●使用教材	なし
●準備するもの	A4用紙1人3枚、原稿用紙、辞書、概念地図の見本、学習者は各自の集めたい言葉の資料

1. はじめに

　漢字教育の最大の問題はその量にある。さらに、漢字は1字1字個別に覚えても実用性は低く、漢字を含む語の学習とその文脈での適切な使用までが教育の達成目標となる。語彙は覚えなければ増えないのは明白なことである。特に漢字の読み書きは努力なしには習得は難しい。しかしこの覚える努力も、方法によって結果に差が出るであろう。より人間の記憶のシステムに近い習得法は、より負担が少なく、記憶に残りやすく、かつ引き出しやすいものになると考える。ここでは、漢字教育を単語のレベルで語彙教育としてとらえ、言語の認知処理の研究に照らし、ニューラルネットワークのアイデア (Elman et al. 1996) を応用して概念地図の作成を試み、その概念地図を生かした学習法の実践例を紹介する。以下、2節、3節に理論的根拠を述べ、4節に実践例を示す。

■ 徳弘　康代

具体的な方法を知りたい方は、4節から読んでいただければと思う。

2. ニューラルネットワークのアイデアの漢字教育への応用

　日本語学習者に漢字教育を行う際、漢字圏の学習者と非漢字圏の学習者ではその方法も、困難さも異なる。非漢字圏の学習者は漢字圏の学習者のように共通の漢字という便利な道具を持ち合わせていない。文字における共通の符号がほとんどない。その上、日本語はある程度のレベルに達するまでに習得しなければならない語彙の量が多い。このことから漢字文化が母語に存在する学習者とそうでない学習者には習得の困難さに大きな違いが出る。しかし、ないものについてではなく、あるものに目を向ければ、非漢字圏の学習者には、小児でなければ、心内に既に十分な概念記憶が存在する。この概念記憶を生かすことが、習得を助けると考えられる。日本語と、学習者が既に心内に持っている意味概念とをうまくつなぐ方法として、ここではニューラルネットワークの並列分散処理モデルのアイデア（Elman et al. 1996）を取り上げ、その漢字教育への応用を試みる。ニューラルネットワークは神経細胞の振舞いを単純化し抽象化したものである。ここで主に取り上げるのは相互結合型ネットワークである。相互結合型モデルとはCollins & Loftus（1975:407-428）の活性化拡散モデルとも共通する形で、相互に結びついたネットワークである。この形はさらに遡れば、19世紀から研究の始まっている連想法とも通ずるものである。この相互結合型は連想と似た働きがあり、イメージの広がりのネットワークとみることができる。例えば「山」という語をインプットしたとき、「緑」「高い」「川」のように連想される言葉は、山のイメージから浮かぶものである。これは概念記憶が言語化された姿といえる。もちろん概念は1つではなくさまざまな貯蔵のされ方をしているであろう。連想のような形態ではないものもあろうし、個人差もある。しかし、この方法で、ある程度概念の広がりが視覚化できるものと考える。例えば「山」からイメージを広げたときに、日本語学習者の場合、母語とは違ってイメージがすぐに言葉とはつながらないであろう。しかし、イメージ自体は活性化された状態になっている。そのときに、そのイメージに日本語をうまく当てはめていければ、語彙連結だけではなく概念連結が起こり、言葉だけで覚えるよりも、深い記憶へのつながりができると考えられる。相互

連結のアイデアは、言葉をネットワークで広くつなげると同時に、深く内部表象へとつなぐのにも役立つものである。徳弘(2003)では、このネットワークを使った学習が、漢字を含む語の記憶、再生に効果的に働くことを実証するための実験を行い、結果を報告した。

3. 概念地図について

　日本語学習者が頭の中に持っている意味や概念の広がりに日本語の語彙(漢字を含む)を当てはめ、イメージの広がりを具体化するために教材として概念地図の作成を試みた。ここでは「自然」に関する語彙で作ったものの一部を図10～12にあげる。なお、これらの全体の図は徳弘(2008: 448-450)にある。語彙の選択にあたっては、『NTTデータベースシリーズ日本語の語彙特性』第7巻(2000)の朝日新聞14年分(1985～1998)の単語頻度のデータと、同第1巻(1999)の単語の親密度のデータを基礎資料として用いた。単語の親密度とは、日本人がその語に対して持っているなじみの度合いである。この2つの資料をもとに頻度と親密度の高い語彙を選ぶことで、学習者にとって目に触れる機会が多く、日本人とのコミュニケーションにおいても有用な語彙を選択することができる。さらに、その頻度と親密度の高い語を『分類語彙表増補改訂版』(2004)の番号の近い単語(意味・カテゴリーの近い単語)でまとめ、相互結合型のネットワークにし、1つ1つの語を独立させるために○で囲った。このまとめ方により、これらの言葉の背後にある概念の大まかな姿、言わば概念の共通項のような部分を、ある程度言語化できるのではないかと考える。

4. 概念地図を用いた学習の実践

　ここでは、概念地図を作成し、それを用いて表現する学習活動を提案し、概念地図を用いた学習法について紹介する。この学習法の実践は、早稲田大学の上級漢字クラスにおいて実施されたものである。以下の例は上級クラスでの実践であるが、この概念地図を用いた学習は、初級から上級まで、どのようなレベル、分野においても実施が可能である。実践のための教材として『語彙マップで覚える漢字と語彙』(2010)がある。なお、ここで紹介する概念地図作成の際は、約36,000語の漢字語彙を概念分類できる資料(徳弘2008: CD-ROM)

を用いた。以下、学習の順に沿って述べる。
(1)「自然」に関する言葉の地図を連想法を用いて作成する。
・第一段階：自分の知っている言葉だけで行う。
・第二段階：辞書や他の学習者に聞くなどして言葉を増やす。
(2)「自然」に関する言葉の概念地図(指導側作成)の配布と学習。
(3) 概念地図の語をもとに、グループで1つの作文を書いて発表。
(4) 学習者が学習したい分野に関する語彙で概念地図を作成する。(1)と同様二段階で行う。第二段階の地図作成のための資料は学習者が各自で準備する。できたものを発表する。
(5) 学んだ言葉で自らのための漢字テストを各自作成する。テストには学んだ言葉を使って自ら作成した短文を用いる。

この学習の時間配分は、レベル、人数等によって調整が必要であるが、目安として、(1)(2)で1時間、(2)(3)で1時間、(4)の第一段階で1時間、その後準備に1～2週間程度時間をおいて、第二段階と発表で2時間、(5)のテスト作成に1時間、その後フィードバックと言葉を覚えるために1～2週間程度時間をおいて、テスト実施と自己採点に1時間、全過程を行う場合、7時間程度必要となるが、(1)や(1)(2)などの活動を個別に取り出して、1時間で行うこともできる。

4.1 「自然」に関する言葉の地図の作成

まず、「自然」に関する言葉の地図を作成する。図1のようなA4の用紙を用い、中心に「自然」という語を置いて、その語から連想する語を書き、語を○で囲み、語と語を線でつなぐ作業を行う。第一段階として、自分の知っている言葉だけで行う。この段階で、ある概念で言葉をまとめることによって、自分の記憶にある言葉と脳内の概念の広がりを結びつける。また、この作業によって記憶の精緻化が行われ、語の整理をすることも期待される。次に、第二段階として辞書や他の学習者に聞くなどして言葉を増やして、先の言葉の地図に追加していく。この段階は、概念や母語ではわかるが、日本語では言えない言葉や表現を自ら学ぶ段階である。第一段階の学習者の作成例を図2～9に示す。

第10章 概念地図を用いた漢字語彙学習

　学習者の作成した図にはいくつかの類型が見られた。図2,3のように分散していくもの、図4,5のように直列に進んでいくもの、図6,7のように分散した先でさらに分散するクラスター型、さらにその複合などである。これは、各自の思考方法を示しているように思われ興味深い。つまり、思考が並列分散的に行われるタイプと、直列で一方向に進んでいくタイプである。また、この図を作成する際、「自然」という語を中心に置いたが、分散型の図は、その中心から、図8のように左方向に展開するもの、図9のように右方向に偏って展開するもの、図3のように全体に分散するものに分けることができた。これらも各自の思考法には個性があることを示していると言えるであろう。

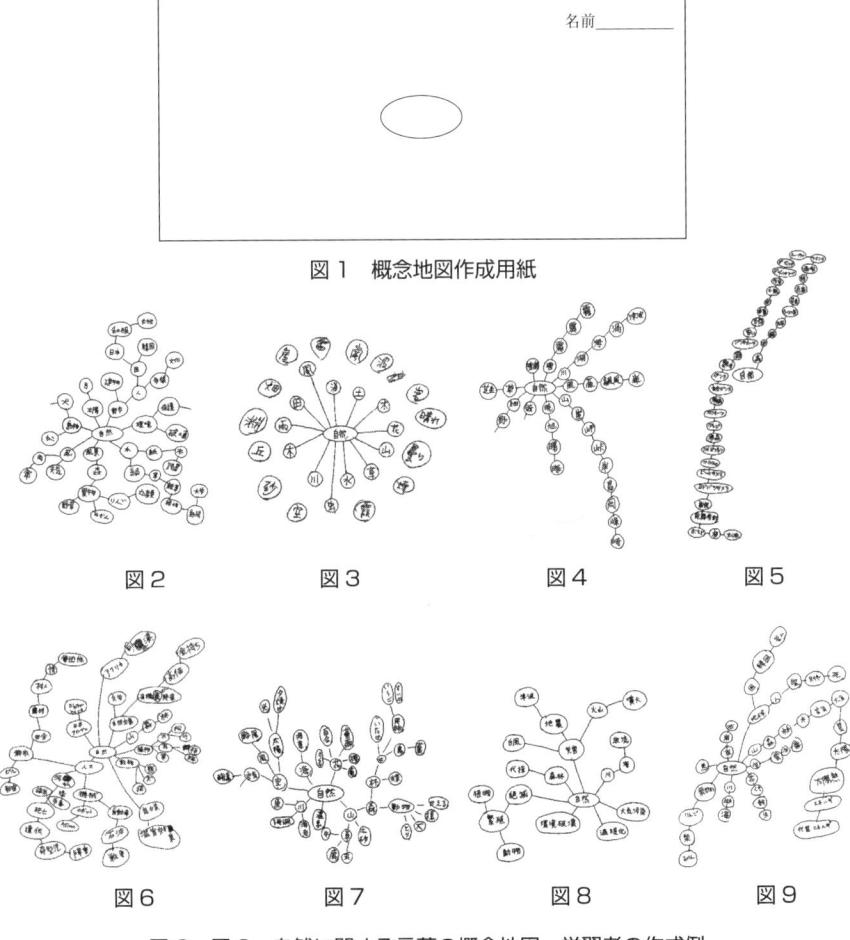

図1　概念地図作成用紙

図2　　　　図3　　　　図4　　　　図5

図6　　　　図7　　　　図8　　　　図9

図2－図9　自然に関する言葉の概念地図，学習者の作成例

4.2 「自然」に関する言葉の概念地図(指導側作成)の配布と学習

学習者が「自然」に関する言葉の地図を作った後で、先に3で述べた、指導側で作成した「自然」に関する言葉約300語の概念地図(図10〜12)を配布する。図の中の字は頻度と親密度の高いものを大きい文字で示してあり、字の大小によってその語の重要度が判断できる。概念地図の提示は、学習者が連想で語彙を増やすことだけでなく、教師側から有用な語彙を提供することも重要な目的となっている。先の(1)の図の作成によって学習者に概念の広がりを喚起させておいて、そこで日本語の語彙を習得すれば、ある概念体系に組み込んだ形で語彙が習得でき、それは後にその語を利用する時にも、記憶から取り出しやすいものになるであろう。概念地図は同じ形の図を平仮名と英語で作り(図11, 12)、3枚重ねて提示する。学習者には、一通りこの地図を見て、知らない語で自分に必要と思われるものは覚えるように指示する。

<自然に関する言葉>

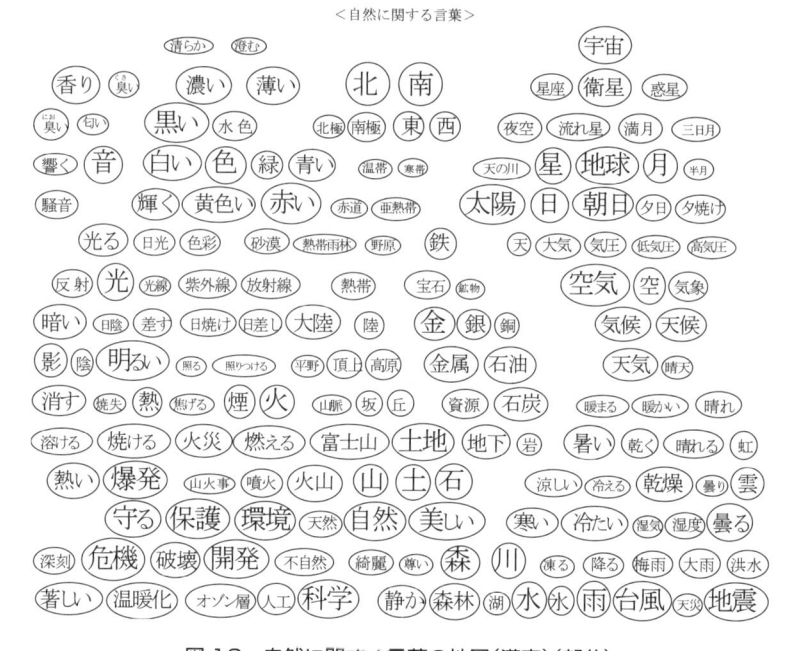

図10　自然に関する言葉の地図(漢字)(部分)

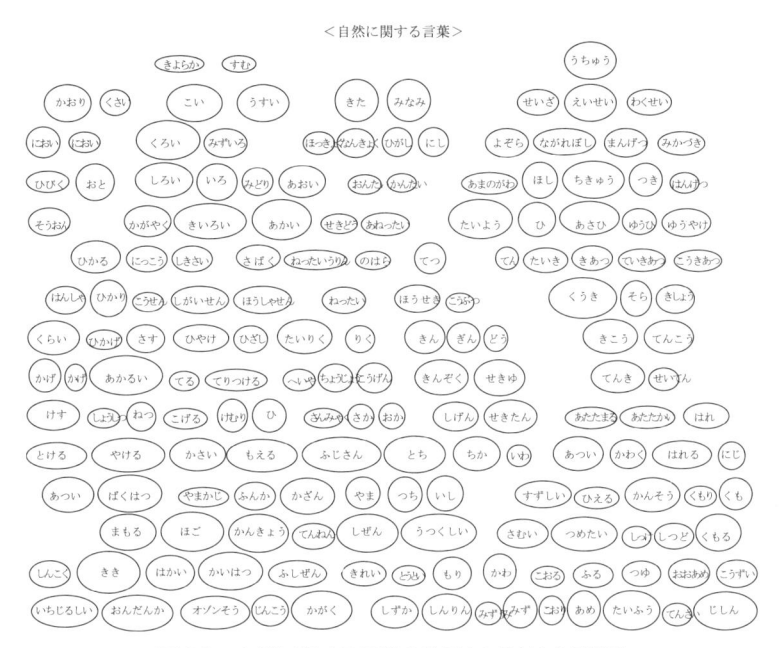

第 10 章　概念地図を用いた漢字語彙学習　**第 1 部　実践報告**

図 11　自然に関する言葉の地図（ひらがな）（部分）

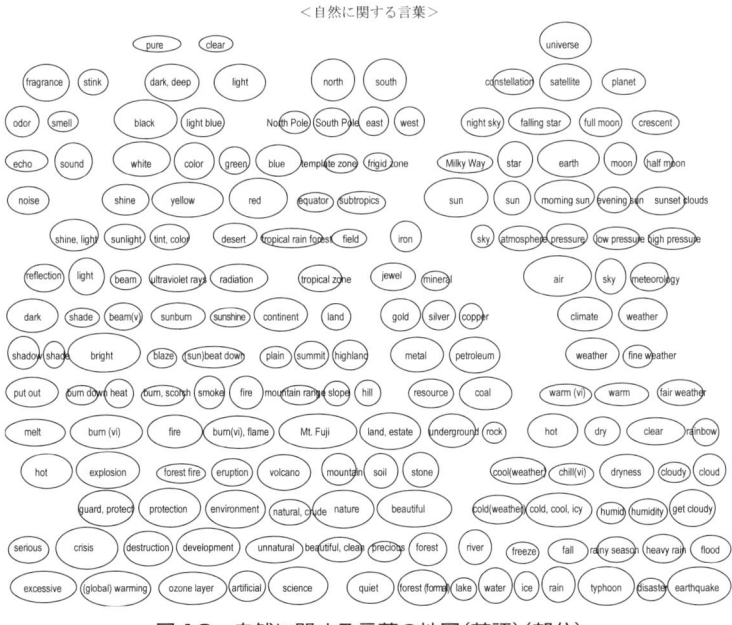

図 12　自然に関する言葉の地図（英語）（部分）

135

4.3 概念地図の語をもとに作文

次に概念地図の語をもとに作文を書く。作文については、1人でも行えるが、ここでは4人1組のグループで行う場合について述べる。ここでは全部で400字の文章を4段落に分け、1人1段落(100字)を担当し、話し合って1つの文章を作り上げる。グループで作文させた理由は、グループで行うことによって文章構成をはっきりと意識させて作文することができることと、作成の過程で話し合いが必要になり、そこでも新たな語を学び、それを使う機会が期待できるからである。グループには課題として、言葉の地図を見ながら「自然」に関することについて、話し合って自由にテーマを決め、構成を考えて分担を決め、各自書き終えたところで読み合わせて、重複がないか、文章のつながりはよいかを確かめるように指示する。作文完成後、それを発表する。学習者の作成した「自然と神」についての作文例を以下に示す。漢字・文法の誤りを訂正する前のものである。

　　　神というものは、本当は存在していないのではないか。例え存在しないと言えども遥か昔から世界の各地では様々な神話がなぜか言い伝えられている。植物は太陽の光を浴びて成長する。多いの人間は花の匂いに心を打たれる。自然はありとあらゆる人間に神の印象を与えて来ただろう。
　　　この様に、川の水に反射していた光に金を見た人が多いだろう。本当に金であれ、ただ光の反射であれ、多いの人々はその色に魅了されて来た。金色の物に神を見た人も多いだろう。その結果、文明と共に日や金に基づいた宗教が沢山現れた。
　　　嵐や竜巻などの恐ろしい自然現象に神の存在を感じた者も沢山いただろう。文明社会の中でも恐怖が高まる時、多いの人々は神や神を知り尽くしているように思われる宗教に救いを求める。時代によって、人間にとって災い自然現象が神に与えられた罰だという見方もあった。
　　　一方、仏教の神は恐ろしくない。更に、文明の前進と時代の変化と共に、人間の信仰は自然の神を崇拝する宗教から、神の存在を得た人間を崇拝することへ移り変わっている傾向が見える。このことから、人間が自然と離れつつあるという考えも想像に難くない。

4.4 学習したい分野に関する語彙で概念地図を作成する

上記の作業により、概念地図作成の手順を学んだ後で、自分の専門分野や興味のある分野について概念地図を作る。地図作成の手順は(1)と同様に、まず、

知っている言葉だけで作成して、言葉の整理をする。ここで、自分の専門分野について取り上げる学習者は、自分が今何を知っていて、何を知らないか、また、どんな分野についての学習が不足しているかなど、内省する機会ともなる。次に、第二段階として、未習の言葉を加えて学習する。作成前に2週間程度の準備期間をおき、各自言葉を学ぶための語彙を集める。

　学習者による作成例を図13, 14に示す。この例は「心」に関する言葉を語彙の資料（徳弘2008: CD-ROM）から抽出、選択してまとめたものである。図13は漢字かな混じり、図14は平仮名と学習者の母語のドイツ語である。なお、この図の字や円の大きさは、学習者の基準によるもので、頻度や親密度とは関係していない。他の学習者も自分の興味のある分野で言葉を集めたので、法律、経済、教育、就職活動の言葉、食べ物の言葉等々学習者によってさまざまな地図ができた。初級であれば、身の回りの言葉、町で出会う言葉などで作ることもできる。作成のポイントは、二段階にして、第一段階では既知語の整理、第二段階で未知語の習得とすることである。なお、以前の学習者の例を見本として見せる、できたものを発表させる等の機会を与えると学習者の取り組みがよくなる。

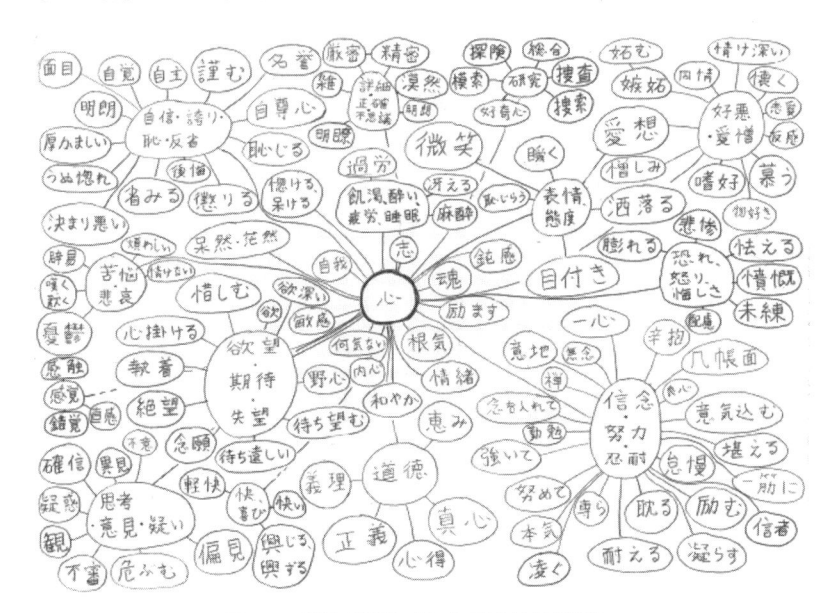

図13　学習者が作成した概念地図（漢字）

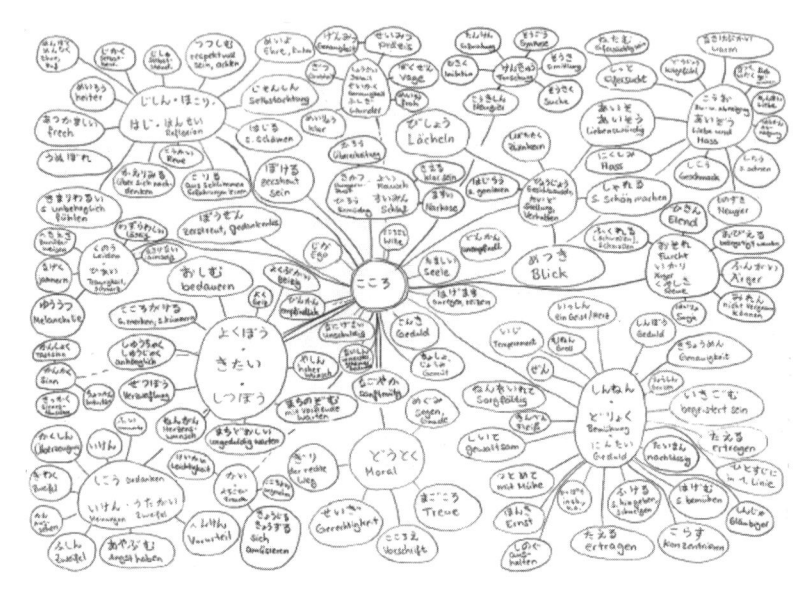

図 14　学習者が作成した概念地図（ひらがな・ドイツ語）

4.5 学んだ言葉で自らのための漢字テストを作成する

　次に、概念地図で学習した言葉を覚えて使えるようにする 1 つの方法として、自分のための漢字テストを各自で作成する方法を紹介する。作成例を図 15, 16 にあげる。図 15 は読みテスト、図 16 は書きテストである。書きテストは自分の覚えたい語を用いて短文を作成する。この作業により、単語を文中で適切に使う練習ができる。図 15, 16 は訂正を加えていないものである。これを見ると読みの誤りや、ふさわしい文脈に使われていないものなどがあり、指導の必要があることが分かる。このように、自らが覚えたいものを用いながら、学習者が主体的に学習し、教師は必要に応じて学習者の語彙習得の支援をすることができる。なお、この学習で 1 つ注意が必要なのは評価法である。作成したテストを実施し、その点数を評価するという方法をとると、学習者はよい点が取れるテスト、つまり、学習者にとって簡単な語を用いたテストを作成してしまう可能性がある。それに対して、テスト結果ではなく作成過程を評価する方法をとれば、学習者の新しい語を覚えようとする意欲を伸ばしていくことができる。具体的には、作成・実施したことに対して満点を与えるといった方法が考えられる。

第 10 章　概念地図を用いた漢字語彙学習

漢字　読みテスト　　　　　　　　　　　　　　　名前(　　　　　　　)

次の単語の読み方をひらがなでていねいに書きなさい。単語のひらがなの部分も書くこと。

番号	単語	読み	番号	単語	読み	番号	単語	読み
1	慕う	したう	21	凌ぐ	しのぐ	41	情緒	ちんじょ・じょう
2	怯える	おびえる	22	耽る	ふける	42	根気	こんき
3	謹む	つつしむ	23	専ら	もっぱら	43	呆ける	ぼける
4	憂鬱	ゆううつ	24	禅	ぜん	44	呆然	ぼうぜん
5	膨れる	ふくれる	25	真心	まごころ	45	執着	しゅうちゃく・しゅうじゃく
6	悔しさ	くやしさ	26	辟易	へきえき	46	掲げる	かかげる
7	飢渇	きかつ	27	懲りる	こりる	47	体裁	ていさい
8	冴える	さえる	28	惚ける	ぼける	48	逸れる	それる
9	微笑	びしょう	29	煩わしい	わずらわしい	49	鎮める	しずめる
10	瞬く	しばたたく	30	悲哀	ひあい	50	培う	つちかう

図15　学習者が作成した漢字テスト(読み)(部分)

漢字　書きテスト　　　　　　　　　　　　　　　名前(　　　　　　　)

次の文の(　)のことばを漢字(楷書)でていねいに書きなさい。送り仮名がある場合は送り仮名も書きなさい。

番号	文	漢字
1	彼が嘘をついたため、彼女は、ふんがいした。	憤慨
2	早稲田大学のドイツ語を勉強する学生は文法について	模索
3	どんな意識をもっているか、もさくしています。	
4	彼女は彼が他の女の人と話すだけでしっとする。	嫉妬
5	この著作は学生のしこうに適っている。	嗜好
6	彼はとてもきちょうめんな人ですね。	几帳面
7	麻薬はさっかくを起こす。	錯覚
8	彼女はよく嘘をつくふしんな人物ですね。	不審
9	世界の現状のひさんを考えるとかなしくなる。	悲惨
10	食べずに酒を飲んだら早くよいがまわる。	酔い
11	彼は、あまり義務を果たさないたいまんな人だ。	怠慢

図16　学習者が作成した漢字テスト(書き)

5. おわりに

　本稿では、概念地図を用いることにより、学習者自らが必要な語彙を選択して学ぶ漢字学習の実践を紹介した。活動後の学習者の感想から、学習者がこの活動によって各自の語彙を増やし、自分の知識を整理していることがわかった。また、概念地図を作成することが、専門分野について考える機会となり、そのことにより、今自分に何が不足し、何をすべきかに気づく機会になっていることもうかがえた。問題としては、学習者が学びたい分野の言葉を、担当教師が知らない場合、教師が学習者の間違いを指摘できない可能性があるということがあげられる。しかし、そのことも含めて、学習者が自律的に学習していく姿勢を身につけることも重要である。さらに、地図という形ではなく、別のまとめ方について学習者が各々にあった方法を見出していくことや、この活動の発展として、学んだ語彙を用いて文章表現を行っていくことなどを期待したい。

■ 参考文献 ■

天野成昭・近藤公久(1999・2000)『NTTデータベースシリーズ日本語の語彙特性』三省堂.

国立国語研究所(編)(1964)『分類語彙表』秀英出版.

国立国語研究所(編)(2004)『分類語彙表増補改訂版』大日本図書.

徳弘康代(2003)「漢字認知処理からみた効果的漢字習得法の研究―相互結合型概念地図作成の試み―」『早稲田大学日本語教育研究』2. pp.151-176.

徳弘康代(2005)「中上級学習者のための漢字語彙の選択とその提示法の研究―学習指標値の設定と概念地図作成の試み―」『日本語教育』127. pp.41-50.

徳弘康代(2006)「表出能力を伸ばす漢字語彙学習の実践」、WEB版『日本語教育実践研究フォーラム報告』日本語教育学会.

徳弘康代(編著)(2008)『日本語学習のための よく使う順 漢字2100 付録CD-ROM：漢字語彙3万6千語 ―学習指標値付き』三省堂.

徳弘康代(監修・著)・飯嶋美知子・山田京子・河住有希子・吉田雅子(著)(2010)『語彙マップで覚える漢字と語彙』Jリサーチ出版.

Collins, Allan M. and Loftus, Elizabeth F. (1975) A spreading-activation theory of semantic processing. *Psychological Review* 82, pp.407-428.

Jeffrey L. Elman, Mark H. Johnson, Domenico Parisi, Elizabeth A. Bates, Annette Karmiloff‐Smith, Kim Plunkett(著)・乾敏郎, 山下博志, 今井むつみ(訳)(1998)『認知発達と生得性 ―心はどこから来るのか』共立出版(原書：J. L. Elman et al. (1996) *Rethinking Innateness: A connectionist perspective on development.* Cambridge, MA: MIT Press.)

実践報告

第11章 日本人サポータを活用した中級以降の漢字指導の試み

向井　留実子・高橋　志野

●実践校	愛媛大学 国際連携推進機構 国際教育支援センター
●クラスの目的	日本人サポータの活用により、学習者の漢字習得の促進を図る。
●学習者数	5人～25人
●学習者のレベル・国籍	中級以上・多国籍
●使用教材	1)『漢字・語彙が弱いあなたへ』（足立・他（2001）凡人社） 2)『Basic Kanji Book Vol.2』（加納・他（1990）凡人社） 3)『Intermediate Kanji Book Vol.1』（加納・他（1993）凡人社） 4)『Intermediate Kanji Book Vol.2』（加納・他（2001）凡人社） 5)『漢字系学習者のための漢字から学ぶ語彙2 学校生活編』（佐藤・他（2008）アルク） 6)『例文で学ぶ漢字と言葉－4級漢字・3級漢字・2級漢字－』（西口（2009）大阪大学留学生センター 7)『大学・大学院留学生の日本語⑤漢字・語彙編』（稲村（2007）アルク） 8)『漢検漢字辞典』（日本漢字教育振興会編（2001）日本漢字能力検定協会）
●準備するもの	可動式の机と椅子のある教室、サポータ用資料（サポータマニュアル等）、辞書（書き順が書かれているもの）、筆記用具（筆ペン、鉛筆、赤ボールペン）、漢字練習用紙、筆練習の下敷き、名札。学習者は辞書、サポータは辞書と赤ペン

■ 向井　留実子・高橋　志野

1. はじめに

　本稿では、さまざまなレベルやニーズの学習者が一堂に会する漢字クラスで、日本人サポータを活用して授業運営を行っている愛媛大学の「日本語漢字B」の事例を紹介する。

　「日本語漢字B」は、中級以上の学習者を対象とした漢字クラスで、1学期に15コマ（1コマ90分）開講されている。漢字学習を希望する中級以上の学習者には唯一の漢字学習に特化したクラスであるため、できるだけ多くの学習者が受講できるよう、登録条件を「漢字300字を学習した非漢字圏学習者及び初級学習を終えた漢字圏の学習者」と設定している。そのため、多様な学習者が受講しているが、個々の学習者に合わせて、教材を選び、学習者1〜2人に対し1人の日本人サポータを配置して、それぞれの習得状況やニーズに合った学習ができるよう対応している。この形態は、学習者の漢字学習だけでなく、日本人との関係構築や、日本人サポータの学びにも効果があがっている。本稿では、現在発展途上にあるこの漢字指導の試みについて、その方針、授業の実際を紹介し、現時点で観察された日本人サポータ活用の効果について述べる。

2. 日本語学習サポータ制度

　愛媛大学では平成16年度から、「日本語ボランティアJ-supportシステム」を導入している。この制度は、留学生に対する日本語支援を通じて、留学生と日本人の異文化交流を行い、学内外での愛媛大学の留学生に対する支援の輪を広げることを目指しており、この目的を達成するため、J-support登録資格は、「『やる気』があれば、資格や経験、国籍は問わない」と間口を広くしている。

　登録は随時可能で、登録の際には、①授業中は日本語のみ使用、②担当教師から指示されたことだけ実施、③②以外のことが生じたら、まず担当教師を呼んで質問・確認という3点を留意事項として提示している。

　また、サポータを受け入れている授業は、会話、読解、作文、漢字とさまざまあり、それぞれのクラスに特化した留意事項については、担当する教師が個々に説明を行っている。

3. 「日本語漢字Ｂ」の指導方針

「日本語漢字Ｂ」では、漢字学習は語彙学習とされる（今井 1975: 67-74，玉岡 2008: 1-2）ことから、新たな漢字知識・語彙知識を増やすと同時に、漢字知識と語彙知識の結合を強化し、文脈の中で漢字語[1]を学ぶことにより、漢字運用力を伸ばすことを目指している。また、漢字の読みの力は聴解力や構文・読解力といった総合的な日本語力と相関していると考えられる（石田 2007: 41-42）ことから、特に漢字知識・語彙知識と口頭表現能力との連結を重視している。

中級以降においては、会話の中にも、漢語系の語彙が増えるため、漢字語の知識が多ければ話題も広がり、抽象度の高い発話ができるようになる。また、聞き取りにおいても、語と漢字との結びつきがわかっていれば、語の理解もしやすい。そこで、漢字語と音声の結合を強化できるよう、学習者・サポータ両者に対して、文章の音読や語の発音を意識的に行い、それをふりがなで確かめるよう指示している。

なお、漢字の書きに関しては、学習者の日本語レベルが高い場合は、本人が希望しない限り強く求めず、読めることに重点をおくが、基礎的な漢字が書けない学習者については、漢字知識の土台として、正しく書けることを求めている。

4. 受講者のタイプと指導内容

漢字運用力は、漢字知識だけでなく、文法知識、語彙知識と関連しているため、それらの知識にも配慮した指導が必要になってくる。そこで、漢字知識とその関連知識の習得状況について学習者の現状を把握し、強化すべき点を明確にするため、初回の授業の 90 分を使って診断テストを行っている（図1）。

---

[1] 本稿では漢字表記される漢語や和語を総称して漢字語とする。

■ 向井　留実子・高橋　志野

```
問題1   例   上 ⇔ [ 中  入 (下) 本 ]
① 東 ⇔ [ 京 北 南 西 ]      ② 前 ⇔ [ 内 外 後 横 ]
③ 出 ⇔ [ 発 入 止 来 ]      ④ 父 ⇔ [ 友 兄 母 毎 ]
⑤ 明 ⇔ [ 白 黒 暗 晩 ]      ⑥ 古 ⇔ [ 新 早 若 正 ]
⑦ 始 ⇔ [ 起 終 飲 教 ]      ⑧ 昼 ⇔ [ 午 夜 時 半 ]
⑨ 乗 ⇔ [ 進 退 降 行 ]      ⑩ 増 ⇔ [ 少 消 引 減 ]
⑪ 閉 ⇔ [ 関 閑 間 問 ]      ⑫ 遅 ⇔ [ 近 過 急 速 ]
⑬ 硬 ⇔ [ 薄 軟 軽 堅 ]      ⑭ 易 ⇔ [ 勤 難 貿 賃 ]
⑮ 単 ⇔ [ 密 複 雑 復 ]      ⑯ 鋭 ⇔ [ 鉄 針 鈍 銅 ]


問題3   例   本 ( ほん )
① 何日　(　　　　)      ② 男の子　(　　　　)
③ 午後　(　　　　)      ④ 今年　(　　　　)
⑤ 特別　(　　　　)      ⑥ 兄弟　(　　　　)
⑦ 料理　(　　　　)      ⑧ 台風　(　　　　)


問題6   例     (とうきょう)   (ほん)
               a 東京         b 本

① ___b___ を買いました。
② ___a___ へ行きます。

注意！ 同じ言葉は一度しか使えません。　You cannot use the kanji word more than once!

(1)  (　)    (　)     (　)    (　)    (　)    (　)
    a 時間  b 日本語  c 先生  d 電車  e 学生  f 名前

① _____で来ました。１２０円かかりました。
② あの_____は何を教えていますか。
③ あの_____は、日本人です。
④ ここにあなたの_____を書いてください。


問題9   例   入 →　( 入学   入る   入口   進入   入場   押し入れ )

できるだけたくさん書いてください。
漢字がわからなかったら、ひらがなだけでも書いてください。

(1) 大 → [                           ]
(2) 本 → [                           ]
(3) 下 → [                           ]
(4) 生 → [                           ]
(5) 気 → [                           ]
(6) 国 → [                           ]
```

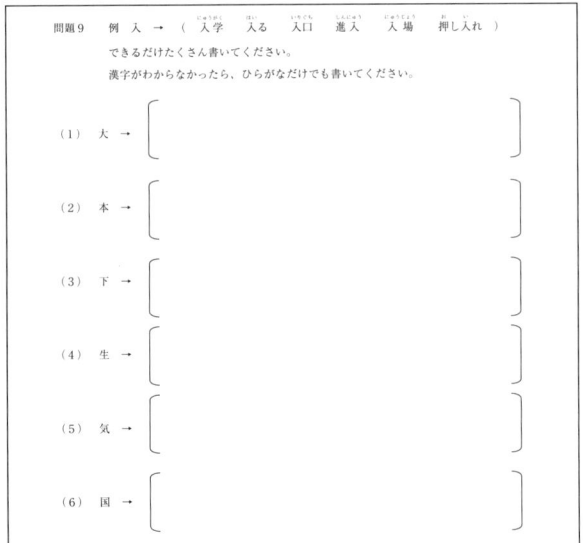

図1　診断テスト(抜粋)

　このテストは、加納・他(1993)の「漢字力診断テスト」を参考に、漢字語を使った作文力を測る設問などを加えたもので、旧日本語能力試験の各級の出

題基準に従って、結果診断できるようになっている。この結果と、必要に応じて、他の日本語クラス受講のために行っているプレースメントテストの結果を参考にしながら、学習者を7つのタイプに分け、それぞれのタイプに応じた学習内容を決定して、それに合う教材を使って指導を行っている（表1（章末））。

　学習者には、自分で到達目標を設定させ、学習者の自主性を重んじることで、学習を動機づけている。従って、1学期で学習する量は学習者ごとに異なる。

　また、中国語話者以外は、書き順や書き方について十分学んでいない場合が多く、字形の整った字が書けない傾向がある。そのため、書き順や書き方指導も必要に応じて行っている。

5. 「日本語漢字B」におけるサポータ活用の考え方と方法

　「日本語漢字B」では、個々の学習者がそれぞれの教材を使って、それぞれのペースで学習する形態をとるため、サポータの役割の第1は、担当した学習者が、確実に学習を進められるようサポートすることと考えている。そこで、日本語教育の知識や、サポート経験の有無にかかわらず、誰もが、この活動を着実に行えるよう、以下のような資料や道具類を用意して、環境を整えている。

(1) サポートマニュアル

　サポートの物理的環境を整えたり、互いの信頼関係を構築したりするための留意事項を提示するため、以下のようなマニュアルを作成している。

日本語漢字B　サポートマニュアル

■ **サポートの流れ**

① 掲示されている紙で、担当する学習者を確認する。
② 自分の名札と担当する学習者のケースファイルをカゴから取る。
③ ケースファイルに入っている「受講者カルテ」で学習者の特徴を、また、「学習の進め方」でサポートの手順を確認しておく。
④ 学習者の名前を呼んで、次のような配置ですわる。（学習者の書く字がよく見えるように、利き手の反対側にすわる。）

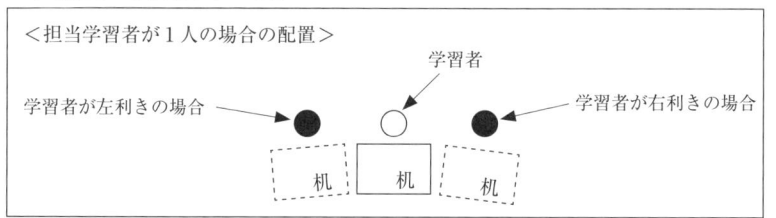

＜担当学習者が1人の場合の配置＞

学習者が左利きの場合　●　　○ 学習者　　●　学習者が右利きの場合
　　　　　　　　　　　机　　机　　机

⑤ 机に座ったら、名札を学習者の見えるところに置く。
⑥ 学習者に挨拶をしたら、「気軽に何でも聞いてくださいね」と言ってリラックスさせる。
⑦ 「学習の進め方」に従って、漢字の練習をする。
⑧ 学習者に練習や作業をさせている間は、次のことをする。
  ・ その日学習する教科書の課をよく読んでおく。(教科書を使用している学習者の場合)
  ・ 学習者の書く字や様子を観察する。
    特に気づいた学習者の間違いや、普段(他の人)と違う学習者の様子など、気づいたことはすべて「学習記録用紙」に記入する。余裕があれば、学習者が作業している途中で、用紙に記入しても可。
⑨ 授業が終わったら、「学習記録用紙」に「学習記録の書き方」の要領に従って必要事項を書き、ケースファイルに入れる。
⑩ ケースファイルと名札をカゴに返す。

■ サポートの際に使える道具類

★ 辞書　　5冊あります。書き順も載っていますので、必要に応じて使ってください。
★ 練習用紙　　マス目の入った紙　→　書き順や字形の練習等　用
★ 横線の入った紙　→　言葉の練習やディクテーション等　用
★ 筆ペン／鉛筆　　字形の練習の際に使ってください。
★ 赤ペン　　練習問題の丸付けなどに使ってください。

■ サポートする際の留意点

● あなたがリードして練習をしてもらうようにしてください。
● わからないときは、日本人なのに恥ずかしいと思わず、学習者の前でもどんどん辞書を引いてください。
● 確信が持てないことは、教師に尋ねるようにしてください。あやふやなまま答えないようにしてください。
● 途中、疲れてきたら、学習者と漢字学習から少し脱線して話をするのはかまいませんが、上手にリードして、その日の課題を終えることを忘れないようにしてください。
● 学習者によって、書き順や漢字の形についての考え方は違います。特に問題がある場合は直す必要がありますが、それ以外は、学習者の反応を見ながら進めてください。
● 学習者は、長く伸ばす音や、「ん」、「っ」、濁音が苦手です。抜かしたり、要らないところに入れたりすることがよくあります。その点が間違っていないか、特に注意してください。
　　例：きこう(気候)　→　きこ、きっこ
　　　　ぶんか(文化)　→　ぶか、ぶうか
　　　　けっこん(結婚)→　けこん、けこ
　　　　がいこく(外国)→　かいこく
● 次の部首名は教えていますが、それ以外の部首名はわからない場合が多いので、言わないようにしてください。

艹	宀	亻	扌	氵	辶
くさかんむり	うかんむり	にんべん	てへん	さんずい	しんにょう

図2　サポートマニュアル

(2) 受講者カルテ

学習者の背景をおおよそ理解し、学習者のニーズが具体的にわかるよう、以下のようなカルテを作成している。

2010年度前学期　日本語漢字B　受講者カルテ					
氏名	・・・・・・・・・・			呼称	・・・
国籍	・・・	所属	・・学部	利き手	右
身分	学部生　院生　研究生　研究員　(交換留学生)　その他				
滞在期間	２０１０年４月～２０１１年３月				
教科書	Intermediate Kanji Book Ⅰ				
	開始箇所	6課		目標	復習2
日本語力	わかる日本語	日常的な会話は全く問題なくできますが、日常あまり使わない言葉になるとわかりません。わからない言葉があったら、やさしい言葉を使ったり、例をあげて説明するようにしてください。			
漢字の必要度	漢字学習の目標	高度な日本語能力を身につけることを目指しています。			
	漢字が必要になる場面	日本人と同じ授業を受講しています。授業の中で出てくる言葉を理解するときや、レポートを書くときなどに必要になります。			
漢字力	漢字の読み	漢字の言葉を見て、意味はわかっても、読み方がわからないことが多いので、必ず読み方を言わせたり、書かせたりして、確認してください。			
	漢字の書き	読めても書けない字があります。難しい字は無理に何度も書かせなくてもいいですが、日本人なら誰でも書けると思う漢字は、きちんと書けるようになるまで書かせるようにしてください。			
サポートについて	留意点	濁音の点々、「っ」、「う」等が抜けていたり、要らないところに入っていたりしますので、注意してください。できるようだったら、どんどん進んでかまいません。			
	書き方・書き順についての学習者の希望	☐ 特に気になるところだけ直してほしい ■ 多少不自然な場合は直してほしい ☐ 気になるところすべてを細かく直してほしい ☐ その他（　　　　　　　　　　　　）			
その他						

図3　受講者カルテ

(3) 学習の進め方

授業時間の関係で教科書のすべてを学習することはできないため、学習する部分や、学習の進め方を説明したもの。

学習の進め方

■ 教科書「Intermediate Kanji Book Ⅱ」

① 最初のページの「力だめし」を音読させる。
読めない漢字があったら、教えてあげて、すらすら読めるようになるまで、何度も読ませる。途中でふりがなを書かないように。

② 次のページの「問題」の漢字語を音読して、ふりがなを書かせたら、それをチェックする。(問題の答えはファイルの中)

③「確認」はとばす。

④「要点」を読ませる。

⑤「練習1」を書かせて、全部答えが書けたら、答え合わせをして、音読する。

⑥「練習2」以降の練習も同様にする。

⑦「課題」は、読み書きの問題と、最後の問題だけする。

⑧ 課の練習が終わったら、教師に知らせる。

注意!
記録簿には、<u>30ページ4課練習1の8番まで学習済み</u>のように書いてください。

図4 学習の進め方

(4) 学習記録の書き方と記録簿

授業の最後にサポータが記入する学習記録簿とその書き方を説明したもの。教師側には、学習者の学習状況把握とサポータの視点を知る手がかりになっている。

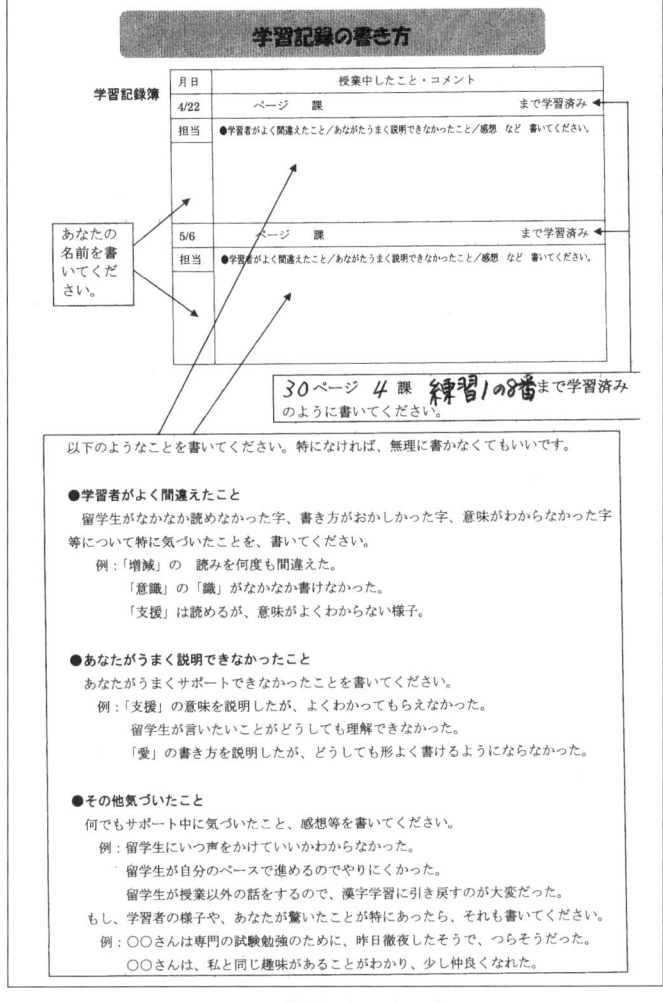

図5 学習記録の書き方

(5) 名札

学習者がサポータの名前を覚え、親しみを感じやすいように、サポータの名前を書いた紙を用意し、机の上に置いている。

(6) 辞書

サポータや学習者の持ってくる辞書には書き順が書かれていないことが多いため、字形や書き順の確認が自由にできるよう『漢検漢字辞典』を用意している。

(7) 筆記用具

漢字の字形練習に使う筆ペン(軟筆小筆)、鉛筆、そして、サポータが練習の答え合わせをする際に使う赤ペンの予備を用意している。

(8) 練習用紙

漢字の字形確認、書き取り等のため、各種用紙を用意している。

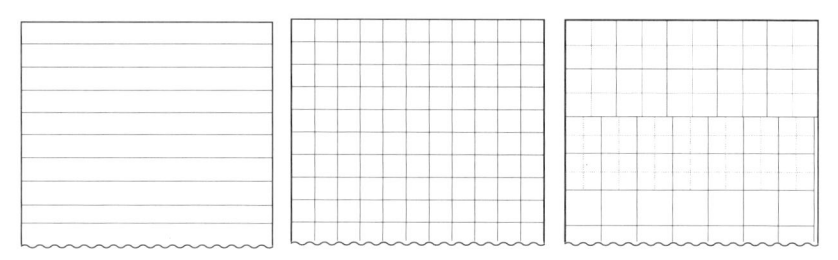

図6　練習用紙類

(9) 筆練習の下敷き

筆ペンで字形練習をする際に、墨がつかないよう下敷きとして新聞紙等を用意している。

6. 授業の実際

授業の流れは次のようになる。

時間	活動内容	使用物
10分前	教師がサポータと学習者の組み合わせが書かれた表を黒板に貼り付ける。 サポータは表を見て担当になった学習者のファイルを取り、資料を読む。 初めて参加したサポータには教師がサポート方法を簡単に説明。	担当表 マニュアル 受講者カルテ 学習の進め方 学習記録の書き方
授業開始	サポータと学習者は場所の確保と机の配置。 アイスブレーキング[2]。	マニュアル

---

[2] 学習者とサポータがお互いの緊張をほぐすために、自己紹介や、ちょっとした挨拶程度の会話をする。

第11章　日本人サポータを活用した中級以降の漢字指導の試み

5分後	学習開始		学習の進め方
	教師は各ペアを巡回し、質問に答えたり、進捗状況を確認したりする。		問題の答え
			辞書
	字形に特に問題がある学生には書き方指導。		練習用紙
↓			ペン・筆ペン
			下敷き
85分後	サポータはその日学習したこと、気づいたことを記録する。		学習記録の書き方
↓			記録簿
授業終了			

このうち、書き順や字形に問題のある学生への書き方指導は、教師か経験の長いサポータが、書き方指導マニュアルに従って行っている[3]。

なお、授業15回のうち、第1回目は診断テストを行い、中間テストと期末テストをそれぞれ1回行うため、サポータの参加する授業は12回である。

図7　「日本語漢字B」の授業風景と準備物の一部

7. サポータと学習者のマッチング

「日本語漢字B」ではサポータが学習者に1対1で対応できることを理想と

---

[3] 書き方指導マニュアルについては、本稿では紙幅の関係で割愛する。

しているが、サポータの確保は難しく、毎回学習者数の7〜8割程度となっている。サポータと学習者のマッチングにおいては、サポータの性別や性格、サポート経験の有無、学生か社会人か、という点に配慮し、担当学習者と人数を決めている。また、安定した学習環境には組み合わせを固定することが好ましいが、毎回参加できるというサポータは少なく、組み合わせが変わることも多い。ただ、組み合わせの交代は、さまざまな人と接触できるというメリットもあり、授業では、固定化に努めつつ、交代する際は、皆の反応を見て効果的に行うようにしている。

8. 日本人サポータ活用の効果

「日本語漢字B」への日本人サポータの参加は、学習者には好評で、登録学習者数は増加傾向にある。この要因としては、次のようなことが考えられる。

(1) 緊張感なく、すぐ教えてもらえること

漢字の読み方がわからず辞書が引けないことが漢字学習の意欲低下の大きな原因になりがちであるが、サポータの助けにより、すぐに読み方や意味を教えてもらうことができる。また、教師に対するときのような距離感や圧迫感がないため、学習意欲が湧きやすい。

(2) 内容重視で会話が行われること

サポータと学習者との会話は、漢字の書き方や漢字語彙についての質疑応答等を行うためのものであり、会話学習のためのものではない。内容が重視され、日本語の実質的な使用ができたという実感が、学習者の好印象につながっているのではないかと考えられる[4]。

(3) 日本人と親密接触する機会となっていること

留学生は、日本にいながら日本人との接触は少なく、接触があっても親密な交流に発展する機会はまれである。しかし授業では、サポータの助けを借りながら、問題を解いていくという協働作業の過程があり、親密に会話ができる機会となっている。

また、サポータも、他の会話や読解などのクラスのサポータに比べて継続的

---

[4] 「日本語漢字B」の受講者に対してインタビューを行ったところ、サポータとのやりとりが会話練習になったとし、それを評価する意見があった(向井・高橋 2009: 26)。

に参加する者が多く、口コミで参加希望者も増えてきている。漢字クラス以外のサポートの場合、日本語教育を志向する者が申し込んでくることが多いが、漢字クラスには、そのような者だけでなく、交流志向の者の参加が目立つ。また、同じ学習者を続けて担当してもらうと、継続的に参加する傾向が見られる。このようなサポータの定着率の高さの要因としては以下のようなことが考えられる。

(1) 自身の漢字力不足を認識し、学ぶ機会となっていること

サポータに対するアンケートで必ず書かれるのが、自分の漢字力不足への気づきである。「日本語漢字B」では、この気づきと同時に、教科書に書かれている内容が、サポータ側にも有用な情報となっており、教えながら学ぶ機会となっていると考えられる。

(2) サポート参加のハードルが高くないこと

一般の交流の場合、話すためのトピックが必要となるが、漢字クラスでは、課題が与えられているため、それを考える必要がない。逆に課題解決のために話さなければならない状況にもなっており、口を開くまでの苦労がない。また、ディスカッションのような活動と異なり、自分の意見をまとめたり、相手の意見を理解したりという高度な作業が求められないため、ハードルが低い。

(3) 授業進行の裁量権がある程度与えられていること

学習進行上の教師のコントロールがあまりなく、学習者と相談しながら進められることで、授業に対し当事者意識を持つことができる。

9. おわりに

これまでのサポータ活用を通じた観察では、漢字学習への支援は他の学習支援よりも、広くサポータ参加が得られるようである。また、以下のような条件が満たされると、サポータ活用の効果も増すことが観察された。

1) 学習者に初級修了程度の日本語力があること

サポータにとって学習者の日本語力に合わせて、話す日本語を調整することは、非常に難しい。学習者に初級修了程度の能力があれば、最低限のコミュニケーションはできるので、サポータは、会話を通して目標を達成したという満足感が得られる。

2) 1対1であること

 慣れない日本人サポータが学習者2人をサポートするのは負担が大きい。同じ教材を使って、同じ進み具合の場合なら、可能な場合もあるが、違う場合は、指導能力にかかわってくるので難しい。また、横田(1991: 93)によれば、留学生には友人形成において1対1の関係作りを基本とする志向性が見られるという。従って、交流的側面からも、この形態は望ましいようである。

 漢字教育におけるサポータ活用は日本語学習者のみならず、日本人にとっても有益である。この学習形態は、多様な背景をもつ外国人が集う地域の日本語教室でも応用でき、工夫次第で、さらなる効果が期待できるのではないだろうか。

■ 参考文献 ■

足立章子・黒﨑典子・中山由佳 (2001)『漢字・語彙が弱いあなたへ』凡人社.

石田敏子 (2007)『入門書き方の指導法』アルク.

稲村真理子 (2007)『大学・大学院留学生の日本語⑤漢字・語彙編』アルク.

今井幹夫 (1975)「語彙教育としての漢字教育」『日本語教育』28, 日本語教育学会 pp.67-74.

加納千恵子・清水百合・竹中弘子・石井恵理子 (1990)『Basic Kanji Book Vol.2』凡人社.

加納千恵子・清水百合・竹中弘子・石井恵理子・阿久津智 (1993)『Intermediate Kanji Book Vol.1』凡人社.

加納千恵子・清水百合・竹中弘子・石井恵理子・阿久津智・平形裕紀子(2001)『Intermediate Kanji Book Vol.2』凡人社.

佐藤保子・三島敦子、虫明美喜、佐藤勢紀子(2008)『漢字系学習者のための漢字から学ぶ語彙2学校生活編』アルク.

玉岡賀津雄 (2008)「漢字の学習は語彙の学習」『Ja-Net』45, スリーエーネットワーク, pp.1-2.

西口光一 (2009)『例文で学ぶ漢字と言葉 ―4級漢字・3級漢字・2級漢字―』大阪大学留学生センター.

日本漢字教育振興会(編) (2001)『漢検漢字辞典』日本漢字能力検定協会

向井留実子・串田真知子・築地伸美・菅野真紀子 (2009)「初級漢字学習終了以降の非漢字圏学習者向け漢字教材についての一考察 ―漢字運用力測定テストの結果から―」『愛媛大学国際交流センター報』3, pp.21-30.

向井留実子・高橋志野（2009）「漢字クラスにおける日本人サポータ活用の様々な可能性」『日本語教育方法研究会誌』16-1, pp.26-27.

向井留実子・高橋志野（2010）「大学の国際化と日本語教育〜日本語教育を軸とした留学生と日本人の交流促進〜」『留学交流』22-3, pp.18-21.

横田雅弘（1991）「留学生と日本人学生の親密化に関する研究」『異文化間教育』5, pp.81-97.

表1　学習者のタイプと指導内容

タイプ	総合的な日本語力と漢字知識	レベルの目安	語知	結合	漢再	指導内容と使用教材*1
A	3級レベルの文法・語彙が未定着で、漢字が多い。	3級	●	●	●	教科書に従って、学習者の理解度を確認しながら、基本的な漢字の復習と練習を行う。学習者の意味から、漢字語のふりがな練習をしながら、語と音の結合を徹底的に行う。『BASIC KANJI BOOK Ⅱ』
B	3級レベルの漢字語の意味はわかるが、音と結びつかない。漢字は書ける。*2	3級		●		3級レベルの文法・語彙が学習者のための音読から、語と音の結合を徹底的に行う。『例文で学ぶ漢字と言葉2 学校生活編』
C	3級レベルの文法・語彙が定着しているが、2級レベルの文法・語彙、漢字は未定着。	2級	●	●	●	3級レベルの文法、2級レベルまでの語彙からなる文で、漢字語を練習する。『漢字・語彙が弱いあなたへ』『大学・大学院留学生の日本語④漢字・語彙編』
		3級		●		
D	2級レベルの文法・語彙、漢字語は読めるが、基本的な漢字の再生ができない。*2	2級			●	2級レベル以上の文で、読み書きできる漢字語を増やすため、漢字の要整を行う。『INTERMEDIATE KANJI BOOK Ⅰ』
		3級			○	
E	2級レベルの文法、語彙は定着しつつあり、漢字語は読めるが、漢字と音の結合が不十分。未習の漢字もある。	2級		●		3級レベル以下の漢字から抜き出し、書く練習を徹底的にする。2級レベル以上の語彙を増やす。『INTERMEDIATE KANJI BOOK Ⅰ』
		3級		○		
F	1級レベルの文法、語彙は定着しつつあるが、漢字Dの多くの漢字の読みが不正確である。	1級			●	1級レベルの語彙を増やすとともに、さまざまな分野の文を読み、話題を中心とした語彙を増やす。『INTERMEDIATE KANJI BOOK Ⅱ』
		2級			○	
G	1級レベルの文法、語彙は定着しつつあるが、漢字語の読みと音の結合が不十分なものが多い。漢字は書ける。*2	1級		●		1級レベルの語彙知識を増やすとともに、音読などにより、語と音の結合を練習する。『INTERMEDIATE KANJI BOOK Ⅱ』
		2級		○		

*1 教科書については、部分的な使用をする場合もある。その学習者に合わせて教科書を元に作成した教材を使うこともある。
*2 タイプBとGは中国語話者である。タイプDの多くは韓国語話者である。
*3「強化が必要な知識と能力」で、「語知」は語彙知識、「結合」は漢字知識と語彙知識を結びつける知識、「漢再」は漢字を書く能力である。また、●は特に強化すべきところ、○はやや強化が必要なところを意味する。

実践報告

第12章 漢字知識の整理と会話作成タスク
－中級レベルを対象にした自律学習への架け橋－

濱川　祐紀代

●実践校	桜美林大学日本語プログラム
●クラスの目的	漢字・語彙の整理の方法や漢字学習の方法を体験し、学習ストラテジーとして身に付ける。
●学習者数	5～20人
●学習者のレベル・国籍	中級以上・多国籍
●使用教材	『中級の漢字』（濱川(2008)自作教材）
●準備するもの	学習者は自身の辞書

1. はじめに

　学習者から「先生は教えてくれないのに、テストをし、×をつける」「1人で勉強するのはつまらない」「勉強の仕方がわからない」「覚えたのに思いだせない」「漢字の調べ方がわからないから雑誌や本が読めない」という声を聞くことがある。実際、多くの日本語教育機関では教室で漢字を丁寧に教えることなく、小テストを繰り返し行っているのが現状ではないだろうか。筆者は、漢字学習を学習者の努力に任せるしかないとしても、その学習方法に関する情報を早い段階で提供していくべきだと考える。つまり、ただ機械的に繰り返す記憶方法だけではないさまざまな学習方法を学習者に提示し、その選択肢の幅を広げることが教師の役割の1つだと考える。そこで、本稿は桜美林大学日本語プログラムで行った実践を報告しながら、自律学習に向けた漢字学習の方法を提案する。

2. 概要
2.1 授業概要

本中級漢字クラスは1学期に13～15回(週1回90分)開講された選択科目「日本語演習(中級・漢字)」であり、本稿では2008年度春学期(4～7月)の実践例をもとに記述していく。授業概要は表1のとおりである。履修希望者に配付したシラバスには、表1、表2、表3などの内容が含まれている。

表1 授業概要

授業の目標	
1	日本語学習を続けていくための漢字・語彙の整理の方法を習得する
2	日本語学習を続けていくために必要な自律的な学習スキルを習得する
学習内容	
1	漢字の知識を整理するさまざまな方法を体験する
2	自律的に学習を続けるために必要な学習ツールが使えるようになる
3	漢字の表記感覚を養う
4	生活に必要な漢字に着目する
使用教材	
1	教師が配付する教材『中級の漢字』・ワークシートなど
2	漢字の辞書(紙の辞書でも電子辞書でもよい)
評価	
出席30%、 試験40%、 課題30%(発表・小テスト・宿題他)	

2.2 学習項目

取り上げた学習項目は表2のとおりである。個々の内容については、3. 節で後述する。

表2 学習項目

	カテゴリー	学習項目	メモ
1	漢字の認識	パタン分類	単漢字
		画数	
2	構成要素	部首	
		音符	
3	同じ読み方	同音漢字	単漢字の語彙
		同訓異義語	
4	品詞の感覚	送り仮名	

5	熟語の構成	漢字語彙理解の4ルール	2字漢字語彙
6	基本漢字		
7	その他	生活漢字	
		表記感覚	
		フォント	
		コアミーニング	
		漢字語彙の運用	

2.3 授業計画

表2の学習項目を組み合わせて、授業計画を立てた。表3の左列の数字は授業回数、右列はその日の授業内容である。

表3　授業計画

	授業内容
1	オリエンテーション・パタン分類・表記感覚・さまざまなフォント
2	小テスト1・パタン分類・画数・音符・基本漢字
3	小テスト2・パタン分類・部首・生活漢字
4	小テスト3・画数・部首・動詞
5	小テスト4・部首・形容詞・表記感覚
6	中間試験(筆記)
7	書道体験
8	発表・音符・動詞・生活漢字
9	小テスト5・音符・形容詞・基本漢字
10	小テスト6・部首・動詞・同音異義
11	小テスト7・音符・形容詞・熟語
12	小テスト8・同訓異義・熟語・基本漢字
13	期末試験(筆記・発表)

2.4 履修者

履修対象者は、プレイスメントテストで中級レベルと判定された短期留学生(半年か1年の交換留学生)であるが、数名の学部留学生(学部に4年間在籍する予定の学生)の授業参加も許可した。2008年度春学期の履修者は19名で、その内訳は表4のとおりである。なお、その他に日本人大学生のボランティアが1名参加しており、教師の補助をしたり学習者の活動に参加したりした。

表4　履修者内訳(人数)

	中級短期	上級短期	学部留学生	計
非漢字系	9	0	1	10
韓国	7	0	1	8
中国	0	1	0	1
計	16	1	2	19

3. 学習項目解説

表2にあげた学習項目の内容や目的について説明を加える。

3.1 パタン分類

中級レベルになっても、漢字を複雑な線の塊として認識してしまう学習者や誤った形で認識してしまっている学習者は意外にも多い。しかしそのような場合でもトレーニングを受けることで適切な認識ができるようになる(濱川2006)。そこで、日本語学習者向けの漢字字典(春遍 2001)に用いられている漢字のパタンを参考にタスクを作成した(図1)。パタン分類のタスクそのものは単純だが、漢字をパタンに分ける練習は漢字を認識できるようになるための基本中の基本であり、漢字から部首や音符を取り出したり、筆画を捉えたりするための大前提となる。

3.2 画数

本クラスでは漢字の辞書がスムーズに使えるようになることも目的の1つになっている。現在手書きパットなどの利用によって、画数を覚える必要性が高いとは言いきれないが、検索方法の種類を1つに絞らず、選択できるようになってほしいとの思いから画数タスクも取り入れた(図2)。また電子辞書に「総画数／画数」ということばがあっても、それが理解できず使わないままでいる学習者がいたため、辞書に慣れていくためにも必要だと考えた。しかし、筆順は必ずしも大切だと考えず、正しく画数が数えられることが大切だとした。

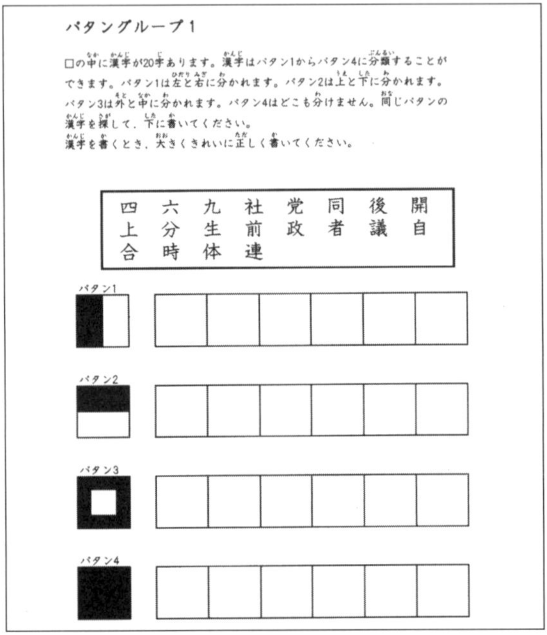

パタングループ1

□の中に漢字が20字あります。漢字はパタン1からパタン4に分類することができます。パタン1は左と右に分かれます。パタン2は上と下に分かれます。パタン3は外と中に分かれます。パタン4はどこも分けません。同じパタンの漢字を探して、下に書いてください。
漢字を書くとき、大きくきれいに正しく書いてください。

四	六	九	社	党	同	後	開
上	分	生	前	政	者	議	自
合	時	体	連				

パタン1
パタン2
パタン3
パタン4

図1　パタン分類タスク例

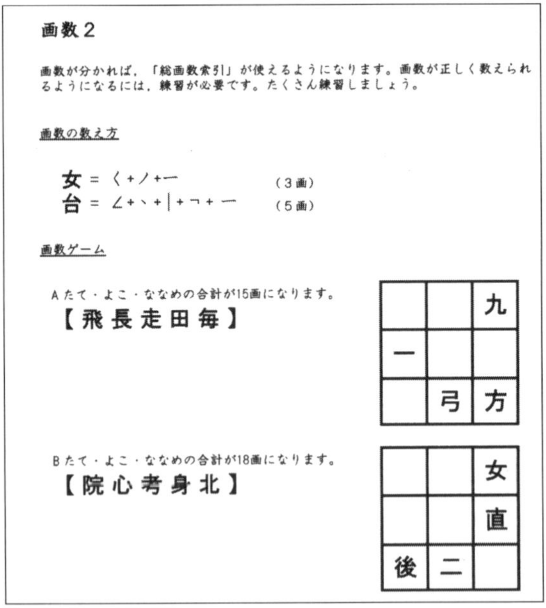

画数2

画数が分かれば、「総画数索引」が使えるようになります。画数が正しく数えられるようになるには、練習が必要です。たくさん練習しましょう。

画数の数え方

女 = く + ノ + 一　　（3画）
台 = ∠ + 、+ ｜ + コ + 一　（5画）

画数ゲーム

A たて・よこ・ななめの合計が15画になります。
【 飛 長 走 田 毎 】

		九
一		
	弓	方

B たて・よこ・ななめの合計が18画になります。
【 院 心 考 身 北 】

		女
		直
後	二	

図2　画数タスク例

3.3 部首

共通する部分が取り出せるようになることが大切であり、必要以上に部首の名前を覚えなくてもよいことを伝えた。そして部首にはその漢字の意味（成り立ち）が含まれていることなども折に触れて伝えた。手順としては、同じ部首を持つ漢字を集めてグループを作り、それぞれの漢字の訓読み語を辞書で調べた（図3）。訓読み語を調べるのは、その漢字のコアミーニング（その漢字が持っている中心的な意味）に接する機会を増やしたいということと、コアミーニングがわかるようになれば初めて見る漢字語彙の意味が推測できるようになると考えたからであった。

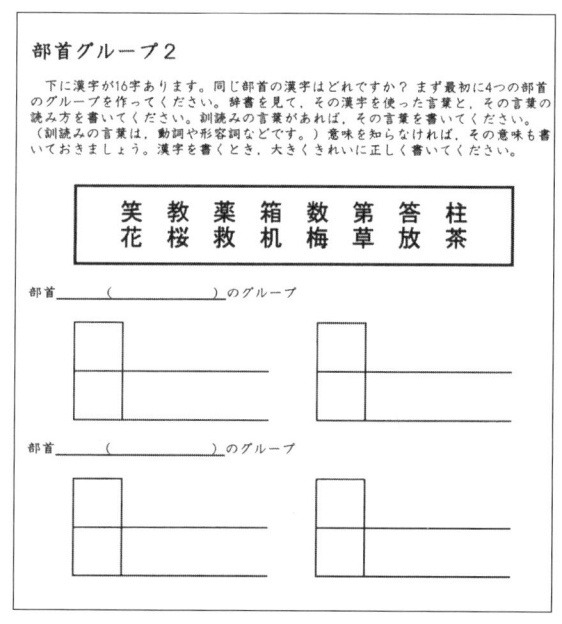

図3　部首タスク例

3.4 音符

手順としては部首と同様に漢字の共通する部分に注目してグループを作り、その共通する部分の共通する読み方（音読み）を調べることとした（図4）。またその漢字を使ったことばを調べるようにしたが、自分にとって大切だ・覚えたいと思う語があれば訓読みでも音読みでもよいとした。

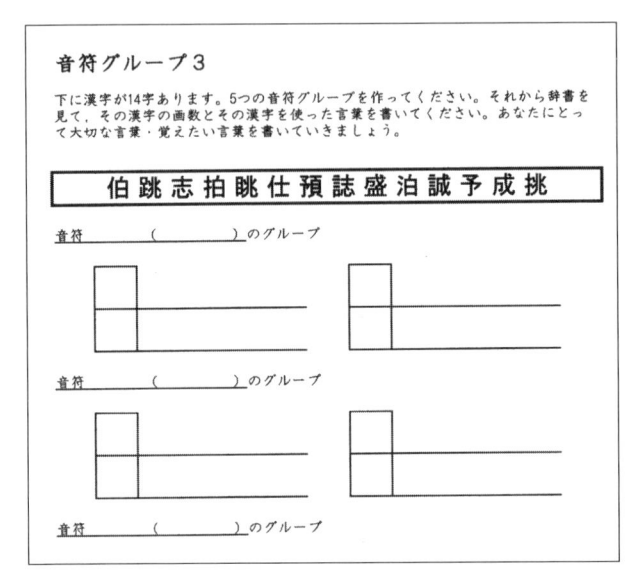

```
┌─────────────────────────────────────────────────┐
│  音符グループ3                                   │
│   下に漢字が14字あります。5つの音符グループを作ってください。それから辞書を │
│   見て、その漢字の画数とその漢字を使った言葉を書いてください。あなたにとっ │
│   て大切な言葉・覚えたい言葉を書いていきましょう。           │
│  ┌─────────────────────────────────┐│
│  │ 伯 跳 志 拍 眺 仕 預 誌 盛 泊 誠 予 成 挑 ││
│  └─────────────────────────────────┘│
│   音符    (    )のグループ                    │
│                                                 │
│   ┌──┐              ┌──┐                │
│   │  │──────        │  │──────          │
│   └──┘              └──┘                │
│                                                 │
│   音符    (    )のグループ                    │
│                                                 │
│   ┌──┐              ┌──┐                │
│   │  │──────        │  │──────          │
│   └──┘              └──┘                │
│                                                 │
│   音符    (    )のグループ                    │
└─────────────────────────────────────────────────┘
```

図4　音符タスク例

3.5 送り仮名

　漢字を動詞・形容詞の語彙の一部と捉え、漢字だけでなく送り仮名にも注目するようなタスクを行った。具体的には送り仮名が同じものを集めてグループを作るタスクを作成した。

3.6 漢字語彙理解の4ルール

　2字以上の漢字で構成される漢字語彙を単なる漢字の組み合わせとして覚えるのでは限界が生じてしまう。そこで、まずは漢字語彙を理解することに焦点をあて、その理解の仕方を取り上げた。漢字語彙を理解するためにはルールがあり、それは「笑顔」の「笑う / 笑っている顔」のような修飾関係を持つ場合や、「乗車」の「車に乗る」のような修飾関係を持つ場合、「前後」のようにそれぞれの漢字が反対の意味を持つ場合、「上昇」のように似た意味を持つ場合の4つである（図5）。多くの学習者が「漢字をセットにして意味を機械的に覚えるしかない」と思っていたため、2字以上の漢字のことばを理解するときに、分解して解釈するというのは発想の転換になったようである。

第12章 漢字知識の整理と会話作成タスク

熟語（じゅくご）1：ルール

「熟語」は「漢字を使った言葉」です。熟語には4つのルールがあります。
このルールを知っていたら熟語を理解しやすくなります。

ルールA 左の漢字 ＝ 右の漢字　左の漢字と右の漢字の意味が似ています。

例	熟語	上昇
	ルール	上がる（go up）≒昇る（rise）
	意味	上がったり、昇ったりすること。

ルールB 左の漢字 ⇔ 右の漢字　左の漢字と右の漢字の意味が反対です。

例	熟語	左右
	ルール	左⇔右
	意味	左と右

ルールC 左の漢字 → 右の漢字　左の漢字が右の漢字を修飾します。

例	熟語	笑顔
	ルール	笑う→顔
	意味	笑っている顔

ルールD 左の漢字 ← 右の漢字　右の漢字が左の漢字を修飾します。

例	熟語	乗車
	ルール	乗る（ride）←車（car）
	意味	車に乗ること

熟語2：ルール

辞書を使って、次の熟語の読み方と意味を調べてください。熟語の読み方と意味を書いてください。意味は何語で書いてもいいです。それから、熟語のルールを見つけて書いてください。

	熟語	読み方	ルール	意味
例	難易	なんい	B	難しさの度合い
01	運送			
02	往復			
03	救助			
04	航海			
05	黒板			
06	作文			
07	左右			
08	水泳			
09	入院			
10	夫婦			

図5　漢字語彙理解の4ルールタスク例

3.7 基本漢字

キーとなる基本的な漢字、ここでは使用頻度の高い漢字の中から、中級レベルの学習者に親しみのある漢字を選んだ。タスクでは基本漢字を含む漢字語彙を辞書で探し、その中から自分にとって重要なことば・覚えたいことば・必要なことばを書きだすこととした。例えば、「大学」「大人」「大地震」などのように「大」を使った語彙を書き並べた。ただやみくもに覚えさせられていると思うよりも、「自分の覚えたいことば」「必要なことば」を選ぶという姿勢が自主的に学ぶ内容を考えることにつながっていくと考えた。

3.8 表記感覚

いつ漢字を使うのか / 使わないのかという感覚を養うために、ひらがなだけで表記した文章を用意し、必要なところに漢字やカタカナを書く形式にした（図 6）。文章は日本事情的な内容、例えば「交通(JR・地下鉄)」「スーパー」のようなトピックにした。またこのタスクには「漢字は必要ない」とする学習者に対して、漢字がない場合の不便性・見にくさを体感してもらいたいという副次的な意図もあり、この点は効果があったと考える。

表記感覚（ひょうきかんかく）1 - orthographic conventions

表記感覚とは，「いつ漢字を使うのか」，「いつ漢字を使わないのか」という感覚です。漢字が少なすぎてもいけませんし，使いすぎてもいけません。下にひらがなだけの文があります。必要なところに下線をひいて，漢字やカタカナを書いてください。

タイトル　：　ちかてつ

にほんのおもなとしには，ちかてつがあります。いどうしゅだんとして
日本

よくつかわれています。とうきょうには，おおくのろせんとえきがありま

す。ちかてつのろせんずをみると，ふくざつで，のりかえがむずかしい

とおもうかもしれませんが，おおくのにほんじんはもっともべんりな

いきかたをさがすことができます。ろせんずをみるとわかるように，

図 6　表記感覚のタスク例

3.9 フォント

学期開始時にさまざまなフォントの特徴を説明し提示したが、それだけでは習得できない。そこで、用いるフォントを意図的に変え、タスクを解きながらフォントにも慣れていけるように配慮した。具体的には、それぞれのタスクの初回は教科書体、2回目はゴシック体、3回目は明朝体というようにした。（例：「部首」を初めて導入する際には教科書体を用い、2回目の部首の練習はゴシック体を用いた。）

3.10 生活漢字

日本で生活している留学生といっても、生活の中で目にする漢字表記に気づいていないケースも多い。また生活に漢字が必要だと感じていないケースも多く見受けられた。そこで、教室活動の1つに生活漢字を取り入れた。3～4人のグループを作って、実際に自動販売機・トイレ・エレベーターなどに書かれている漢字語彙を探してくる活動を行った。活動自体を楽しんでいる学習者も多く、活動後に「生活が便利になった」「生活がスムーズになった」という感想を述べる学習者もいた。

3.11 漢字語彙の運用

授業の終わり10～20分程度を使い、その日のタスクに出てきた漢字（または漢字語彙）を用いて会話を作成した（図7）。くじ引きでペアを決め、ペアで会話を作成した。会話の場面などを教師が多少指示することもあったが、基本的には学習者同士で話し合い自由に会話を作成することにした。日本語で話し合いながら、また辞書や教師をうまく活用しながら会話を作成していた。実際には、不自然な使い方も散見されたが、友人と習った漢字を「使ってみる」「文にしてみる」という試みを評価し、コメントとして伝えるに留めた。

4. 授業の様子（第4回目授業の例）

ここでは第4回目の授業の流れを提示することで、授業の様子を伝えたい。

4.1 第4回目の授業の流れ

第4回目の授業の流れは表5のとおりである。

表5　第4回目の授業の流れ

時間(分)	学習項目	補足
0〜10	小テスト3	・前回の授業内容の確認
10〜20	画数2	・ゴシック体を使用
20〜50	部首グループ2	・ゴシック体を使用 ・4つの部首とその意味を提示 ・それぞれの訓読み語も確認
50〜70	動詞グループ1	・教科書体を使用
70〜85	会話作成	・ペアで会話を作成し、その場で発表。 ・この日出てきた漢字をできるだけたくさん使うように指示
85〜90	予告	・次回の小テストについて

まず、前回の授業内容を確認するため小テストを行った。表中の「小テスト3」は小テスト3回目で、漢字量や運用力を高めることが目的ではないため、授業中に扱ったタスクの内容をそのまま提示した。

次に、「画数2」のタスクを行った(図2)。画数は前にも扱っており2回目であるため、説明などをせず、そのままタスクに入った。画数を数えることを大して難しくないと思っている学習者も多いが、「画数2」はゴシック体を使用しているため、間違いも多い。そこでクラスメートと相談しながらタスクを進めるように指示し、日本人ボランティアや教師にも質問してよいこととした。タスク終了後、教師が漢字を黒板に大きく書き、学習者と一緒に画数を確認した。さらに、ゴシック体の特徴を学習者に意識させるように確認を行った。

次に、「部首グループ2」を行った(図3)。部首も前に同形式のタスクをしており、タスクの進め方には問題がないため、説明しないままタスクに入った。部首を知らなくても、同じ部品を持っている漢字を集めることでタスクを進めていくことが可能である。また辞書で確認すれば、どこが部首なのか調べることができる。教師と日本人ボランティアは、学習者が協力し合いながらタスクを進めているのを邪魔しないように、しかしいつでも学習者が声をかけられるように、机間巡視を続けた。特に教師と日本人ボランティアは学習者の漢字の

書き方に注目した。正しい筆順や正しいバランスできれいに書けたかどうかといったことにこだわらず、正しい「筆画」であるかどうか、つまり画数が正しく数えられる書き方をしているかどうかにポイントを絞った。

次に「動詞グループ1」を行った(図7)。このタスクは漢字を動詞として使う際の送り仮名に注目して、グループを作るタスクである。動詞グループのタスクは初出であったため、タスクのやり方の説明や送り仮名の説明を最初に行った。このタスクを通して、漢字を語彙として捉えられるようになること、どの漢字をどういう品詞で使うのかという感覚を養うことが狙いであった。

最後に、くじ引きでペアを作り、ペアで会話を作成した。この日の授業に出てきた漢字をできるだけたくさん使うように指示し、場面や人物設定も自由に考えることとした。

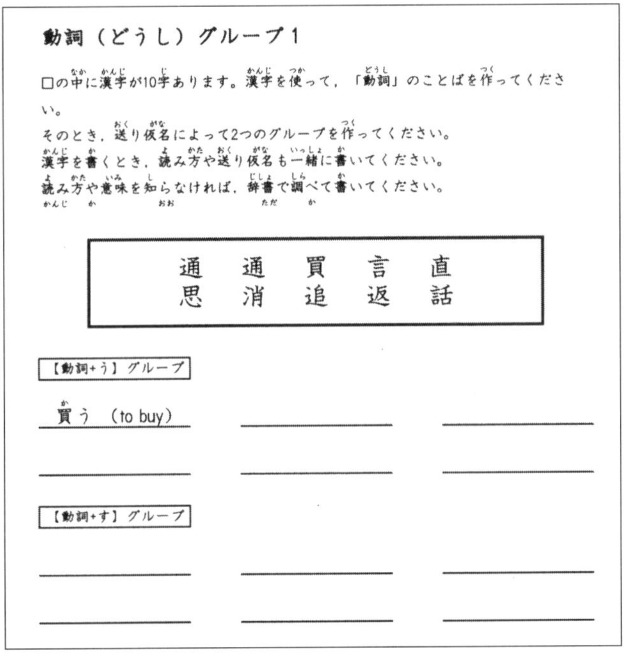
動詞（どうし）グループ1

□の中に漢字が10字あります。漢字を使って，「動詞」のことばを作ってください。
そのとき，送り仮名によって2つのグループを作ってください。
漢字を書くとき，読み方や送り仮名も一緒に書いてください。
読み方や意味を知らなければ，辞書で調べて書いてください。

通　通　買　言　直
思　消　追　返　話

【動詞+う】グループ

買う　(to buy)

【動詞+す】グループ

図7　動詞1タスク例

> ヨンフン：もうご飯を食堂で食べましたか？
> エリック：まだ。201教室で弁当を食べてお茶を飲むつもり。
> ヨンフン：非常においしい弁当があるんですか？
> エリック：適当に選んでも大丈夫。
> ヨンフン：本当ですか？
> エリック：食べてから文句を言いなさい。
> ヨンフン：どうして201教室で食べますか？
> エリック：林さんと非公式会議があるから。
> ヨンフン：なんですか、それ？
> エリック：秘密の話があるってことだよ。出てってくれる？
>
> 注：学習者が「食・飲・非・当」を使って作成した会話例で、筆者が文法の間違いのみ修正した。

図8　会話作成例

5. 会話作成タスクの効果

　学習者は漢字を1人で勉強したいと思っているわけではない。文法をコミュニカティブな活動を通して学ぶように、漢字も楽しく学びたいと思っている学習者もいる。また文法の使い分けを教師やネイティブに確認するように、漢字や漢字語彙についてもだれかの力を借りたいと思っている。会話作成タスクは1人で勉強することから離れ、だれかと話しながら、だれかの力を借りながら学ぶことのできるタスク形態だと考える。

　漢字学習の場で、漢字をトピックにしながら日本語で会話をしている姿は、まさに「楽しみながら学んでいる」姿に見える。学習者同士でこの漢字をどう使うのか、どういう場面なのか、この漢字を使った別の語彙はないのか、など、教師が想像する以上の情報交換が生まれていた。また、活動中であることを忘れて、漢字の学習方法や書き方、その漢字を見た場所について教えあう姿もたびたび見られた。

　漢字学習というと教材に書かれているものを読んだり書いたりすることで暗記していくものだと思っている学習者も多いが、提示された漢字の使い方を自分で考えることも大切な側面だと考える。

6. 漢字知識の整理

1学期間を使って、学習者が自律的に漢字学習を進めていくための基礎を固めた。それは、漢字知識の整理の仕方であったり、学習に必要なリソース情報を得ることであったり、その使い方であったりした。

初級では漢字指導に時間を割いていても中級になると独学に任せる教育機関も多い。しかし、中級になると漢字語彙が急増し、その漢字語彙をどう処理すればよいのかわからなくなってしまう学習者も多い。目の前に積み上げられていく漢字語彙を機械的に暗記し続けるのではなく、さまざまな角度から整理したり、関連づけたり、自ら学ぶ語彙を選んだりすることが記憶の助けにもなると考える。本稿で紹介した中級漢字クラスでは、14種類の学習項目を設け、さまざまな活動を通して、漢字知識の整理の仕方・記憶の仕方を提示した。ただし、これらの整理の仕方を覚えなければならないのではなく、これらの体験を通して、自分に合っている方法を身に付けたり、選んだりできるような状況を作り出すことが重要だと考える。

7. おわりに

本クラスを履修した学習者からの学期終了後のフィードバックでは「日本語学習を続けていくうえで必要なストラテジーが身に付いた」「システマティックな学び方を知ることができてよかった」という肯定的なコメントを得ることができた。しかしストラテジーが使えるようになったことよりも、漢字をさまざまな角度から見られるようになったこと、学習方法の選択肢の幅が広がったということが重要であり注目すべき点だと思う。

近年、自律学習ということばがよく聞かれる。漢字学習は自律学習で進めるものだという話も聞く。しかし、この場合の自律学習というのは単なる独学の勧めになっていないだろうか。自律学習とは「学習者が自分で自分の学習の理由あるいは目的と内容、方法に関して選択を行い、その選択に基づいた計画を実行し、結果を評価できる能力」(青木 2005)であり、学習者の独学を推奨しているものではなく、教師や他の学習者の助けを借りながら学ぶことを否定しないものである(Benson 2001)。これらの知見からも、教師が学習の内容や方法・手段などに関する情報を提示し、学習者が選択できる環境を作る必要があ

る。時間の制約やそれぞれの立場を言い訳にせず、教師がまず漢字指導を振り返り、改善していく必要があるだろう。

■ 参考文献 ■

青木直子(2005)『新版日本語教育事典』pp.773-775,日本語教育学会.

濱川祐紀代(2006)「漢英学習字典を用いた漢字学習の試み ―日本語学習者を対象とした漢字指導の実践―」『漢字教育研究』7, pp.14-41.

濱川祐紀代(2008)『中級の漢字』桜美林大学(学内出版の冊子、国際交流基金日本語国際センター図書館で閲覧可能)

春遍雀来(2001)『新装版　講談社漢英学習字典-Kodansha's Kanji Learner's Dictionary』講談社インターナショナル.

Benson, P.(2001) *Teaching and Researching Autonomy in Language Learning.* Essex: Person Education.

コラム 1

漢字学習の困難点
－母語や文化圏による違い－

加納　千恵子

1. 漢字の何が難しいのか

　漢字は、「形・音・義」という3つの情報を担っており、さらに音(読み)と義(意味)の連合である「語」としての用法に関する情報も合わせ持つ。したがって、これらの情報の全てを覚えないと使えるようにならないものである。

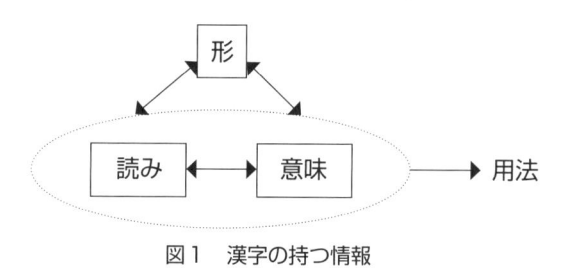

図1　漢字の持つ情報

　学習者に漢字の何が難しいのかと問えば、「形が難しい」「読みがたくさんあるから」「同じ音なのに意味が違う」など、上記の情報それぞれに習得を困難にしている問題があると考えられる。大きく非漢字圏学習者、漢字圏学習者に分けて、難しさの要因を探ってみよう。

2. 非漢字圏学習者の困難点

　非漢字圏学習者にとって、漢字学習の一番の困難点は漢字の数の多さであろう。表音文字であれば、人間の聞き分けられる音に限りがあることから、どんなに多くてもその数は数十の範囲内で百を超えることはない。しかし、表語文字(表形態素文字)は、語彙(形態素)の数だけ文字があることになるため、何千、何万となり、学習者の記憶の負担となるわけである。以下、字形、表意・表語性、多読性、表記システムの問題に分けて検討する。

2.1 漢字の字形の問題

　まず、字形について言えば、画数が多く、形が複雑でしかも似ている形が多いために、見慣れないうちは、字形の識別が難しいと言われる。しかし、逆に見慣れてくれば、全く別の字であっても、共通の構成要素を持つものが多いこと、ある構造性を持っていることにも気づき、それが記憶の負担を軽減するようになる。また、その形の複雑性ゆえに、人間の想像力をかきたて豊かなイメージをふくらませる面もあるため、その面白さから漢字の魅力に取り付かれる非漢字圏学習者も多い。

2.2 漢字の表意・表語性の問題

　漢字の表意性に興味を持つ非漢字圏学習者は多く、初級で象形文字や指事文字、会意文字などの意味と形の関係を紹介すると夢中になることも多い。非漢字圏学習者向けの教材にもそういったアプローチが多いが、逆にそのような意味の類推しやすい漢字は全体の一割程度にすぎないことを知らせておかないと、いつまでたっても形と意味の結びつきにこだわって、先に進めなくなる学習者も出てくる。むしろ漢字の語（形態素）としての機能に注目させ、漢字の品詞性や造語力、類義や対義などの意味概念を利用した語彙のネットワーク形成などに結びつけることを考えるべきであろう。

2.3 漢字の多読性の問題

　読みについて言えば、漢字に音と訓という異なる読み方があることは、原則として1文字1音の表音文字に慣れた非漢字圏学習者を悩ませる大きな原因となっている。特に、使用頻度の高い基本的な漢字（たとえば「生」「行」など）ほど、日本に入って来た時期によって音読みが複数できたり、訓読みが複数あったりする場合が多く、それらが学習の比較的初期に出てくるために、ますます「日本語の漢字の読みは難しい」という印象を与えてしまう結果となっている。実は、中級以降に出てくる字音語の漢字には、音読みしか使われない漢字（たとえば「機」「較」など）も多く、常用漢字（1,945字）全体の読みの平均が2.1通りであることを考えれば、それほど多いわけではないことがわかる。しかし、中国語に比べて日本語には子音の数が少ないため、音読みに同音や類似音が多

く存在し、同音語や類音語が増えて区別を難しくする結果となっている。

2.4 日本語の表記システムの問題

　日本語を表記する際に、どの部分を漢字で書き、どの部分はひらがな、あるいはカタカナで書くのかが難しいという声もある。学習者には初期のオリエンテーションなどで日本語の表記のシステムを知らせておく必要がある。ふつうの日本語の文章は漢字仮名交じり文で、概念語の部分が漢字あるいはカタカナ（外来語）で書かれ、助詞、助動詞、活用語尾などの文法的機能を担う部分がひらがなで表記される。これは、学習者にはちょうど２色の石を鎖でつないだネックレスのように見えるかもしれない。このような表記システムを理解させるためには、ひらがなだけで書かれた文章を与えて、漢字で書くはずの部分を黒い四角で囲み、カタカナで書くべき部分を赤い四角で囲むというようなタスク練習をすることなどが考えられる。

3. 漢字圏学習者の困難点

　漢字圏学習者は、母語において漢字の字形知識と意味知識を既有していることから、日本語学習には有利であると思われがちである。しかし、だからといって日本語の漢字を中国語の漢字と全く同じであると誤解して甘く見ていると、読みや意味・用法の不正確な知識が障害となって、時として非漢字圏学習者よりも正しい習得が遅れる場合さえある。漢字圏学習者の学習を指導する際には、日本語における漢字の読みのシステム、中国語との意味・用法の違い、字形の違いなどに関する注意喚起が何より重要であろう。

3.1 音読みと訓読みの問題

　漢字に音と訓の異なる読み方があることは、非漢字圏学習者ばかりでなく、中国などの漢字圏学習者をも悩ませる原因となっている。初級の漢字圏学習者は、①訓読み語を音読みで読んでしまう（例「一人（ひとり）」が「イチニン」になる）、②音読み語を中国語の発音で読んでしまう（例「問題（モンダイ）」が「mengdai」になる）、③清濁の区別（「本当（ホントウ）」が「ホンドウ」になる）、母音の長短の区別（「主人（シュジン）」が「シュウジン」になる）、拗

音が難しい、④母音の無声化、促音化、⑤拍の意識の違いなどの問題がある。初めのうちに、これらの困難点を意識させるようにしないと、不正確なまま定着してしまう場合も多いため、要注意である。

3.2 日中同形語の意味・用法の問題

中国語と日本語で同じ漢字で表記される語を「日中同形語」と呼ぶが、その中でも意味のずれのあるもの、用法の異なるものなどが難しさの原因となっている。たとえば、「手紙」が中国語ではティッシュペーパーの意味で、「愛人」が恋人の意味だというのは有名だが、このような名詞の場合には比較的問題は少ない。難しいのは、「質問がある」と言うべきところを「問題がある」と言ったり、相手の立場を「理解する」という意味で「了解する」を使ったりする例が見られるなど、抽象的な言葉や動詞などの用法である。日本語と中国語で意味は重なっているものの、使用頻度の高い用法が異なる、品詞が異なるなど、一筋縄ではいかない場合も多い。

3.3 その他の問題

中国語と日本語では簡体字と繁体字で字形がかなり異なるもの(「雲」と「云」)や、同じような字形でも細部が微妙に異なるものもある。後者の例としてよく見るのは、「効果」の「効」の字の右側を「力」ではなく「夊」と書いたり、「図書館」の「図」の字の四角の中を「冬」と書いたりなどである。また、「労苦(中)」と「苦労(日)」、「熱情(中)」と「情熱(日)」のように、漢字熟語の字の順序が異なるものもある。

以前は漢字圏学習者として扱われていた韓国人学習者について、近年のハングル世代以降は別途に考える必要があることが指摘されている。いずれにしても、まず、それぞれの困難点に気づかせることが第一段階であり、次にそれを克服させるための練習の導入によって、効率的に学習を進める必要があろう。学習者の母語を利用した漢字学習ストラテジーなども積極的に取り入れる工夫が期待される。

コラム 2

漢字学習の方法・アプローチ
－学習者の特性、学習スタイルなどを考える－

加納　千恵子

1. 学習ニーズと学習者の特性

　有効な漢字学習の方法、アプローチを考えるためには、どのような学習者が、どこで、何のために学習するのかを考える必要がある。加納(1992)[1]のテスト結果からもわかるように、学習者の出身国や地域、母語、文化背景などによって、従来は「漢字圏」と「非漢字圏」に分けて、論じられることが多かった。しかし最近では、非漢字圏にいる漢字系学習者(例えばアメリカ国籍の中国系あるいは日系の子弟など)、韓国やベトナムのような漢語文化圏ではあるが現在では漢字を全く使用していない地域の学習者の場合など、それほど単純には分けられなくなってきている。

　しかし、例えばアジア系の学習者と欧米系の学習者とでは、受けて来た初等・中等教育の違いなどから、教師主導型の学習スタイルに慣れているか、学習者主導型の学習スタイルに慣れているか、丸暗記に慣れているか、自分で考える学習方法に慣れているか、などの傾向が異なると言われる。伊東(1999)[2]は、言語学習においても、認知スタイルとして「場独立型」、「場依存型」という2つの傾向や、知覚様式の嗜好性から「視覚型(目型)」、「聴覚型(耳型)」、「運動型」などの傾向が見られ、漢字圏学習者には比較的視覚型が多く、中南米系の学生には聴覚型が多いというReid(1987, 1995)[3]の説を紹介している。このよ

---

[1] 加納千恵子・他(1992)「漢字力の測定・評価に関する一試案」『筑波大学留学生センター日本語教育論集』7号、pp.177-191.

[2] 伊東祐郎(1999)「学習スタイルと学習ストラテジー」『日本語教育と日本語学習 ―学習ストラテジー論にむけて―』、pp.133-145.

[3] Reid, J.(1987)The learning style preferences of ESL students. *TESOL Quarterly* 21, 1, pp.87-111. および Reid, J. (1995) *Learning Styles in the ESL/EFL Classroom.* Boston: Heinle and Heinle.

うな学習者の特性に配慮することも必要であろう。

　また、年少者の場合には、言語の自然習得に近い形、運用中心の実践的学習が効果を上げる傾向が強く、成人の学習者の場合は、学歴が高く高齢になるほど、理論的な説明を求める傾向が強くなるとも言われる。さらに、学習者が学生なのか、社会人なのか、異文化理解というような教養的な目的で学習するのか、日本人との実際のコミュニケーション手段のために学習するのか、研究や仕事などに使うのか、趣味として楽しむのか等の学習目的、ニーズによっても、必要となる技能、知識の量が当然異なると考えられる。専門分野などによる使用頻度の高い漢字語彙の数や種類などを調査し、学習環境（日本国内か、海外か、漢字を使用する機会がどのくらいあるか、どのような場面で使われるか等）も考慮した上で、学習漢字（漢字語）の選択、シラバス・カリキュラムの策定、効果的な学習方法を工夫しなければならない。

2. 漢字の学習法・アプローチ

　問題の解決を図るために、どのようなアプローチを使った漢字教材が開発されているのか、そして学習者は実際にどのような方法を使って学習しているのか、などに関する検討も必要である。コラム1で検討した漢字の形・音・義・用法の各情報に基づいて、日本語教育学会（2005）[4]で取り上げられている漢字の学習法・教材のアプローチを整理してみよう。

- （1）字源中心　　→　藤堂明保（1965）『漢字語源字典』学燈社／
　　　　　　　　　　　白川静（1996）『字通』平凡社
- （2）字形構造中心→　武部良明（1993）『漢字はむずかしくない』アルク
　　　　　　　　　　　Foerster & Tamura（1994）『KANJI ABC』Tuttle
- （3）読み中心　　→　一般の主教材準拠の漢字教材
- （4）音符中心　　→　Pye M.（1971/1984）『The Study of Kanji』北星堂
- （5）意味用法中心→　加納千恵子・他（1989）『Basic Kanji Book』I&II 凡人社／
　　　　　　　　　　　―（1993/2003）『Intermediate Kanji Book』I&II 凡人社
　　　　　　　　　　　西口光一・他（1994）『KANJI IN CONTEXT』The Japan Times

---

[4] 日本語教育学会（2005）「G- 漢字の学習法・指導法」『新版日本語教育事典』大修館書店、pp.429-443.

(6) 記憶術を利用した学習法
    a. イメージ中心→ Michael Rowley（1992）『Kanji Pict・o・graphix』Stone Bridge Press
    b. 覚え話中心 → James W. Heisig（1977）『Remembering the Kanji』日本出版貿易／酒井順子（1995）『漢字の早おぼえカード』凡人社／ボイクマン総子・他（2008）『ストーリーで覚える漢字300』くろしお出版／ヴォロビヨワ，ガリーナ（2005）『漢字物語』キルギス共和国日本人材開発センター
    c. 唱え言葉中心→ 浜西正人（1983）『角川漢字学習字典』など、小学生向け漢字教材・漢字辞典など
(7) 使用場面中心 → 西野章代・他（1993）『生活の中の漢字250 Essential Kanji for Everyday Use』チャールズ・イー・タトル出版
(8) 生素材を使った自律的学習法 → 川口義一・他（1995）『日本語教師のための漢字指導アイデアブック』創拓社

(1)と(2)は両方とも字形を中心としたアプローチであるが、(1)がいわゆる歴史的な字源に基づいた、伝統的な国語教育における漢字指導を踏襲しているのに対して、(2)は外国人学習者を対象として、必ずしも本来の字源にこだわらず、漢字を図形的に構成要素に分解することにより字形構造の識別および記憶を助けようとするところに特色がある。(3)は漢字と読みの連合を中心としたオーソドックスな漢字教材であるが、(4)は同じ読みを中心としたアプローチでも、常用漢字の大部分を占める形声文字の音符によって漢字を整理した画期的な試みである。一方、語彙としての漢字の意味・用法を中心に学習を進める方法として(5)がある。漢字の品詞性や概念構造などにより漢字語彙ネットワークの拡張を目指すアプローチであると言えよう。

また、(6)は漢字を深く記憶に刻むために考案された記憶術によるアプローチである。a. は、漢字の意味をイラストなどでイメージ化する方法、b. は漢字と意味の連合を学習者による独自のストーリー作成や教師が作った覚え話によって促進させようとする方法である。c. は、『角川漢字学習字典』[5]のように、

---

[5] 浜西正人（1983）『角川漢字学習字典』角川書店.

漢字と意味、時には読みや字形までも七五調の唱え言葉に織り込んで覚えさせる方法で、小学生向けの漢字教材や学習字典などによく見られる。

最後に、(7)は日常場面のエピソード記憶として漢字を整理する試みであり、(8)は宣伝チラシや新聞などの生の素材を使って漢字を自律的に学習させようとするコミュニカティブ・アプローチ的な方法である。

3. 漢字の学習方法

加納(1996)[6]では、筑波大学留学生センターの漢字クラスで学習している学生132名：漢字圏学習者34名、韓国人学習者44名、アメリカ、オーストラリア、タイなどの非漢字圏学習者54名を対象に、漢字の学習方法に関するアンケート調査を行った。その結果、漢字圏学習者や韓国人学習者に比べ、非漢字圏学習者は、多種多様な学習方法を使っていることがわかった。具体的には「何回も手で書いて覚える」(56%)、「何回も読んで覚える」(54%)、「読んでいる文章に知らない漢字があったら辞書をひいて覚える」(52%)について半数以上の非漢字圏学習者が使っていると答えており、他に、「ノートに整理して覚える」(39%)、「熟語や例文といっしょに覚える」(35%)、「カードを作ったり部屋にリストを貼ったりして工夫している」(33%)も使われていた。「同じ部首の漢字や類似形の漢字をまとめて覚える」や「字源や記憶のためのストーリーを使って覚える」も数は多くなかったが、使っていた。

それに対して韓国人学習者は、ほとんどが「辞書をひいて覚える」(84%)の方法を選んでおり、それに続く「何回も書いて」(45%)、「何回も読んで」(43%)、「ノートに整理」(37%)、「熟語や例文といっしょに」(30%)などの方法を大きく引き離していた。漢字圏学習者は、総じて全体的にあまり特別な学習方法を使っていない、あるいは意識していないという結果になった。多いと言えるのは、「辞書をひいて」(68%)と「何回も読んで」(56%)で、他はほとんど使われていないという回答であった。

また、レベル別に使っている学習方法の種類の推移を見てみると、全体的に、下のレベルの時の方が学習者一人当たりの使用学習方法の種類が多く、レ

---

[6] 加納千恵子(1996)「非漢字圏学習者の漢字力と習得過程」『日本語教育論文集 —小出詞子先生退職記念—』凡人社、pp.257-268.

ベルが上に行くにしたがって種類が精選されていく。具体的には、「辞書をひく」という方法が上に行くにしたがって多用されるようになるのに対して、「同じ部首の漢字や類似形の漢字をまとめる」「ノートに整理」「字源や記憶のためのストーリー」「熟語や例文といっしょに」「カード、リストを工夫」などの時間がかかる方法は減少していく傾向にある。「辞書をひく」とともに最後まで残るのは、「何回も書く」と「何回も読む」であるが、次第に「書く」から「読む」へと数が移行することがわかった。

4. 今後のために

近年、国や地域、文化圏などによる学習者特性や学習スタイル、漢字学習ストラテジーの研究、ビリーフ研究、意識調査研究(Bourke 1999, 大北 1998, Shimizu & Green 2002, Mori et al 2007)[7]なども行われるようになってきた。加納(2010)[8]では、今までの日本語の漢字教育研究を概観し、その課題について論じている。今後は、非漢字圏学習者のみならず、漢字圏学習者や韓国人学習者に関しても漢字の習得研究が進み、より効果的な漢字教育の実現が望まれるが、どのような学習者にとっても効果のある万能薬のような学習方法があるとは考えにくい。外国人学習者に漢字を教える教師としては、できるだけ多くの学習方法やアプローチに関する知識や教授技術を備えておきたい。

---

[7] Bourke, B.(1999) Cognitive Theory and the Kanji Learning Process In *Japanese Language Education* Vol.2, Yamagata University, Japan. に紹介されている SILK(Strategy Inventory for Learning Kanji) は、非漢字圏学習者の漢字学習ストラテジーを調査するために開発されたアンケートである。ほかに、大北葉子(1998)「初級教科書の漢字学習ストラテジー使用及び漢字学習信念に与える影響」『世界の日本語教育』8,国際交流基金日本語国際センター／Shimizu, H. & K.E.Green(2002)Japanese Language Educators' Strategies for and Attitudes toward Teaching Kanji, *The Modern Language Journal*, 86,pp.227-241./Mori,Y.,Sato,K.,& Shimizu,H.(2007)Japanese Language Students' Perceptions on Kanji Learning and Their Relationship to Novel Kanji Word Learning Ability, *Language Learning* 57, pp.57-85,University of Michigan. などがある。

[8] 加納千恵子(2010)「日本語の漢字・漢字語彙教育研究の課題」砂川有里子・他(編)『日本語教育研究への招待』くろしお出版、pp.43-64.

コラム 3

漢字力の評価法
― 知識と運用力の評価 ―

加納　千恵子

1. なぜ評価が必要か

　教育活動には必ず評価がついてまわる。個々の学習者の学習成果や能力を判断するための評価だけではない。教師の指導がうまくいっているか、うまくいっていないとすれば、どのような原因が考えられるか、またどのような軌道修正が必要か、などを判断するためにも評価は必要であろう。

　入学試験のように受験者を選抜するための評価もあるが、教育の過程で実施される評価は、いつ実施されるかによって、事前評価(診断的評価)、形成的評価、総括的評価に分けられる。事前評価とは、これから漢字の学習を始めるという学習者が全くの初心者ではない場合に、どこの国から来たどのようなレベルの学習者なのかなど、今後の漢字学習に関わるさまざまな情報を、指導に先立って得ることを目的に行われるものである。事前評価の代表的なものは、クラス分けのための「プレースメントテスト」[1]である。また、学習者の既有知識や能力をさらに分析的に査定し、得意な点や困難な点を明らかにして、その後の効果的な学習指導に役立てようという目的で行われる「診断テスト」もある。また、アンケートやCan-do-statementsなどによって、漢字学習のニーズ、これまでどのような方法で漢字を学習してきたのか、漢字について何を知っているか、漢字を使って何ができるか、などを知るというような、テストによらない評価方法もある。

　授業やコースの途中で行われる形成的評価には、小テストや定期テストなどがある。学習者は、それによって自分自身の習得状況を知ることができ、教師は、学習者の習得状況から使用教材や指導方法が学習者に合っているか、授業

---

[1] 伊東祐郎(2008)『日本語教師のためのテスト作成マニュアル』アルク．

の進度が適切か、などを判断するための材料を得ることができる。

総括的評価は、コース終了時などに最終的な到達点を査定するために行われる期末テストや学年末テストのようなものである。これによって成績をつけたり、次のレベルに進級できるかどうかを判断したりする目的で行われる。

2. 漢字力の評価法の種類

評価の観点として、大きく2つが考えられる。一つは、知識の正確さを評価するという観点であり、もう一つは運用力を評価するという観点である。

従来の漢字の読み書きテストは前者の色彩が強く、漢字の字形を一点一画まで間違えずに書けるか、読みにおいても濁点や拗音、促音まで正確に覚えているか、などを評価するものであった。それに対して最近では、漢字を使ってどのようなことができるのか、その運用力のレベルを記述して評価しようとする流れが出てきている。これを「漢字力」の評価と考えたい。

多くの学習者にとって、漢字学習の目的は、漢字をいくつ正確に覚えられるかというようなチャレンジではなく、習った漢字を使って何ができるか、何が読めるようになるか、書けるようになるか、であろう。特に外国人学習者にとっては、読み方と書き方さえ覚えれば日本語の中で漢字を適切に運用できるようになるというわけではない。その意味で、「漢字力」の評価をどのようにするかというのが今後の漢字教育にとって大きな課題となろう。

ここでは、比較的新しい評価の試みとして、漢字の運用力を支える下位能力を分析的に評価しようとする「漢字力診断テスト」、漢字のスピード処理能力を評価しようとする「漢字SPOTテスト」、漢字力の形成的評価に利用できる「自由放出法」を紹介する。

2.1 漢字力診断テスト

漢字は、形・音・義の3つの知識からなるが、外国人学習者にとっては、語中、文中での「用法」も重要な知識である。加納ほか(1992)[2]は、初級を終えて中級に進もうとする学習者の漢字力を測るために、以下の11の評価項目か

---

[2] 加納千恵子・他 (1992)「漢字力の測定・評価に関する一試案」『筑波大学留学生センター日本語教育論集』7号、pp.177-191.

らなる「漢字力診断テスト」[3]を考案した。

　①反義字の理解、②語構成の理解、③字形(部首)の識別、④漢字の書き、
　⑤文中の漢字語彙選択、⑥品詞選択、⑦送り仮名選択、⑧文中漢字語の読み、
　⑨漢字語の読み、⑩同音の漢字選択、⑪字形・意味・品詞・読みによるグループ分け

　①と②は漢字の意味理解力をみる問題で、漢字圏学習者なら日本語を知らなくてもできる。非漢字圏学習者にとっては、読み書きはできなくても漢字の意味はわかるというような習得レベルが判別できる問題となっている。④⑤と⑧⑨は、従来の漢字の書き問題と読み問題に相当するが、新しい試みとして非漢字圏学習者のために③を加え、また中級になると増える同音異義語に対応させるため⑩を加えた。⑩は漢字圏学習者にも非漢字圏学習者にも、最も難しい問題となっている。⑥と⑦は、母語の漢字知識だけに頼って漢字学習をおろそかにしがちな漢字圏学習者にとって難しい問題であり、有益な警告を与える効果がある。⑪は漢字をさまざまな観点からとらえ直す視点を提供する問題としてクラス活動として行うこともできる。

　さらに、入門期の漢字学習を終えたばかりの初級学習者にも使えるテストとして、「漢字処理能力測定テスト」[4]があり、音声による漢字処理能力を測るテスト問題も中に含まれている。

2.2 漢字SPOTテスト

　上記の「漢字力診断テスト」や「漢字処理能力測定テスト」のような分析的テストは、学習者の漢字習得状況に関する細かい情報を提供してくれるという点で有効な診断的評価となるが、実施に時間がかかるのが難点である。また、日本語の運用力としては、漢字を見て即座に処理できなければ実用に耐えない場合もあろう。そこで、漢字のスピード処理能力を測るためのテストを考えた。SPOT(Simple Performance-Oriented Test)[5]の略称で知られる、日本語能力

---

[3] この「漢字力診断テスト」は、加納千恵子・他(1993)『INTERMEDIATE KANJI BOOK』vol.1、凡人社の pp.1-15 に掲載されている。

[4] 加納千恵子・酒井たか子(2003)「漢字力処理能力測定テストの開発」『筑波大学留学生センター日本語教育論集』18号、pp.59-80.

[5] 小林典子・他(1996)「日本語能力の新しい測定法＜SPOT＞」『世界の日本語教育』6号、国際交流基金日本語国際センター、pp.201-218.

簡易テストの形式を利用したので、「漢字 SPOT」と呼ばれる。自然な速度の音声を聞きながら、解答用紙の文中にある漢字語彙項目部分1カ所の空欄に、該当する漢字1字を選択するという形式のテストである。現在、初級用と中上級用の2種類があり、WEB でも受験可能となっている[6]。

2.3 自由放出法

テストには、「できる学生」と「できない学生」をはっきり判別してしまうものが多いが、漢字学習という、特に非漢字圏学習者にとっては出口の見えない長いトンネルのような学習においては、ときに励ましの材料を提供できるような評価方法も重要である。例えば、認知心理学などで実験に使われる「自由放出法」を漢字力の形成的評価に応用することができる[7]。自由放出法とは、決められた時間内に頭に思い浮かんだことを次々と自由に書かせるという形式の課題である。漢字を課題の素材として行う場合、読みなどは問わないため、だれでも1回目より2回目、2回目より3回目と、漢字の数が増えていくのが励みになる。読解授業などのはじめの5分程度を使って行うと、漢字や漢字語彙知識の活性化にも繋がる。また、他の学習者がどんな漢字を書いているかを互いに見せ合うことにより、授業外で見知った漢字の情報交換や学習方法についての話し合いの機会を提供することも多い。

3. 新しい評価法による波及効果

評価の方法は、その目的、対象者、さまざまな教育環境などによって決められるべきであり、「これが一番」というものはない。しかし、新しい評価法やテストの導入によって教育現場に大きな変化がもたらされることもある。教授方法や学習方法にプラスの効果を生むような評価法が期待されている。

---

[6] 加納千恵子（2009）「漢字語彙の音声処理能力を探る－漢字 SPOT の開発と課題－」『筑波大学留学生センター日本語教育論集』24号、pp.1-17.
[7] 加納千恵子・他（1989）「自由放出法による外国人の漢字知識の分析」『筑波大学留学生教育センター日本語教育論集』4号、pp.65-91.

コラム 4

漢字テストの作り方
－語彙のテストとして－

加納　千恵子

1. 語彙学習としての漢字学習

　表音文字であるひらがなやカタカナに対して、漢字は表語文字、あるいは表形態素文字と呼ばれる。ひらがなやカタカナの学習が、主に字形と読み（音）の連合学習であるのに対して、漢字の学習は、字形とその読み（音）の連合に加えて、漢字の表す語の意味の理解、さらに漢字の語中・文中での用法まで含めた語彙知識が必要となり、要するに語彙の学習なのである。したがって、漢字のテストは、従来のような読み書きのチェックだけでは不十分で、漢字の語彙としての運用力を支えるさまざまな下位スキルをチェックする方法を考える必要がある。

　Nation（2001）[1]は、「ある語を知っている」ことを(1)語の形式的知識、(2)語の意味に関わる知識、(3)語の用法的知識の3つに分け、各知識をさらにa、b、cの3つに下位分類した。(1)は、a. 話すときの発音、b. 書くときの綴り、c. 品詞に、(2)はa. 形態と意味、b. 概念と意味、c. 連想に、(3)は、a. 文法的機能、b. 意味的共起性、c. 使用上の制約に分けられている。そして、それぞれに受容と発表という2つの言語運用モードが考えられている。

　これを日本語における漢字習得に当てはめると、以下のようになろう。
　(1) 漢字の形式的知識：a. 読み、b. 字形、c. 用法（送り仮名、品詞など）
　(2) 漢字の意味に関わる知識：a. 形態と意味、b. 概念と意味、c. 連想
　(3) 漢字（漢字語）の用法的知識：a. 文法的機能、b. 意味的共起性、
　　　　　　　　　　　　　　　　c. 使用上の制約
いわゆる漢字の読み書きは、(1)のa. b. に相当し、意味理解は(2)のa. に相当

---

[1]　Nation, I. S. P.（2001）*Learning Vocabulary in Another Language*, Cambridge University Press.

すると考えられ、従来はその3つに漢字学習の中心が置かれていた。しかし、漢字語彙を日本語の中で適切に運用できるようにするためには、(1)のc.に相当する漢字の用法、(2)のb. c.に相当する概念的な位置関係(上位語・同位語・下位語)や意味連想による概念ネットワーク(反義語・類義語など)、さらに(3)のa.～c.に相当する漢字(漢字語)の文中での用法、使用上の制約などについても学習することが不可欠である。ここでは、それらの知識および運用力をみる評価項目を設定し、どのようにテストを作ることができるか、いくつかの具体的な試みを紹介したい。

2. 新しい漢字語彙テストの試み
2.1 漢字の用法に関するテスト

加納ほか(1993)[2]の「漢字力診断テスト」には、漢字の用法を問う問題として、以下のような送り仮名を見て漢字を選択させる問題がある。

問1. つぎの送り仮名に合う漢字を選びなさい。

　　　例1. [　　] きい　　　：a. 大　　b. 小　　c. 多　　d. 長
　　　　　　　きくない

　　　例2. [　　] む　　　　：a. 話　　b. 読　　c. 歌　　d. 書
　　　　　　　まない

また、問2.のような漢字2字からなる熟語の品詞性をみる問題もある。

問2. つぎの漢字のことばは、「な」をつけて形容詞として使えますか、「する」をつけて動詞として使えますか、両方使えますか、または両方使えませんか。例のように○をつけなさい。

　　　例1. 元気　な　(○)　　　例2. 研究　な　(　)
　　　　　　　　する(　)　　　　　　　　する(○)
　　　　　　　　-　(　)　　　　　　　　-　(　)

　　　例3. 心配　な　(○)　　　例4. 経済　な　(　)
　　　　　　　　する(○)　　　　　　　　する(　)
　　　　　　　　-　(　)　　　　　　　　-　(○)

---

[2] 加納千恵子・他(1993)『INTERMEDIATE KANJI BOOK』vol.1に掲載されている「漢字力診断テスト」。

漢字語の読みはできても、「元気」がナ形容詞、「研究」はスル動詞、「心配」は両方の品詞で使うことができ、「経済」は名詞のみであると見分けられない学習者もいる。問3は、単漢字の用法によるグループ分けを問う問題である。

問3. これらは、どんな漢字のグループでしょうか。このグループに入る漢字を考えましょう。

例1. ［高 遠 低 安］　例2. ［見 読 話 書］

例3. ［手 耳 頭 足］　例4. ［本 枚 台 円］

問3.の例1.はイ形容詞、例2.は動詞、例3.は名詞、例4.は助数詞に使われる漢字であり、既習漢字をこのように品詞性によって整理する試みは、学習者の漢字に関する用法知識やその運用力をテストするために有効であろう。

2.2 漢字の意味処理能力をみるテスト

漢字の意味に関わる知識やその運用力をみるために、単にイラストや英語などの媒介語を使って漢字の意味を問うだけでなく、初級の「漢字処理能力測定テスト」[3]には、下のような漢字の意味概念の処理能力をみる問題がある。

問4. つぎの漢字の意味と反対の意味の漢字を選びなさい。

例1. 大 ←→ a.少　b.小　c.中　d.半

例2. 明 ←→ a.黒　b.白　c.暗　d.闇

問4.のような問題では、媒介語や読みを介さずに、直接に字形の意味と反対概念との連合をみることができる。また、問3.と同様のグループ分けの形式を使って、問5.のような概念構造の処理能力をみる問題も出題できる。

問5. 下の漢字の中で同じ意味のグループに入らない漢字はどれでしょうか。

例1. ［東 南 西 京］　例2. ［冬 昼 春 夏］

例3. ［頭 耳 本 足］　例4. ［姉 友 弟 父］

例1は方向を表す漢字、例2は季節を表す漢字、例3は身体部分を表す漢字、例4は家族を表す漢字のグループなので、それぞれ「京」「昼」「本」「友」が仲間はずれということになる。中級レベルでは、熟語単位で同様のテスト問題を考えることもできる。このような形式の問題は、学習者同士で出題し合うこ

---

[3] 加納千恵子・他（2003）「漢字処理能力測定テストの開発」『筑波大学留学生センター日本語教育論集』18号、pp.59-80.

とも可能であり、教師が出題するよりさらに自由な意味の連想や意味ネットワークがみられるため、学習者の興味を引きやすく、漢字の学習をゲーム感覚のある楽しいものにできる可能性がある。

また、中級以上では、問6.のような語構成の問題も出題可能である。

問6. つぎのことばを，意味の単位に分けるとすると、どの分け方が適当でしょうか。

　　　例1.　図書館員　a.図／書館／員　b.図書／館／員　c.図／書／館員
　　　例2.　非人間的　a.非／人間／的　b.非人／間／的　c.非／人／間的

問6.の例1.では、「館」や「員」などの接尾辞的機能、例2では「非」のような接頭辞的機能を持つ漢字の知識が必要とされ、このような語構成の知識は漢字語彙を辞書で調べる際にも役立つものである。

2.3 文脈による漢字語選択テスト

漢字および漢字語の用法的知識やその運用力をみるためには、問7のような文法的機能による漢字運用力を問う問題が出題できる。

問7. つぎの文中の［　］に入る適当な漢字語を選びなさい。

　　　　例1.　ドアが［　　］います。
　　　　　　a.始めて　　b.開いて　　c.開けて　　d.閉めて
　　　　例2.　そこで　バスを［　　］ください。
　　　　　　a.乗って　　b.行って　　c.降りて　　d.入って

例1.では、助詞「が」をヒントに「開いて」を選択し、例2では助詞「を」をヒントに「降りて」を選択するとができるかどうかをみる問題である。

問8.の問題では、補語と動詞との間の意味的共起性に関する知識を問う。

問8. つぎの文中の［　］に入る適当な漢字語を選びなさい。

　　　　例1.　テレビを［　　］います。
　　　　　　a.聞いて　　b.話して　　c.見て　　d.飲んで
　　　　例2.　パーティーに　あたらしい　ふくを［　　］　いきます。
　　　　　　a.来て　　b.着て　　c.切って　　d.聞いて

さらに中級以上では、文体などによる語彙の使用上の制約や、慣用表現の知識などを問う問題なども出題できよう。

2.4 同音字のテスト

　日本語は同音異義語が多いことが知られており、同音の漢字も多い。そこで、次のような漢字の音読みを問うテストをしたところ、非漢字圏、漢字圏を問わず、また初級のみならず中級においても非常に難しい問題であることがわかった。

問9. つぎの漢字と同じ音読みの漢字を選びなさい。

　　　例1. 行　：　a. 号　　b. 高　　c. 午　　d. 今
　　　例2. 長　：　a. 上　　b. 住　　c. 中　　d. 町

　ただし、テストの難度を決めるのは、通常測ろうとしている能力の難度だけではなく、問題が要求しているタスクの数にもよるということに注意する必要がある。問9.のようなテストでは、問題の漢字の音読みがわかるだけでは不十分で、選択肢となっている漢字の音読みもわからなければ正答できないという2重のタスクになっているために難しいとも考えられる。そこで、問10.のように問題形式を変えて実施してみた結果、正答率は多少上がったものの、依然として難問であることは変わらなかった。

問10. つぎの漢字の音読みを選びなさい。

　　　例1. 行　：　a. ゴウ　　b. コウ　　c. ゴ　　　d. コン
　　　例2. 長　：　a. ジョウ　b. ジュウ　c. チュウ　d. チョウ

　「行」や「長」などの漢字を見て、「いく」、「たかい」と読むこと(訓読み)は初級でもそれほど難しくないが、「銀行」の「コウ」、「学長」「社長」の「チョウ」(音読み)を単漢字から想起できるかどうかは、かなり難度の高い運用力なのであろう。中級以降、音読みの漢語語彙が加速的に増えて行くことを考えると、単漢字の音読み能力も強化されるべきであり、それを意識させるためには、このようなテスト問題が有効なのではないかと思われる。

2.5 音声を使った漢字テスト

　ふつう漢字の使用というと、読み書きに限って行われると思われがちであるが、実は日本人は、音声の説明を聞きながら漢字を思い浮かべたり、話を聞いて漢字でメモをとったりということを実生活においてよく行っている。したがって、漢字の運用力には、そのような漢字の音声処理能力も含まれると考え、以下のようなテストを実施した。

問11.には、音声を聞きながら短時間で漢字を次々に思い浮かべながら、選択肢と一致させるという技能が要求される。

問11. テープ(音声)を聞いて、共通に使われる漢字を選びなさい。

　　　例1.「何人　五人　日本人」(テープ音声)：
　　　　　a. 年　　b. 入　　c. 人　　d. 何
　　　例2.「三時　時間　時計」(テープ音声)：
　　　　　a. 字　　b. 時　　c. 辞　　d. 図

同じ漢字でも読みが同じとは限らないことから、複数の読み処理を同時にしなければならないという意味で難しい問題となっている。

問12.は、音声を聞きながらその意味を理解し、さらに選択肢となっている漢字語彙の意味理解もするという複数の意味処理を要求される問題である。

問12. テープ(音声)の説明を聞いて、その意味の漢字語を選びなさい。

　　　例1.「のどがかわいたときにのみます。」(テープ音声)：
　　　　　a. 肉　　b. 魚　　c. 茶　　d. 馬
　　　例2.「きんようびのつぎのひです。」(テープ音声)：
　　　　　a. 木曜日　b. 金曜日　c. 土曜日　d. 日曜日

3. テスト作りによる波及効果

　以上のように、漢字や漢字語彙の知識と運用力を分析的に測るテストにはさまざまな形式が考えられる。このような漢字語彙テストを実施することにより、学習者は自分の弱点や困難点を自覚することができるばかりでなく、漢字の新しい学習方法を発見したり、面白さに気づいたりすることもできる。

　また、同じ教育現場にいる教師でも、漢字教育に関して意見交換をする機会というのは意外と少ないものである。教師は決められたテキストを使って漢字の形・音・義について説明するだけで、実際の学習は学習者に任されていることも多いのではないだろうか。このような新しいタイプの漢字語彙テストを作ってみることを職場での協働プロジェクトとすることによって、教師の間でも漢字学習に関する意識改革が進むことを期待したい。

コラム 5

中国語母語話者にとっての漢字語彙
― 意味・用法のずれ ―

小室リー郁子

1. 漢字語彙[1]に潜む落とし穴

　中国語[2]母語話者(以下、CNS)にとって、日本語で使用されている漢字が母語の場合と読み方が違い、字形の異なりにも注意が必要なことは、多くの学習者、そして教師が知るところである。

　一方、その意味や用法の相違点については、明らかに異なる場合以外は見過ごされがちで、その中でも学習者の誤用として認識されない非使用漢字語彙については、学習者・教師双方にとっての死角となっている場合が少なくない。また、一口に「意味・用法のずれ」と言ってもその内容は様々で、異なりの程度も一様ではない。

　例えば、日本語の≪覚える≫[3]は「痛みを覚える」ような使い方より「記憶する」の意味で用いられることが多いが、中国語の[覚]は「目覚める」「感じる」の意味で使用される語で、「記憶する」という意味はない。このように一方が他方より意味範疇の大きい場合、重ならない部分の用法についての知識は、字形の違いほど容易には認識・学習されにくい。特に、中国語には存在するが日本語にはその意味・用法がない場合は、学習者にも教師にも長く気付かれない可能性を秘めており、先行研究においても次のような指摘がなされている。

---

[1] 本稿で取り上げる「漢字語彙」または「漢字語」は、漢字で書くのが一般的な語をすべて対象としている。いわゆる 2 字以上の漢字熟語だけでなく、「山」、「食べる」、「食べ物」のような語も含む。

[2] 本稿で用いる「中国語」は、原則として人陸(mainland)で話されている「晋通話」を指し、中国語表記にも簡体字を用いる。

[3] 日本語と中国語の語彙または漢字を区別する必要がある場合、前者を≪　≫で、後者を[　]で括る。中国語の字体に対応する日本語の漢字がわかりにくい場合のみ、日本字体を小さく併記する。

> (前略)同形語に中国語独自義がある場合は、共有義が無い方が、日本語義が活性化しやすく、中国語義による干渉が小さいということである。(中略)しかし、中国語独自義が日本語には適用できないことを意識化することは難しいため、上位群になっても、中国語独自義の負の転移が多い。
> (小森・他 2008: 90)[4]

例を挙げると、中国語の[住]には日本語と同じ「(東京に)住む」のほかに「(宿や友人宅に)泊まる」の意味があり、「*東京で新宿のホテルに住んだ」という文はCNSにとってしごく自然な文になり得る。加えて、中国語の[泊]には「(船舶等の)停泊」の意味しかないため、「ホテル」と「泊」の組み合わせが彼らには奇異なものと映る。「*ホテルに住んだ」という文を見て、教師が単に「住む」と「泊まる」を混同したという認識しか持たなければ、日本語の≪住む≫と中国語の[住]がカバーする意味範疇の共通点と相違点を学習者が正確に把握する可能性は低くなり、彼らが同じ間違いを繰り返すことにもなりかねない。

同様の例は漢字2字で構成される語にも見られる。中国語の[出席]は非常に硬い語で、[会议](≪会議≫)のような語としか使われず、また使用できる文脈も限られている。日本語の≪出席する≫に相当する語は[参加]で、日本語では≪出席する≫と≪参加する≫によって使い分けられる状況が、中国語では総じて[参加]となり、「運動会」や「ボランティア(活動)」だけでなく、「卒業式」や「パーティー」にも[参加]が用いられる。

さらに、中国語で日常的に使われる語が日本語においてはそうでない場合にも注意が必要となる。例えば、日本語には日常語としての≪服≫があり、それに対して≪衣服≫や≪衣類≫はより硬い文章の中で使用されるが、中国語ではこれらがすべて[衣服]となる。見かけに騙されて[衣服]=≪衣服≫と思い込んでしまうと、≪衣服≫の過剰使用から生じる誤用、同時に≪服≫や≪衣類≫の非使用につながる。このような事例の背景を張(2009)[5]は次のように考察している。

---

[4] 小森和子・玉岡賀津雄・近藤安月子(2008)「中国語を第一言語とする日本語学習者の同形語の認知処理―同形類義語と同形異義語を対象に―」『日本語科学』23、pp.81-93.

[5] 張麟声(2009)「作文語彙に見られる母語の転移―中国語話者による漢語語彙の転移を中心に―」『日本語教育』140、pp.59-69.

> それで一歩進んでその背後の規則について考えると、中国語の語彙は基本的に一種類しかないのに、それに比べて、日本語の場合は、文体的に硬い漢語語彙と日常的によく使われる基本語彙の和語語彙、外来語語彙という二重構造をなしていることが多い。そして、学習者が、その事情をよく知らないので、とにかく自分の馴染んでいる方を使ったのだろうと思われる。
>
> （張 2009: 68）

　CNS に対する漢字そして漢字語彙教育は、学習者任せになっているだけでなく、彼らの持っている知識を生かした教材の開発もあまり進んではいない[6]。それは、CNS にとって日本語の漢字語彙の何が問題となり得るか、またどの語が習得されにくいのか、その把握が容易ではないこと、何よりも、CNS に対する漢字語彙教育の必要性自体が学習者・教師双方の意識に上っていないことが素因となっている。

　ここでは、初級レベルの漢字語彙を中心に、日中両言語における意味・用法のずれを分析・分類した結果を紹介し、CNS への漢字語彙教育を考える一歩としたい。

2. 漢字語彙の分析と分類
2.1 分類基準

　日本語の漢字語彙の中には、CNS による母語の知識の転移が正に働くものとそうでないものがある。転移が正に働く語は、母語の知識に頼ることができるため、学習に時間をかける必要がない。一方、転移が負に働く要素がある語については、そのずれの実態と背景にある理由を知ることが、効果的な語彙教育・語彙学習につながる。

　例えば、≪妹≫は中国語でも［妹］なので学習者には負担のかからない語だが、一方の≪姉≫は［姐］という別の漢字で表される上に、≪姉≫という字が中国語では使われないため、CNS にとっては記憶に残りにくい語となる。また、学習者の中には「質問があります」と言うところを「問題があります」と

---

[6] 「漢字系学習者」対象の語彙教材として『漢字系学習者のための漢字から学ぶ語彙1 日常生活編』『漢字系学習者のための漢字から学ぶ語彙2 学校生活編』（どちらも佐藤・他 2008）があるが、このような教材はまだ数が少ない。

言ってしまう者がいるが、その誤用の裏には単に≪質問≫と≪問題≫の意味の類似性だけではなく、母語の干渉があると考えることができる。中国語では「質問」も「問題」も［问题］となり、［质问］と言えば「詰問」を意味する。それが「問題があります」の誤用と「質問があります」の非使用につながっている可能性を秘めている。

このように、中国語において同形語[7]が存在するかどうか、存在する場合はその意味・用法において注意を払う点があるかどうかをもとに分類を行うと、以下の4つのグループに漢字語彙を分けることができる。

≪妹≫系：同形語があり、意味・用法がほぼ重なる
≪問題≫系：同形語はあるが、意味・用法にずれがある
≪質問≫系：同形語はあるが、意味・用法が著しく異なる
≪姉≫系：同形語なし

≪妹≫系の語は、中国語義と日本語義がほぼ同じであるため、CNSは学習の際にほとんど労力を要しない。≪問題≫系は、中国語義と重なっている部分があるが、見落としてしまいかねないずれが潜んでいる。先に挙げた≪覚える≫、≪住む≫、≪出席する≫等はここに分類される。≪質問≫系は見かけは同じだが、意味・用法が大きく異なる語で、よく知られている≪手紙≫（中国語義は「トイレットペーパー」）等がここに入る。最後の≪姉≫系には、中国語では使われない漢字語が分類される。

次節では分類結果を観察しながら、それぞれに分類される語について考察していく。

2.2 分類結果

分析を行ったのは、『日本語能力試験出題基準【改訂版】』(2002: 14-20)に記載されている4級語彙のうち漢字表記され得る591語で、≪明後日≫、≪沢

---

[7] 一般に「同形語」といった場合は漢字2字以上で構成される漢字語（いわゆる漢字熟語）のみを対象とするが、本稿では漢字を用いて表す語（≪人≫、≪食べる≫、≪食べ物≫、≪お茶≫等）も考察に含める。中国語ではかなは用いられないため、≪食べる≫、≪食べ物≫等に対しては、かなを除いた［食］、［食物］をそれぞれの同形語として扱う。字体の違いがもたらす影響は、必要に応じて特筆する。

山》、《無くす》等かなで書かれることが多いものも含まれている[8]。語によっては語義が複数に及ぶものがあるが、主に初級レベルで取り上げられる可能性の高い意味・用法に絞り考察を行った。

2.2.1 《妹》系：同形語があり、意味・用法がほぼ重なる

ここに分類されるのは、CNSによる母語の転移が正に働く語彙群で、次のような語がここに入る。

```
名詞：雨、歌、国、手、海、外国、学校、今年、全部、大学
動詞：洗う、死ぬ、来る、答える、忘れる、結婚する、散歩する
形容詞：新しい、忙しい、大きい、少ない、危ない、静か、有名
```

上記の漢字語は日本字体と簡体字の差がまったく、またはほとんどないものだが、以下に挙げた語は、日本字体が簡体字・繁体字[9]と大きく異なる[10]ため、同形語であると認識できるかどうかがまず問題となる恐れがある。

```
軽い(簡体字 [轻]、繁体字 [輕])     塩 (簡体字 [盐]、繁体字 [鹽])
窓 (簡体字 [窗]、繁体字 [窻][11])   円い(簡体字 [圆]、繁体字 [圓])
売る(簡体字 [卖]、繁体字 [賣])
図書館(簡体字 [图书馆]、繁体字 [圖書館])
```

2.2.2 《問題》系：同形語はあるが、意味・用法にずれがある

ここに分類される語は、CNSが母語の知識に頼りすぎると見落としてしまう要素「ずれ」がある語のグループである。代表的なずれは、次のように下位

---

[8] 語によっては漢字表記が一般的かどうかについて意見の分かれるものもあるが、漢字表記される可能性があるものは分析の対象とした。

[9] 「簡体字(simplified characters)」は大陸(mainland)で使用されており、台湾や香港で用いられている「繁体字(traditional characters)」とは異なるものが多い。

[10] 日本字体の中には、簡体字とは大きく異なっていても、繁体字と同じまたは酷似しているものがある。個人差はあるが、大陸のCNSの中には繁体字の知識を持つ者が多く、その知識が日本字体の認識を助けている。

[11] 「窓」の繁体字は複数認められるが、ここでは一例を記すにとどめる。

分類できる。

> ずれ(日)：日本語のほうが意味範疇が広い
> ・≪靴≫：中国語の［靴］はブーツや長靴を指し、靴一般は指さない
> ・≪渡る≫：中国語の［渡］は「（川を）渡る」に用い、「（道を）渡る」には使えない
> ずれ(中)：中国語のほうが意味範疇が広い
> ・≪熱い≫：中国語の［热］は「暑い」の意味も含む
> ・≪借りる≫：中国語の［借］は「貸す」の意味も含む
> ずれ(別)：現代語または日常語としては、別の語のほうが一般的である
> ・≪道≫：［路］が一般的である
> ・≪牛乳≫：［牛奶］が一般的である
> ・≪寒い≫：［冷］が一般的である

この≪問題≫系の漢字語は、ずれの種類も程度も多岐にわたり、相違点がわかりにくいものも少なくない。第1節でも述べたように、そこに問題が潜んでいることに学習者も教師も気付かずに過ごしてしまっていることがある。ある中級のCNS学習者は≪楽な仕事≫は「楽で楽しい、楽だから楽しい仕事」だと思い込んでいた。［乐］（≪楽≫）の中国語義に「楽(らく)」という意味のないことが、このような誤った理解と記憶につながったと考えられる。

2.2.3 ≪質問≫系：同形語はあるが、意味・用法が著しく異なる

ここには、同形異義語と呼ばれる語で、同じ漢字語が中国語義と日本語義で著しく異なるものが分類される。語によって語義の隔たりには差があり、双方の語義に関連性があるような場合、中級レベルになっても誤用（「*新聞を聞いた」等）が見られる。しかし、このような同形異義語は学習直後は誤用が目についても、日本語の習得が進むにつれ正用が観察されるという報告がある。

> （前略）CNSの漢語習得を正誤判断テストを使って調査した。その結果、これまで難しいとされてきた(D)[12]は初中級では負の転移が多く見られたが、上級では殆ど負の転移は見られなかった。（加藤2005: 103-104)[13]

---

[12] (D)は「日中両国語における意味が著しく異なるもの」、「同形異義語」を指している。
[13] 加藤稔人(2005)「中国語話者による日本語の漢語習得―多言語話者との習得過程の違い―」

また、前掲の小森・他(2008: 90)にもこのような考察がある。

> 一方、D語[14]は意味が全く異なるため、学習開始当初は非常に混乱する単語であるが、接触する機会が増えれば、常に中国語義と日本語義が異なっていることを意識することとなるため、接触頻度に比例して、習得が進むと考えられる。(小森・他 2008: 90)

この≪質問≫系に分類される語には、次のようなものがある。

日本語［簡体字］	中国語義
走る［走］	歩く、行く
頼む［赖］	頼る
安い［安］	安心、安全、安定
太い［太］	とても
階段［阶段］	段階
新聞［新闻］	ニュース
野菜［野菜］	野草、山菜
丈夫［丈夫］	夫、立派な成人男子

2.2.4 ≪姉≫系：同形語なし

ここに分類される漢字語は中国語には存在しないもの、具体的に言えば、中国語では使われない単漢字の漢字語、または日本語でしか使われない2字以上の漢字熟語となる。

単漢字の漢字語は、≪姉≫以外に≪咲く≫や≪働く≫がある。≪咲く≫は日本の国字ではないが、現代中国語では使用されないため、CNSによってはこの字が認識できない場合がある。したがって、このような語の意味を類推しようとすると、部首やほかの構成要素から連想される意味に頼るしかない[15]。それに対して2字以上の漢字語は、その並びでの字の組み合わせこそ中国語には存在しないものの意味の類推が比較的容易なものと、そうでないものに分けられる。前掲の加藤(2005)にも自己の調査・分析結果として

『日本語教育』125、pp.96-105

[14] 「D語」は「日中同形語」で「意味が完全に異なる異義語」を指している。

[15] 例えば≪姉≫であれば、女性に関連した語であるというところまでは類推が利く。また、形の類似性から［动］(≪動≫)の意味で≪働く≫を解釈しているような場合もある。

> (N)[16]にも正の転移が起こりやすい語と、転移自体が起こりにくい語があることがわかった。
> (加藤 2005: 96)

と述べられており、ここでの「転移自体が起こりにくい語」というのは、すなわち母語の知識を用いても語義の類推ができない語群、と言い換えることができる。以下に例を挙げる。

意味の類推が容易または可能
- ≪地下鉄≫：中国語では［地铁］と言う。また［地下］という語もある。
- ≪誕生日≫：中国語では［生日］と言う。また［誕生］という語もある。
- ≪飲み物≫：中国語では［饮料］や［饮品］と言う。
- ≪映画≫　：中国語では［电影］と言う。［映］には「（映像を）映す」、［画］には「絵」の意味がある。

意味の類推が困難
- ≪切手≫：「切る」+「手」？　中国語では［邮票］。
- ≪部屋≫：「部分」+「家」？　中国語では［房间］。
- ≪財布≫：「金銭」+「布」？　中国語では［钱包］。
- ≪荷物≫：「ハス（蓮）」+「物」？　中国語では［行李］や［携帯物品］。

≪姉≫系の漢字語の中で意味の類推が容易なものについては、正の転移を生かした学習が効果的であると考えられる。ただし、中国語の［电影］に対する≪映画≫のように、語を構成する字の組み合わせが異なっているもの、また次の表[17]のように字の組み合わせは同じだが、一方の言語ではその組み合わせが二通りあり、他方の言語では一通りしかないものは、学習の際にその語義のずれを含めた相違点に留意する必要がある。

---

[16] (N)は「日本語にしか存在しない漢語」を指す。

[17] ここに挙げた語のうち、≪階段≫と≪牛肉≫以外は4級以上の語彙(前掲書)に分類される。

	日本語	中国語
日本語で二通り 中国語で一通り	習慣、慣習	[习惯]
	階段、段階	[阶段]
日本語で一通り 中国語で二通り	安心	[安心]、[心安]
	屋外	[屋外]、[外屋]
日中両言語で二通り	牛肉、肉牛	[牛肉]、[肉牛]
	現実、実現	[现实]、[实现]

 他方、意味の類推が困難な語については、≪質問≫系と同様、学習の初期段階では混乱を来たすが、母語の知識がほとんど役に立たないおかげで始めから意識して日本語の語彙として学習するため、ひとたび覚えてしまうと正確に記憶に残ると考えられている。

3. 教材やテストへの応用

 日本語の文中で用いられている語が≪妹≫系の語で占められていたなら、当然文法の難しさは影響したとしても、CNSにとって文の大意を掴むのは決して難しくはない。それがテストであったなら、母語の知識で容易に解釈できる文の大意が取れたとして、結果は何を評価したことになるのだろう。我々教師が、その結果を見て、彼らに語彙の力があると判断してしまえば、例え≪質問≫系等の語彙の理解や認識に問題があったとしても、それは気付かれないままとなってしまう。漢字語彙の習得について言えば、繰り返し強化されなければ身に付かないことは、CNSと非漢字圏の学習者とでは必ずしも一致しない。非漢字圏の学習者の弱いところに焦点が当てられた教材やテストでは、CNSであるがために問題となる点に光は当たらない。その蓄積が、上級になっても漢文のような日本語しか書けない学習者を作ってしまう一因になっているように思う。

 非漢字圏の学習者の弱点を念頭に置きながら彼らに対する漢字教材やテストを作成するのと同じように、CNSに対しても彼らの弱いところを考慮して教材の開発を行う必要がある。授業で提示する文にどの漢字語彙を使うか、またテストで漢字語の何(読みか、書きか、それとも運用能力か)を問うか、それらを熟思して取り上げる漢字語彙を選んでいく。例えば、≪妹≫系と≪姉≫系の語を同じ頻度で用いるのではなく、CNSの誤用や非使用につながる≪姉≫系

の語の使用を増やし、≪問題≫系や≪質問≫系の語は、読み書きだけでなく語義や運用面にまで踏み込んだ扱いをすることが重要となるだろう。習得されにくい語は、目にしたり書いたりする機会をできるだけ増やしてやることがその語の学習を助けることになり、そして、それは漢字語彙に対して教師の側がほんの少し意識を変えるだけで実現する。

4. まとめにかえて

　日本語を学習し始めた初期のころは、漢字語彙の理解や運用において非漢字圏の学習者に大きく水をあけていたCNSが、中上級にもなると追いつかれ追い越されていくのを目の当たりにすることがある。漢字語彙の学習においては、ひとたび見かけの共通性に頼る癖がついてしまうと、そこに潜んでいる違いに気付く機会を失ってしまい、誤った思い込みが化石化してしまう。

　CNSに対しては、漢字表記が一般的な漢字語彙は、導入時に漢字で提示されることが望ましい。初級の漢字ではないからとあえてかなで通すことは、持っている母語の知識を利用する機会をCNSから奪うことになりかねない。学習の早い段階から日本語の中での自然な漢字語の使用に触れさせることで、意味・用法のずれに敏感な感覚が養われていく。

　最後に、本稿では取り上げなかった上級の漢字語彙について付記しておく。松下（2002: 383）[18]の指摘にもあるように、日本語の語彙は、上級になるにしたがって漢字2字以上で構成される漢字語、それも同形語の数が増加する。≪問題≫系の語が占める割合も増え、前掲の≪衣服≫のような語義に関わるもの以外に、語の品詞やコロケーションにおいてのずれが問題となることが多く、初級語彙とは違った点に、より注意を払う必要性が出てくる。

　ここで紹介した分類結果は、CNSのインフォーマントを使った調査と辞書の記述をもとに行ったが、普段の授業の中においても、CNSによる誤用や非使用など、言語使用の実態の観察をとおして教師が学べることは多い。非漢字圏の学習者への漢字教育に並んで、CNSに対する漢字語彙教育についての議論が、今後熱く交わされるようになることを期待したい。

---

[18] 松下達彦（2002）「初級日本語文法学習に使える中上級語彙の検討―中国語系日本語学習者のための語彙学習先行モジュール開発に向けて―」『日本文化論叢』pp.382-393、大連理工大学出版社

学習者の声 1

中国語母語話者の気持ち

劉 贇

　漢字圏の人ならたった1つの塊に豊富な意味を含む漢字を日々使いこなしていることでしょう。漢字圏に属している中国人は日本語を覚えるとき、その見慣れた漢字のおかげで苦労せずに「書き方」を覚えられますし、文章理解にも時間がかかりません。漢字は、見ればなんとなく意味がわかりますし、読み方がわからなくてもいいと思いがちです。しかし、どんなときも、どんな漢字を見ても、意味さえわかればいいと思わないで、口に出して読んでみたり、人の話に耳を傾けたりしてみることが大切です。それは、もしコミュニケーションの中で自分が発したことばが間違っていても、それを聞いた相手から指摘されることがあるかもしれませんし、相手の返答の中から間違いに気づくこともあるかもしれないからです。また、一度も耳にしたことのないことばは、実際のコミュニケーションの中で出てきても、ピンと来なくて、理解ができませんが、一度耳からそのことばを聞いた経験があれば、頭の中で音とことばが結びつき、その次に耳にしたときにすぐ理解できるようになります。

　中国人学習者は、日本語の漢字を勉強しているわけですから、もっと日本語で考えるように努力したほうがいいと思います。例えば実際のコミュニケーションの中で「心境はどう書きますか」と聞かれたときに、中国人学習者であっても、中国語で発音して説明するのではなく、「こころの漢字と、環境の境という漢字」と説明するようにしたほうがいいということです。もちろん、初級なら中国語の発音で説明してもしかたがありませんが、中級以降はできるだけ日本語で説明すべきです。そうすれば、学習者自身の語彙の練習にもなります。学習者が「心境」という漢字を説明するときに、頭の中に保存されている「境」を含んだ語彙を思い出すことになりますし、語彙のネットワーク形成にも役立つと思います。

　日本語教師のみなさん、中国人の学習者は漢字が書けるから時間をかけて教えなくてもいいと思わず、漢字語彙の指導にもっと力を注いでください。中国

語の語彙との比較だけでなく、実際に漢字語彙を日本語の中でどのように使うのか、つまり「語彙を使う」という視点や、「語彙を聞き取る」という視点をもった語彙学習が必要です。おそらく中国人の学習者は「見ればわかるが、聞いたらわからない」という状況をたくさん経験していると思います。わたしも漢字語彙を耳にしたとき、頭の中ですばやく検索することができず、理解に時間がかかってしまうことがあります。わたしの経験からも、中国人学習者は漢字表記という視覚情報への強い依存を減らす必要がありますし、耳から得た情報をきちんと理解できるような力を育てていくためにも、日本語の漢字として改めて漢字を習う気持ちが必要だと思います。

　わたしは中国語を母語とする後輩たちに「同じ漢字だと感じているかもしれませんが、日本語の漢字学習では、日本語の漢字やことばを勉強します。外国語だという気持ちを持って学習に取り組んでください。」「漢字を読んで理解するだけで終わらせず、コミュニケーションの中でも使えるように聞いて理解できるように練習を重ねてください。」と伝えたいです。日本語教師のみなさん、ぜひ後輩たちに伝えてください。よろしくお願いします。

学習者の声 2

韓国語母語話者の気持ち

朴　善姻

　韓国人は「日本語の世界にすんなり入っていけるのに、いつの間にか迷って出口を見失う」と言うことがあります。これは英語学習を始める際の難しさと比べてできた表現です。実際に日本語の勉強を始めたころ、ひらがなやカタカナを覚えて、単語さえ学べば、母語で話すように単語を並べるだけで、十分通じると思っていました。しかし少しずつレベルが上がるにつれて韓国語とは異なる表現に遭遇し、「これも覚えなきゃいけないの？」と何度も思いました。最初に韓国語と日本語が似ていると頭に叩き込んでしまったので、異なる部分に対処できないまま学習が続いていきました。

　わたしの場合、初級のころからずっと、韓国語で考えてから日本語で話したり作文したりしたため、韓国語がかなり影響していたと思います。さらに、(旧)日本語能力試験１級に受かるまで、一回も日本に行ったことがなかったので、日本で何かをするために日本語を使うという感覚がありませんでした。もちろん、韓国で日本語のアニメ、漫画、小説、新聞など生の日本語に触れようとすれば十分触れることができますが、それも、興味がない人にとっては身近なものではありません。このような状態で、わたしは韓国語を頭に置いたまま日本語を勉強しつづけてしまいました。

　しかし、このような方法は当然だと思っていました。なぜなら、５年以上の日本語学習歴がありましたし、自分なりの自信がありました。それが、日本に来たときに、コンビニの店員から聞いた簡単なことばすら聞こえてこなくて、衝撃を受けました。

　現在、韓国では漢字表記を日常生活で使っていませんが、韓国語の中に漢語が残っているので、漢字が分かっていれば、ことばの意味の理解が早いだろうと思います。特に、韓国語には同音異義語がたくさんあるので、漢字の知識があれば、日本語の文章の中にあることばの意味も分かります。これは、韓国人にとって日本語の学習における長所だと思います。わたしの場合は、中学生の

とき漢文の科目で漢字を勉強しはじめましたので、日本語の学習においても、漢字の知識がある韓国人というとても有利な立場がとれました。その反面、漢字の知識がない韓国人にとっては、漢字や漢字を使ったことばの学習は壁のように感じられるそうです。漢字が分からない友人から、韓国人だから日本語学習は有利だろうと見られるのが負担だと聞いたことがあります。韓国人だから漢字は知っている、または、韓国人だから漢語は分かっていると勘違いされて、話が通じないときに筆談されそうになった、という悩みも聞いたことがあります。このように同じ韓国人であっても、漢字をめぐる立場には2つのケースがあるようです。

　韓国人学習者は、漢字表記が分からないとしても、音から漢字語彙を推測して理解したり、発話したりしています。さらに、日本語でどのように表現したらいいのか分からなくても、韓国語の漢語を使って音読みのように発話することがあります。韓国人学習者の頭の中には、韓国語の漢語が入っているので、日本語と韓国語の漢語の類似点と相違点をうまく利用して指導に使えば、韓国人学習者に効果的だと思います。また現在日本語を勉強している後輩たちには、友だちや先輩と情報交換しながら、相違点に気づいてほしいと思います。

　韓国語母語話者にとって日本語学習は有利な面もありますが、漢字学習はその学習者がどれくらいまたは、どのように努力するのかによると思います。「韓国人」とひと括りにせず、一人一人前提となる知識や困難に感じるところが異なるわけですから、先生たちにはしっかりと見て、判断していただきたいと思います。

学習者の声 3

タイ語母語話者の気持ち

Chorladda Wimonwittaya

　タイ人の日本語学習者は非漢字圏で生まれ育った学習者です。タイ人は一般的に生まれてからすぐ母語のタイ語を身につけ、子どものころから英語を外国語として学びます。またタイには少なからず中国系タイ人もいますが、中国語がわかるわけではありません。タイ語表記は表音文字で、表意文字の漢字とは異なります。つまり、タイ人は漢字に触れる機会の少ない環境に生まれたというだけでなく、文字体系も異なりますし、日本語や中国語を選択するまで表意文字に出会うこともありません。まったく異なる文字体系なのですから、初めて漢字を勉強する学習者の多くは学習方法に戸惑うことが多く、漢字をひたすら暗記することから始めていると思います。

　わたしがタイで日本語を勉強していたころ、多くの学校には漢字クラスがなく、文法の授業の数分を使って漢字が教えられていました。基本的に漢字は自分自身で勉強するように言われることが多かったですし、学習者は学習方法もわからないまま、ひたすら暗記し続け、次第に漢字に悪い印象を持つようになる人もいたようです。このような経験から、わたしは入門期の非漢字系学習者にとって教師の存在は非常に大切だと思います。学習者は日本語学習のスタートに立ったばかりで、楽しみと不安でいっぱいです。そういうときに先生から「漢字の文字体系」「さまざまな漢字の学習方法」「漢字の字源」「漢字字典の調べ方」「漢字学習用教材」などを紹介していただければ、学習者は不安を和らげることができますし、自分に合う学習方法を選ぶことができます。またそれだけでなく、漢字学習そのものがよりよい印象に変わったり、漢字が定着しやすくなったりすると思います。

　幸いわたしは、先生のお陰で漢字に対する悪い印象を持たずに済みました。わたしはむしろ漢字が好きでした。漢字を人間や人形のように捉え、さまざまな服（形）を着、さまざまな飾り（形）を付け、さまざまな名前（読み方）があるように感じていました。またそれらがそろうことで意味を伴うのだと思いました。例えば絵を描くとき、必要なものをすべて描かなければそれが何か伝えること

ができません。それと同じで漢字もすべての部分を書かないとそれが何か伝えることができません。テキストの中の漢字はきれいな柄・模様・絵のようにも見えました。わたし自身は漢字を単語ごとに覚え、その後は先生にサポートしていただきながら、歌や絵本などの平仮名を辞書で調べて漢字で書いたり、漢字の教科書を見て漢字の要素（部首・音符・意符）の勉強をしたり、歌や小説・雑誌などから漢字を覚えたりしてきました。

　最近、タイではさまざまな漢字指導方法を試みている先生が少しずつ増えてきているようです。例えば、漢字の要素・使用場面・字源なども含めて漢字を指導すると、タイ人学習者はそれらを楽しみ、漢字がより定着しやすいことが言われています。

　わたしは日本語を学んでいる後輩たちにまず、効率よく漢字を覚えるために習った漢字を使ってほしいと思っています。習った漢字は使えば使うほど定着します。次に「日本語学習から漢字学習を除くことができない」ということも伝えたいです。漢字学習は大変だと避けるのではなく、大切なのは漢字に対する前向きな姿勢、つまり向上心です。「好きこそ物の上手なれ」というように、苦労をあまり感じずに楽しく勉強するには前向きな気持ちが大切だと思います。非漢字系学習者が上級レベル、あるいは翻訳の仕事ができるレベルまで漢字を学習するには、復習や努力などの継続も大切です。漢字学習の方法は人によって違うはずですから、自分に一番合うものを見つける必要があります。それから、洗顔や食事のように漢字の読み・書きを習慣化していくことも大事なことです。習慣化できれば漢字を面倒くさく感じなくなると思います。最後に、学習者自身が漢字になじみのある環境を作る必要があります。授業でだけ漢字を学ぶのではなく、インターネットや歌・雑誌などさまざまなジャンルの漢字や専門用語に触れながら、漢字の勉強をしたほうがいいと思います。

　日本語教師のみなさんには、漢字になじみのない環境で育つということが想像できないかもしれません。しかし、わたしたち非漢字系日本語学習者にとって教師の存在はとても大きなものです。ぜひ先生方には学習者の不安を取り除いたり、さまざまな面白くて効率のいい学習方法を提案したりしていただきたいです。

学習者の声 4

モンゴル語母語話者の気持ち
Ulambayar Tsetsegdulam

　わたしはモンゴル出身で、文字というと大学入学までキリル文字・モンゴル文字・アルファベット文字しか勉強したことがありませんでした。つまり大学に入って初めて日本語のひらがな・カタカナ・漢字に出会いました。ひらがなとカタカナを学びながら、漢字の読み書きや意味を並行して学びました。表音文字のキリル文字と違って、漢字は形・意味・読みの複数の情報を持っています。わたしのような非漢字圏学習者にとって、その習得はとても難しく、ハードルの高いものでした。

　漢字の学習は語彙の学習につながっていますから、日本語学習において、漢字の習得は非常に重要です。モンゴルをはじめ、日常的に日本語に触れることが少ない海外の学習環境において、日本語教師が漢字をどのように指導し、どのように支援すればいいかということは非常に大きな課題だと思います。

　モンゴルにおける漢字指導というと、漢字を書き順通りに何度も繰り返し書いて覚えさせる方法が一般的です。わたしは、漢字を繰り返し書いて覚える方法も使いましたが、非常に多くの時間を費やす割に、思ったほど覚えられませんでした。むしろ、大学生のときに日本人と文通していたことのほうが、日本語学習にも漢字学習にも役に立ったと思います。

　モンゴルでは、初級レベルでのみ漢字の指導が行われ、中級以降は学習者自身の努力に任されているのが現状です。わたしも２年生になって突然漢字の授業がなくなり、漢字をいつどのように勉強すればいいのか戸惑ってしまいました。

　限られた時間で効率よく漢字を学ぶことを可能にするためにも、また、学習者が継続的に自ら漢字学習を進めていく力を育てるためにも、学習者に漢字の効果的な学習方法を伝えることが必要だと思います。またモンゴルに限ったことではないかもしれませんが、海外の学習環境というのは、学習者が教室内でしか日本語を学習できない環境であるため、教師の存在が非常に大切になってくると思います。

4 モンゴル語母語話者の気持ち

　漢字の読み書きを知らなくても、日常会話がそれなりにできることもありますが、やはり、漢字を知らなければ、自分の意見を的確に伝えられなかったり、相手の話を十分に理解できなかったりするなど、日本語による意思疎通に限界が生じます。ですから、日本語教師のみなさんには、学習者にそのことを伝え、漢字や漢字語彙の意味や読み方とともに、その使い方も指導していただきたいと思います。例えば、漢字を繰り返し書くだけでなく、学んだ漢字のことばを話すときや文章を書くときに積極的に使うようにすると、頻繁に漢字に触れることができますし、それが漢字の記憶にも繋がると思います。
　外国語学習は「一生の学習」というように、漢字学習にも長い年月が必要です。わたしは初・中級レベルの漢字学習に教師による適切な指導や工夫が欠かせないと思いますが、中・上級レベルの漢字学習には学習者自身のたゆまぬ努力が欠かせないだろうと思います。
　日本語教師のみなさんには、機械的なドリルや小テストだけでなく、さまざまな角度からのサポートをお願いしたいです。そのためにはまず学習者に日本語における漢字の役割や漢字の面白さを紹介し、漢字学習に深い関心を持たせることが重要だと思います。特に初級の日本語学習者の場合、漢字の字源に関する情報や漢字の構成要素の特徴といった漢字を覚えるためのヒントを与えつつ、学習者が自らの漢字学習をどのように続けていくべきか導いてほしいです。中級レベルになると、未習漢字が増えていきますので、できるだけ既習漢字と関連付けたり、比較したり、文脈と一緒に漢字を覚えさせたりしてほしいです。それから学習者が楽しめるような教室活動を提供してください。例えば、漢字の授業で、学習者同士で漢字を学び合う機会を作ったり、学習者が興味を持った漢字について発表させたりするなど学習者中心の活動があれば、漢字学習が楽しくなると思います。特にモンゴルでは、生の日本語に触れる機会がほとんどありませんから、教師がチラシやパンフレット、インターネットに掲載されているレストランのメニューなどを用意すると、学習者の興味や関心をひきつけることができるのではないかと思います。

学習者の声 5

ポーランド語母語話者の気持ち
Anna Nowicka

　自分の漢字学習を振り返り、日本語教師のみなさんに3つのメッセージを伝えたいと思います。

　まずわたしが伝えたいメッセージは、教師の態度が学生に伝わるということです。わたしが大学生だったころ、先生の漢字に対する意識の持ち方が学習者の学習意欲に影響を及ぼすという経験をしたことがあります。わたしが通っていた大学のある先生は漢字の歴史や文化的背景、また漢字の役割について話し、学生が興味をもつように工夫をしていました。その先生自身がその内容に関心をもって、楽しんでいたから、学生たちにその気持ちが伝わってきました。先生が漢字に興味を持って、漢字に関する知識をたくさんもっていれば、そのクラスの学生の興味やニーズに応じた情報提供もできると思います。一方、ある先生は漢字に興味がなく、授業中つまらなそうにしていました。それはそのまま学習者に伝わりました。学習者が漢字学習に対して否定的な気持ちを持ってしまうと、勉強がつらくなり、なんでも難しく感じてしまいます。わたしもこういう経験を実際にしました。できることなら後輩たちにそういう思いをさせたくないと思っています。

　次に伝えたいことは学生に学習方法に関する情報提供をしてほしいということです。わたしは日本語が好きで学習しはじめたのに、丸暗記させられることが本当につまらなく、納得のできない方法だと思っていました。丸暗記に限界を感じると次第に覚えにくくなっていきました。実は、学生たちが漢字に興味を持つようにと記憶術を使って指導してくれた先生もいました。おそらくそれは学生の負担を減らすための工夫だったと思うのですが、この方法はわたしには合いませんでした。しかし、先生が記憶術を紹介してくださったことで、丸暗記以外にも学習方法があるということに気づくことができました。そこでわたしは1つ1つの漢字の形と意味を覚えるために、漢字を部分に分けて、覚えやすいように韻を踏んだ文を自分で考えることにしました。その結果、繰り返し書かなくてもだいたい覚えられるようになりました。しかし何度も書いて覚えるタイプの友だち

にはその方法が全然通用しませんでした。その経験から、1つの学習方法が必ずしも皆に合うわけではないということがわかりました。学習者自身も、学習方法が1つではないということや、自分に合うものがあるということを知るのも大事だと思います。漢字に初めて出会う学習者の場合には、先生に言われたとおり学習を続けたり、先輩の学習方法を真似たりする人が多いため、最適なものが見つけられないままの人もいます。漢字を教える先生方には、基本的な漢字に関する情報を提供するだけではなく、さまざまな学習法を紹介し、学習者が自分に適した学習方法を見つけられるようにサポートしてほしいです。そうすれば学習者は自分1人ででも学習できるようになると思います。

　最後に伝えたいことは、熟語は使い方とともに教えてほしいということです。漢字はことばの一部ですから、語彙の学習として使い方まで教えることが大事だと思います。大学生のころ、わたしにとって「漢字の勉強」は丸暗記が中心となっていました。常用漢字のすべての音読み・訓読み、意味、多くの熟語を覚えなければなりませんでした。意味のまだよく分からない例文がたくさん書いてある教材を使い、ローマ字表記されたその例文を、機械的に漢字に直していくという学習方法しか知りませんでした。このような方法には納得できずにいましたが、我慢するしかないと思っていました。しかし日本に留学したとき、母国の漢字指導とはまったく異なる指導方法や教材に出会いました。それはわたしにとって衝撃的な出会いでした。漢字をただ覚えさせるのではなく、ことばを文脈の中で解釈したり、適切なことばを選んだり、ことばの使い方を学んだり、漢字知識の整理の仕方を知ったりと、これまでに経験したことのない方法が含まれていました。「勉強している」という意識を持たずに、いつの間にか身についていました。それまで漢字学習に多くの時間や労力を費やしたことに対して、損した気分になりました。

　以上がわたしの経験からいえる3つのメッセージです。ぜひ日本語教師の皆さんには、学習者が自主的に漢字学習を進められるように、さまざまな漢字学習の方法や語彙の使い方を教えていっていただきたいです。また、学習者の皆さんには、漢字をもっと楽しく、もっと自然に身につけられるように、自分に合った学習方法に出会ってほしいと思います。

学習者の声 6

ロシア語母語話者の気持ち
Galina Vorobeva

　1995年、キルギスにキルギス日本センターが開かれ、社会人でも日本語を勉強する場ができました。わたしはそのとき46歳でしたが、日本文化・経済に興味を持ち、趣味として日本語を勉強しはじめました。わたしは日本語学習者として漢字学習の険しい坂道を乗り越えてきました。そののち、日本語教師になり、1人のノンネイティブ日本語教師として、坂道を登っている後輩たち（学習者）を支えたいと思い、漢字の形をストーリーで覚える漢字教材を作成しました。日本語学習の中で漢字はとても重要な部分を担っていますから、そこにもっと注目していくべきだと思います。

　わたしが初めてひらがなとカタカナを見たとき、今まで見たことのない不思議な形だと思いました。しかし、漢字の勉強をしはじめたとき、わたしはショックを受け、日本語学習は他の外国語よりもずっと努力をしなければならないと気付きました。例えば、漢字は量が多いですし、キリル文字やアルファベットとは違って、見ただけではどういう構造になっているか分からない文字だと思ったのです。また、漢字の形・読み方・意味・筆順・ことばをすべて覚えるのは大変でした。それだけではなくて、既習の単漢字でも、漢字のことばになると読み方がわからないので、困りました。さらに一生懸命頑張っていても復習しなければ定着せず、漢字の書き方や読み方を忘れてしまいました。そこで、わたしは漢字の勉強には合理的で楽な方法が必要だと思うようになりました。

　今まさに日本語学習をしている後輩たちに伝えてほしいことがあります。非漢字系の学習者にとって漢字学習は難しいことだと思いますが、諦めずに頭も心も使って学習を続けてほしいです。漢字はとてもおもしろいものですし、長い歴史のあるものです。漢字が好きになればそれだけ忘れにくくなりますし、漢字学習がもっとおもしろくなります。

　わたしが後輩に勧めたい学習方法があります。まず、筆画の練習をすれば、漢字全体がきれいに書けるようになること、筆順は必ず覚えてそのとおりに書

くことです。それから、部首とその意味をできるだけ覚えること、漢字の意味を覚えるために連想法（ストーリーやイメージ）を使うことです。そして、何度も使ってみることです。例えば、漢字カードを自分で作って、バスや電車の中で練習したり、漢字学習のウェブ教材やソフトを使って練習したり、実際に新聞や本を読んだり、日本人と文通したり、日本語で日記を書いたりすることです。

　最後に、元学習者として日本語教師のみなさんにお話ししておきたいことがあります。大人になってから日本語の勉強を始めて、短い間にたくさんの漢字を覚えなければならない非漢字系学習者と日本人とは見ている世界がまったく異なります。非漢字系学習者は日本人と違う入り口から漢字の世界に入って、石でおおわれた険しい坂道を登りながら歩きつづけています。先生方には初めて漢字を見る学習者の気持ちを理解して漢字アレルギーにさせないために、効果的で楽しい教え方を考えてほしいです。例えば、漢字の適切な分解の方法やそれぞれの部分の書き方を教え、また漢字の筆順も教えてください。次に、連想法を用いた記憶法を紹介してください。それから、部首の表を配布して、部首の役割と意味を教えてください。そして漢字を教えるときには、その漢字と一緒にどう使うのかも教えてください。また、少なくとも週に1回は漢字テストをしたり、できるだけ早い時期に漢字字典の使い方を教えてあげたりしてください。

教室活動紹介 1

組合せ漢字

濱川　祐紀代

□目的	漢字を適切に分解できるようになること
□レベル	初級〜中級
□人数	2〜4人のグループ（教室全体でも可）
□準備するもの	バラバラ漢字カード

1 概要

1つの漢字を2つに分解して作成したカード［バラバラ漢字カード］を組み合わせて、漢字を作ります。漢字が部分の組み合わせでできていることや、組み合わせ方で大きさやバランスが違ってくることに注目します。

2 準備

教師はこれまでに指導した漢字を5〜10字選びます。それぞれの漢字を左右・上下・外中のように2つに分けて、［バラバラ漢字カード］を作ります。

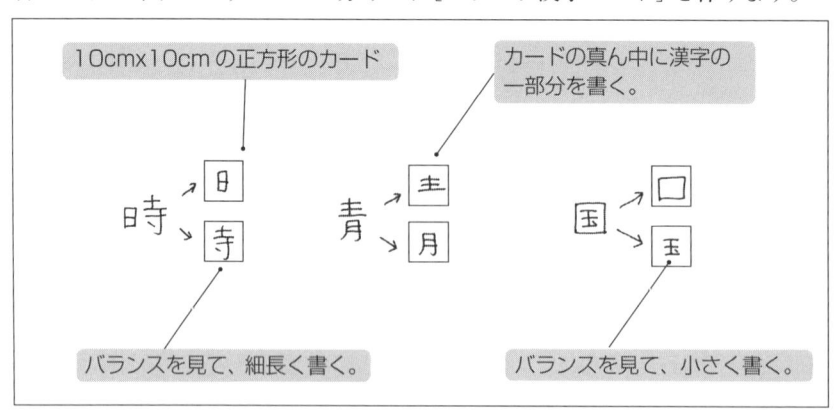

10cmx10cm の正方形のカード

カードの真ん中に漢字の一部分を書く。

時 → 日／寺

青 → 圭／月

国 → 口／玉

バランスを見て、細長く書く。

バランスを見て、小さく書く。

図1　［バラバラ漢字カード］の例

① 組合せ漢字

3 活動方法

1. ［バラバラ漢字カード］をグループに1セットずつ渡し、学習者は机の上にばらばらに並べておきます。
2. 教師は学習者に例を見せます。まず、［バラバラ漢字カード］2枚を取り、漢字1字にします。そして「この漢字は青（あお）です」「この漢字は通る（とおる）です」「この漢字は休むの"やす"です」のように説明します。
3. 学習者はグループの人とじゃんけんやくじ引きをして順番を決めます。
4. 1番目の学習者は［バラバラ漢字カード］2枚を取り、漢字1字にします。
5. 学習者は同じグループの人に「この漢字は青です」のように説明します。
6. 同じグループの人たちが正誤を判断します。
7. 学習者が存在しない漢字を作ったり、説明を間違えたりしたら、カードを元に戻します。
8. カードがなくなったら終わりです。もし最後に組み合わせられないカードが残ってしまったら、そのカードを使って、学習者は別の漢字を考えます。例えば、囗（くにがまえ）が残った場合、「囗」を使って「囗＋玉＝国」のように学習者が考えた漢字を説明します。

図2　教室の様子

■ 参考文献 ■

濱川祐紀代・中村雅子（2009）「授業のヒント」『日本語教育通信』5月，国際交流基金
　http://www.jpf.go.jp/j/japanese/survey/tsushin/index.html

図3　［バラバラ漢字カード］サンプル

教室活動紹介 ②

意味の仲間はどれ？

濱川 祐紀代

□目的	単漢字の意味を理解すること、意味のまとまりで整理すること
□レベル	初級〜中級
□人数	2〜4人のチーム（教室全体でも可）
□準備するもの	漢字カード・○×カード・黒板・マグネット

▶1 概要

チーム[1]対抗で正確さと速さを競う活動です。漢字を意味のグループに分けます。漢字1字1字の持つ意味に注目します。

▶2 準備

教師はこれまでに指導した漢字を9〜12字選び、漢字カードを作ります。漢字を選ぶとき、意味のまとまりができるようにします。例えば［足・手・耳］が体グループ、［犬・牛・鳥］が動物グループ、［青・赤・白］が色グループのように作ります。チームの数だけ同じ漢字カードを用意します。

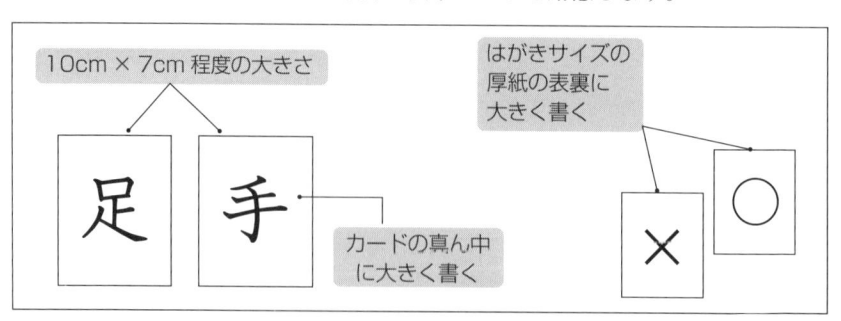

図1　漢字カード・○×カードの例

---

[1] 本活動では、人の集まりをチーム、カードや漢字の集まりをグループとします。

3 活動方法

1. 教師は黒板に漢字カード［十・百・千・右・上・下］をばらばらに貼ります。
2. 教師は黒板を使って、タスクのやり方を説明します。例えば「漢字カードが6枚あります。2つのグループにします」と言い、黒板のカードを［十・百・千］［右・上・下］の2つのグループに分けて貼り直します。そして「これは数字グループです。これは場所グループです」と説明します。
3. 漢字カード［青・赤・白・犬・牛・鳥・手・足・耳］をチームに1セットずつ配ります。
4. 学習者に「同じチームの人と3つのグループを作ってください。そして終わったら、手を挙げてください」と指示を出します。
5. 学習者は同じチームの人と机の上に漢字カードをばらばらに置きます。
6. チームでどのような意味グループが作られるか考えます。そして分け終わったら手を挙げて教師に知らせます。
7. ほとんどのチームがタスクをし終わったのを確認してから、教師は、最初に意味グループを作り終わったチームを指します。
8. そのチームの人は「この漢字は青・赤・黒・白です。そして色グループです。」のように説明します。他のチームの人たちは、その説明が正しいかどうか［○×カード］を挙げます。
9. 説明が正しければそのまま次の意味のグループを説明します。説明に間違いがあったら、教師は次のチームを指します。

図2　教室の様子

▶4 コメント

- 漢字の意味に注目することで、漢字のコアミーニング（中心的な意味）が覚えられます。漢字に意味があることを理解すると、中級以降の語彙理解に役立つ知識になっていくでしょう。

■ 参考文献 ■

濱川祐紀代・中村雅子（2009）「授業のヒント」『日本語教育通信』5月，国際交流基金
　　http://www.jpf.go.jp/j/japanese/survey/tsushin/index.html

足	手	耳
犬	牛	鳥

図3　［漢字カード］サンプル

教室活動紹介 ③

送り仮名はなに？

濱川　祐紀代

□目的	単漢字を語彙(動詞)として捉えること。漢字の意味を理解すること
□レベル	初級～中級
□人数	教室全体(2～4人のグループでも可)
□準備するもの	漢字カード・黒板・マグネット

1 概要

教室全体で行う活動です。動詞の送り仮名によってグループを作ります。漢字を語彙として認識し、意味や送り仮名の付け方に注目します。

2 準備

教師はこれまでに指導した漢字から動詞で使う漢字を9～12字選びます。例えば［話・探・貸］が［～す］グループ、［歩・行・書］が［～く］グループ、［住・飲・読］が［～む］グループ、［帰・切・走］が［～る］グループ、［話・探・貸］は［～す］グループのように、送り仮名が同じものでグループが作れるようにします。

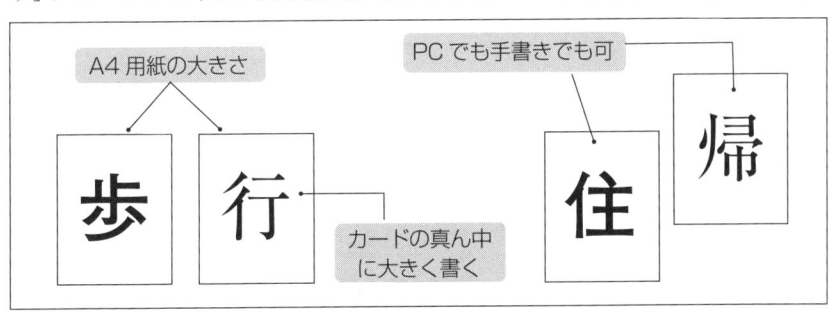

図1　漢字カードの例

■ 濱川　祐紀代

3 活動方法

1. 漢字カード［切・帰・走・歩・行・書・読・住・飲・話・貸・探］を黒板の左側にばらばらに貼ります。
2. 教師は次のように言いながら例を見せます。「このカードは動詞になります。例えば［話］は［はなす］です。［貸］は［かす］です。［探］は［さがす］です。この3枚は［～す］グループです。」と言いながら黒板の右端に貼ります。
3. 教師は学習者を指名します。指名された学習者は黒板の前に出て、好きな漢字カードを1枚選びます。そして「これは読むです」のように動詞の形で言って、黒板の右側に貼ります。
4. 3.と同じように順番に学習者が前に出て、動詞を言って、同じ送り仮名が付く漢字が集まるように貼っていきます。
5. 漢字の読み方や送り仮名に間違いがあったら、教師はカードを元に戻すように指示します。
6. 最後にそれぞれのグループに共通する送り仮名をクラス全体で確認します。例えば「このグループは何グループですか？」のように言います。

図2　教室の様子

4 コメント

・ 訓読みの漢字語彙を覚えることで、漢字のコアミーニングが覚えられます。漢字に意味があることを理解すると、中級以降の語彙理解に役立つ知識になっていくでしょう。

・複数の訓読みを持つ漢字もあるため、教師は漢字カードを用意するときに、どのようなグループができるかをあらかじめ考えておくといいでしょう。

■ 参考文献 ■

濱川祐紀代・中村雅子（2009）「授業のヒント」『日本語教育通信』5月，国際交流基金
　　http://www.jpf.go.jp/j/japanese/survey/tsushin/index.html

行	書	歩
切	帰	走

図3　漢字カードサンプル

教室活動紹介 ４

"oyaji"とその仲間たち

福島　育子・濱川　祐紀代

□目的	生活の中で実践的・体験的に漢字を学習する
□レベル	初級〜上級
□人数	3〜5人のグループ(教室全体も可)
□準備するもの	教師：漢字教材(市販の教材等)・かるたゲーム用白紙カード 学習者：漢字学習専用のノート("oyaji"ノート)・ペン・辞書

1　概要

"oyaji"とは辞書の見出し語を指す「親字」からヒントを得たことばで、いくつかの語彙に共通する漢字を指します。例えば、"oyaji"が「活」であれば、「生活・活動・部活・就活・活け魚」などがその仲間たちです[1]。

まず学習者は、漢字学習専用のノート("oyaji"ノート)を用意し、そのノートに、学習者自身が生活の中で見つけた"oyaji"（親字）とその仲間たち（親字を含む漢字語彙）を記録します。教室にそのノートを持ち寄り、互いに確認したり、教室活動を通して漢字語彙を身につけたりします。

2　準備

教師は学習者のレベルに合った漢字教材(市販の教材等)を用意し、学習者は漢字学習専用のノートや辞書を用意します。

---

[1] アイディア提供者：山田泉氏(法政大学キャリアデザイン学部教授)

3 活動方法

3.1 "oyaji"ノート活動

1. 3～5人のグループを作ります。教師は学習者のレベルに合った漢字教材から、学習者に1人1字ずつ"oyaji"を選び、黒板に書きます（図1）。
2. 黒板を使って"oyaji"の筆順や読み方、"oyaji"ノートの使い方について説明をします。

図1　黒板例　　　　　　　　図2　oyajiノート例

3. 宿題：学習者は教師に指定された"oyaji"が生活の中でどのように使われているかを調べます。読み方や意味がわからなくても、見かけたものを書き写したり、写真を撮ったりして記録に残します。
4. 教室：学習者は3.宿題の"oyaji"とその仲間たちを黒板に書きます（図3）。

図3　教室の様子

5. 教師は、どこでその仲間たち(漢字語彙)を見つけたのか、また読み方や意味を確認します。その学習者がわからない場合、すぐに回答を提示せず、他の学習者にも確認します。

  会話例：教師：このことば(納戸)はどこで見つけましたか？
     学習者A：マンションの広告チラシで見つけました。
     教師：このことば(納戸)は何と読みますか？
     学習者A：うーん…納豆と似ています…。
     教師：(他の学習者に)わかりますか？
     学習者B：わかりません。
     教師：これ(納戸)は「なんど」です。物置と似ています。

6. 学習者は、ここで得た情報を"oyaji"ノートに書き加えます。また、他の学習者が見つけた漢字語彙も自分の"oyaji"ノートに書いて共有します。

3.2 かるたゲーム

これは"oyaji"とその仲間たち(漢字語彙)を使ったゲームです。今までに学習した"oyaji"やその漢字語彙の復習と確認・定着を目的としています。

1. 3～5人のグループになり、机を合わせて座ります。
2. 教師は"oyaji"を黒板に10字書き、1人2～3字ずつ割り振ります。

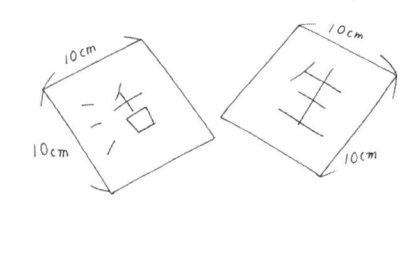

図4　教室の様子　　　　　　　　　図5　漢字カード例

3. 学習者は黒板にその"oyaji"を使った漢字語彙を書きます。(図4)
4. 教師は学習者に3.の漢字語彙の読み方や意味を確認します。

5. 教師は白いカードとペンを学習者に配ります。
6. 教師はカードに書く漢字を学習者1人あたり5～10語ずつ割り振ります。
7. 学習者は割り振られた漢字をカードに書きます。その際、教師は、カード1枚につき漢字を1字ずつ書くように指示します。(図5)
8. カードを表に向けて机の上にばらばらに置きます。
9. じゃんけんなどで、カードを取る順番を決めます。
10. 学習者は、漢字を組み合わせて漢字語彙(生 と 活)ができるように、カードを取ります。
11. 学習者はそのことばの読み方や意味、そのことばを使った短文を言います。教師は間違いがあれば指摘します。

4 コメント

- この活動は、地域の日本語教室で生まれたものです。生活の中で出会う漢字から出発し、さまざまな語彙の意味・読み方・使い方に触れることができます。
- 自主的な漢字・語彙の学習につながっていくように、学習者自身で"oyaji"ノートを工夫するように促しましょう。

教室活動紹介 ⑤

これはなに？

濱川　祐紀代

□目的	生活に必要な漢字語彙と漢字表記が分かるようになる
□レベル	初級〜中級
□人数	2〜4人のグループ
□準備するもの	語彙カード・○×カード

▶1 概要

絵カードや写真を使って、漢字と語彙の意味を結びつけます。

▶2 準備

教師は漢字語彙を5〜10語選びます。例えば［牛肉・豚肉・魚・野菜・果物］のように、絵や写真で表しやすいものがいいでしょう。カードの表には絵（や写真）、裏には漢字(漢字語彙)を書きます。グループの数だけ同じカードを用意します。○×カードは1人1枚ずつ用意します。

表にはことばを書き、裏には写真やイラストを用意する

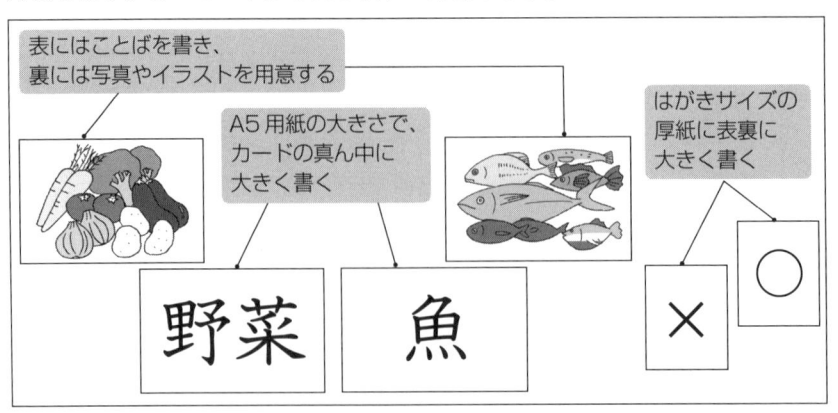

A5用紙の大きさで、カードの真ん中に大きく書く

はがきサイズの厚紙に表裏に大きく書く

図1　語彙カードの例

⑤ これはなに？

3▶ 活動方法A ［これはなに？］

1. 教師はグループに1セットずつ語彙カードを配ります。また［○×カード］を1人1枚ずつ配ります。
2. 学習者は絵の面を上にして、机の上にばらばらに並べます。
3. じゃんけんやくじ引きで、順番を決めます。
3. 1番目の学習者が絵を選んで「これは魚です」と説明します。
4. 2番目の学習者が［○×カード］を使って正誤を伝えます。わからないときは教師に聞きます。
5. 正しければ、カードを裏返して置きます。（漢字の面が表になります。）間違っていたら2番目の学習者がその絵の説明をします。
6. カードが全部漢字の面になるまで順番に説明していきます。

図2 教室の様子

4▶ 活動方法B ［何て読む？］

・ 活動方法Aが一通り終わり、すべてのカードが裏（漢字側）になったら、その漢字の面を使って活動します。
・ 活動方法Aと同じように、順番に語彙カードを選び、その漢字の読み方を言います。
・ 同じグループの人は正しいかどうか考えて、全員で○×を示します。

5 コメント

- ［○×カード］がなくてもできますが、［○×カード］はさまざまな活動で使うことができて、便利です。［○×カード］の○を「正」、×を「誤」とし、漢字を記号として使ってもいいでしょう。

果物	
野菜	
魚	

図3　［語彙カード］サンプル

教室活動紹介 ⑥

材料はなに？

濱川　祐紀代

□目的	生活に必要な漢字語彙や漢字表記が分かるようになること
□レベル	初級〜中級
□人数	2〜4人のグループ
□準備するもの	［料理カード］（写真や絵）・語彙カード・○×カード

1 概要

絵カードや写真を使って、漢字と語彙の意味を結びつけます。

2 準備

　教師は料理の写真や絵のカードをグループの人数にあわせて2〜4枚程度用意します。例えば［すき焼き・天ぷら・かつ丼］のような日本料理がいいでしょう。［料理カード］はチラシや「みんなの教材サイト」の写真やイラストを使ってもいいでしょう。その他に、前述のタスク「これはなに？」の語彙カードと○×カードも用意します。

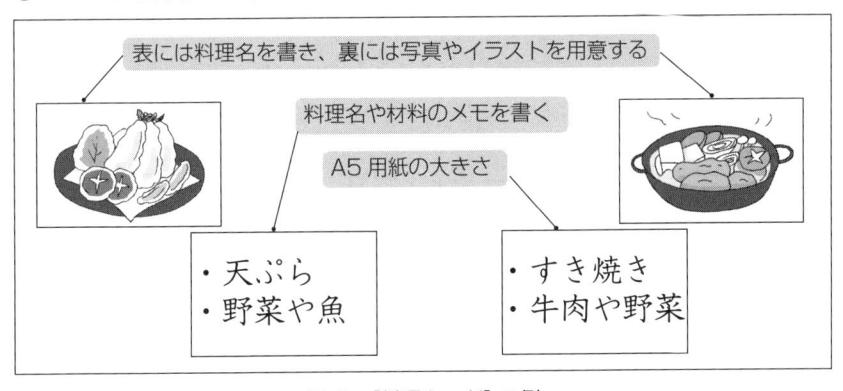

表には料理名を書き、裏には写真やイラストを用意する
料理名や材料のメモを書く
A5用紙の大きさ

・天ぷら
・野菜や魚

・すき焼き
・牛肉や野菜

図1　［料理カード］の例

227

3 活動方法

1. 1人1枚ずつ［料理カード］を持ちます。
2. 学習者はグループになって、机の上に語彙カードを漢字の面を上にして置きます。
3. 1番目の学習者（Aさん）が、自分の持っている［料理カード］を同じグループの学習者（Bさん・Cさん・Dさん）に見せながら、次のようなQAを行い、進めていきます。

　　　　学習者A：Bさん、これは何ですか？
　　　　学習者B：それは天ぷらです。
　　　　　（学習者Aは［○×カード］で正誤を示す）
　　　　学習者A：Cさん、材料は何ですか？
　　　　学習者C：それは魚です。
　　　　　（学習者Aは［○×カード］で正誤を示す）
　　　　学習者A：Dさん、魚の漢字はどれですか？
　　　　学習者D：（語彙カードを手にとって）これです。
　　　　　（学習者Aは［○×カード］で正誤を示す）

図2　教室の様子

4. 教師は学習者が活動をしているあいだ机間巡視を行います。学習者から料理の説明を求められることもあるかもしれませんが、学習者が楽しく学ぶことが大切なポイントですから、邪魔をしすぎないように注意しましょう。

5. 1番目の学習者の質問が終わったら、2番目の学習者も同じように自分の持っている [料理カード] を同じグループの学習者に見せながら、質問を続けます。

4 コメント

- 日本料理の写真や絵カードを使うことによって、日本事情の学習にもなり、日本で生活している学習者への情報提供の時間にもなります。
- 料理の材料をリストアップしたメモを用意しておくと、学習者が料理の材料を知らなくても、ヒントになり、活動が続けられます。
- 学習者の母国の料理の写真を使えば、自分の持っている知識を使って、日本語で説明する練習にもなります。

■ 参考文献 ■

国際交流基金『みんなの教材サイト』http://minnanokyozai.jp

教室活動紹介 ⑦

いつも目にする漢字って？

濱川　祐紀代

□目的	日常生活で目にする漢字を語彙として認識すること
□レベル	初級～中級
□人数	2～4人のグループ
□準備するもの	周りにある漢字表記の写真・イラスト

1 概要

　日本で生活している学習者は日常生活の中で漢字表記を目にしています。ここで提案するタスクは、その漢字を記号としてでなく、語彙として理解していくことが目的です。海外で学ぶ学習者は、日常生活にどれほど漢字が必要になるのか想像できないかもしれませんが、市販されているレアリア教材やインターネットを使って準備すれば、同様の活動をすることができます。

2 活動A：準備

　教師は、自動販売機の写真を使ったタスクシート（1種類）を用意します。

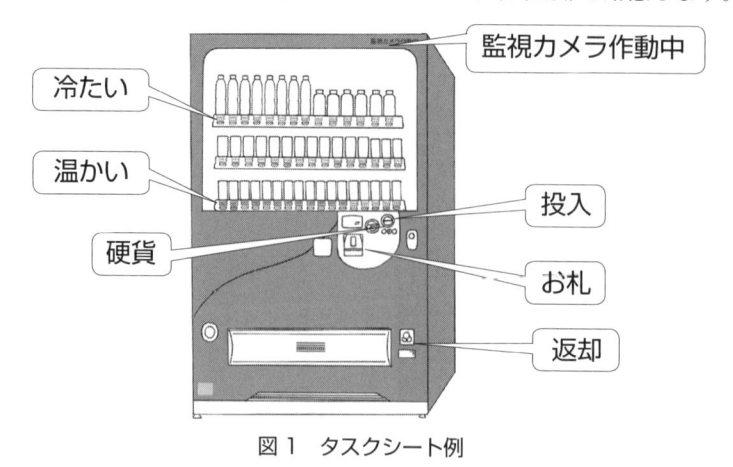

図1　タスクシート例

⑦ いつも目にする漢字って？

3▶ 活動A：方法

1. 教師はグループに1枚ずつタスクシートを配ります。
2. 学習者はグループの人と協力して、読みと意味を推測します。
3. 教師はタスクシートを黒板に貼ります。
4. 教師は学習者を指名します。その学習者は黒板にタスクシートに書かれている漢字語彙を大きく書きます。

図2　教室の様子

5. 教師は教室全体に向けて、次のような質問を投げかけながら、読み方と意味を全体で確認します。

　　［会話例］
　　教師　：これは何ですか？
　　学習者：自動販売機です。
　　教師　：ここで何をしますか？
　　学習者：ジュースを買います。
　　教師　：これはどこにありますか？
　　学習者：1階にあります。／バス停にあります。
　　教師　：この漢字の読み方は何ですか？
　　　　　：このことばの意味は何ですか？
　　　　　：どこに100円を入れますか？
　　　　　：どこに1,000円を入れますか？
　　　　　：1,000円入れて、お茶を買いました。お茶は120円です。
　　　　　　880円はどこにありますか？

4 活動B:準備

教師は授業前に、トイレの場所とトイレの中に使われている漢字表記を確認しておきます。教師が「これは必要だ!」と思うことばをメモしておくといいでしょう。

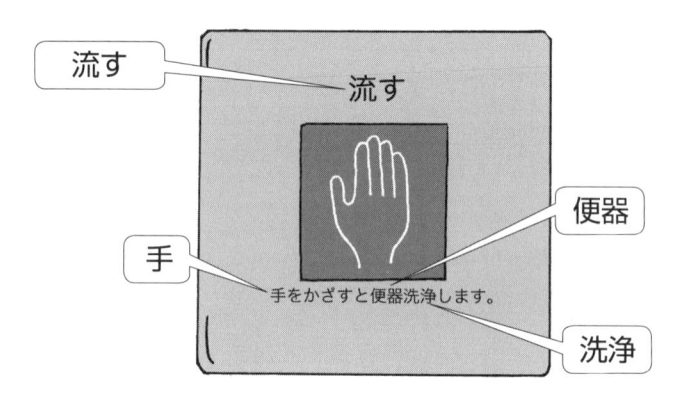

図3 トイレの漢字表記例

5 活動B:方法

1. 3〜4人のグループで行動します。
2. グループごとにトイレに行き、トイレで使われている漢字語彙を探します。(グループごとに違う場所、例えばエレベーター・廊下・エアコンなどを指定してもいいでしょう。)
3. 各グループ3〜5語をメモして、席に戻ります。たくさんあって選べないときは、「その場所で必要そうな漢字語彙」を選ぶようにします。
4. グループで協力して、漢字語彙の読み方と意味を考えます。分からなければ辞書を使ったり、教師に質問したりしてもいいでしょう。
5. 最後に、教室全体で黒板を使ってその漢字語彙を共有したり、別のグループの人と共有したりします。

⑦ いつも目にする漢字って？

6 コメント

- どちらの活動も、グループでも教室全体でも個別でもできる活動です。
- 漢字語彙だけでなく、カタカナやひらがなの語彙をピックアップしてもいいでしょう。
- 活動Bで、学習者が必要そうに思えない語彙をメモしてきても、それを注意する必要はありません。この活動の目的は身の回りの漢字に注目することです。
- タスク終了後に、教師が覚えほしいと思う語彙をいくつか選んだり、学習者からベスト5を出してもらったりするのも、意味のある活動でしょう。
- インターネットや市販教材でもこのような画像を入手することができます。例えば『みんなの教材サイト』やレアリア教材（国際交流基金 2008）などを使うこともできます。
- このような活動をしたあと、学習者が自主的に情報を集めたり、持ち込んだりするようになれば、漢字学習を楽しめるようになるかもしれません。

■ 参考文献 ■

国際交流基金（2008）『日本語教師必携 すぐに使える「レアリア・生教材」コレクション CD-ROM ブック』スリーエーネットワーク.

国際交流基金『みんなの教材サイト』http://minnanokyozai.jp

教室活動紹介 ⑧

教室活動を充実させましょう

濱川　祐紀代

1 ▶ その他の活動例

　ここで紹介した活動のほかに、①漢字を画数の多い順に並べる、②反対の意味の漢字でペアを作る、③同じ読み方（音読み）の漢字をグループにする、④同じ品詞の漢字をグループにするなどの活動が考えられます。

　活動に使う漢字の中に、これから学習する漢字を少し入れておくと、教室活動を通して楽しく漢字を学ぶこともできます。また同じ活動でも時間制限を設けると楽しさが増します。さらに、活動方法に慣れてきたら、グループでカードを作り、他のグループに答えさせるなど、自分たちで工夫しながら学んでいく素地を作っていくこともできるでしょう。

　また活動をその場限りで終わらせず、学習者が漢字をノートに書き留めたり、ポートフォリオのように残したりしておくと、あとで振り返ることができます。

2 ▶ だれかと学ぶ楽しみを知ってほしい

　「漢字は1人で覚えるもの」という決まりはありません。授業を「コミュニケーションをとりながら楽しく学ぶ時間」と考えると、漢字指導にも「だれかと一緒に楽しみながら学ぶ活動」が必要です。友だちと楽しみながら学ぶことは、学習意欲を高めたり維持したりすることにもつながります。また、漢字をたくさん書いて覚えるだけではなく、漢字を意味や形で整理することは、理解や記憶の助けにもなります。学習者が漢字を「だれかと楽しみながら学べる」「自分たちで工夫しながら覚えていける」と思えるように、さまざまな活動を取り入れていきましょう。

　本書に掲載した活動は決して斬新なものばかりではありませんし、類似した活動が教授法に関する書籍やビデオ等に載っているかもしれません。さまざまな文献や同僚から情報を集め、目の前にいる学習者が楽しんで学べる方法を考えてみてはいかがでしょうか。

リソース情報

■漢字学習用教材

1990年以降に出版された漢字学習用の教材を集めました。ここに挙げたものは非漢字系学習者向けの教材が多く、ほとんどが現在でも購入できるものです。なお、総合日本語用教科書の付属教材や試験対策のための教材は除いてあります(発行年順に掲載)。

1	タイトル	Kanji Pict-O-Graphix: Over 1,000 Japanese Kanji and Kana Mnemonics
	編著者名	Michael Rowley
	出版社	STONE BRIDGE PRESS
	発行年／ISBNコード	1992 ／ ISBN 978-0962813702

2	タイトル	はじめての漢字300 － Kanji for beginners
	編著者名	太田淑子・滝上知子・春名万紀子
	出版社	くろしお出版
	発行年／ISBNコード	1992 ／ ISBN 978-4874240687

3	タイトル	BASIC KANJI BOOK　基本漢字500 vol.1
	編著者名	加納千恵子・清水百合・竹中弘子・石井恵理子
	出版社	凡人社
	発行年／ISBNコード	1992 ／ ISBN 978-4893580917
	備考	『同 vol.2』（1995）（ISBN 978-4893581198）

4	タイトル	Kanji Power: A Workbook for Mastering Japanese Characters
	編著者名	John Millen
	出版社	Tuttle Pub
	発行年／ISBNコード	1993 ／ ISBN 978-0804817257

5	タイトル	漢字はむずかしくない － 24の法則ですべての漢字がマスターできる
	編著者名	武部良明
	出版社	アルク
	発行年／ISBNコード	1993 ／ ISBN 978-4872342178

6	タイトル	Kanji ABC: A Systematic Approach to Japanese Characters
	編著者名	Andreas Foerster, Naoko Tamura
	出版社	Tuttle Pub
	発行年／ISBNコード	1994 ／ ISBN 978-0804819572

7	タイトル	Kanji in context：Reference Book
	編著者名	Inter-University Center for Japanese Language Studies
	出版社	ジャパンタイムズ
	発行年／ISBNコード	1994 ／ ISBN 978-4789007535

	備考	『同 workbook Vol.1』（1994）（ISBN 978-4789007542） 『同 workbook vol.2』（1994）（ISBN 978-4789007566）
8	タイトル	一日一語 365 ポルトガル語で早覚え —KANJI LESSON
	編著者名	サイメディア研究会
	出版社	柏プラーノ
	発行年／ISBNコード	1994 ／ ISBN 978-4760111299
9	タイトル	KANJI FROM THE START: A Comprehensive Japanese Reader
	編著者名	Martin Lam, Kaoru Shimizu
	出版社	講談社インターナショナル
	発行年／ISBNコード	1995 ／ ISBN 978-4770019363
10	タイトル	漢字を勉強しましょう —Let's Learn Kanji
	編著者名	Yasuko Kosaka Mitamura, Joyce Mitamura
	出版社	講談社インターナショナル
	発行年／ISBNコード	1997 ／ ISBN 978-4770020680
11	タイトル	中国人のための漢字の読み方ハンドブック
	編著者名	大越美恵子・高橋美和子（編）
	出版社	スリーエーネットワーク
	発行年／ISBNコード	1997 ／ ISBN 978-4883190669
12	タイトル	Intermediate kanji book —漢字 1000 PLUS vol.1（改訂版）
	編著者名	加納千恵子・清水百合・竹中弘子・石井恵理子・阿久津智
	出版社	凡人社
	発行年／ISBNコード	2007 ／ ISBN 978-4893583567
	備考	『同 vol.2』（2001）（ISBN 978-4893584892）
13	タイトル	1日15分の漢字練習（上）
	編著者名	KPCインターナショナル語学研修院（編）
	出版社	アルク
	発行年／ISBNコード	1999 ／ ISBN 978-4757400917
	備考	『同（下）』（1999）（ISBN 978-4757401259）
14	タイトル	かんじだいすき(1) ～日本語をまなぶ世界の子どものために～
	編著者名	国際日本語普及協会
	出版社	国際日本語普及協会

	発行年／ISBNコード	1999 ／ ISBN 978-4906096506（1 漢字カード・絵カード :978-4906096565）
	備考	『同(1)〜(6)』本冊と「漢字カード・絵カード」がある。 『同(2)』（ISBN 978-4906096514),（2 漢字・絵カード :978-4906096573), 『同(3)』（ISBN 978-4906096522),（3 漢字・絵カード :978-4906096581), 『同(4)』（ISBN 978-4906096530),（4 漢字・絵カード :978-490609659X), 『同(5)』（ISBN 978-4906096549),（5 漢字・絵カード :978-4906096603), 『同(6)』（ISBN 978-4906096557),（6 漢字・絵カード :978-4906096611）

15	タイトル	にほんご 90 日　漢字ノート
	編著者名	星野恵子・辻和子・村澤慶昭
	出版社	ユニコム
	発行年／ISBNコード	2001 ／ ISBN 978-4896893786

16	タイトル	外国人の子どものための日本語　絵でわかるかんたんかんじ 80
	編著者名	武蔵野市帰国外国人教育相談室教材開発グループ
	出版社	スリーエーネットワーク
	発行年／ISBNコード	2001 ／ ISBN 978-4883191833
	備考	『同 160』（2002）（ISBN 978-4883192359） 『同 200』（2006）（ISBN 978-4883193776）

17	タイトル	A Guide to Writing Kanji & Kana Book 1: 　A Self-Study Workbook for Learning Japanese Characters
	編著者名	Wolfgang Hadamitzky, Mark Spahn
	出版社	Tuttle Publishing
	発行年／ISBNコード	2003 ／ ISBN 978-0804833929
	備考	『同 2』（2004）（ISBN 978-0804835053）

18	タイトル	250 Essential Kanji for Everyday Use, vol.1
	編著者名	Kanji Text Research Group, University of Tokyo
	出版社	Tuttle Publishing
	発行年／ISBNコード	2004 ／ ISBN 978-0804835589
	備考	『同 vol.2』（2004）（ISBN 978-0804836388）

19	タイトル	Write Now! ― Kanji for Beginners
	編著者名	向井留実子・築地伸美・串田真知子
	出版社	スリーエーネットワーク
	発行年／ISBNコード	2006 ／ ISBN 978-4883194049

20	タイトル	Remembering the Kanji 1 : A Complete Course on How Not to Forget the Meaning and Writing of Japanese Characters
	編著者名	James W. Heisig
	出版社	Univ of Hawaii Pr
	発行年/ISBNコード	2007 / ISBN 978-0824831653
	備考	『同 :A Systematic Guide to Reading Japanese Characters』（2008）（ISBN 978-0824831660） 『同 :Writing and Reading Japanese Characters for Upper-Level Proficiency』（2008）（ISBN 978-0824831677）
21	タイトル	ストーリーで覚える漢字 300 －英語・韓国語・ポルトガル語・スペイン語訳版－
	編著者名	高橋秀雄（監修）・ボイクマン総子・渡辺陽子・倉持和菜
	出版社	くろしお出版
	発行年/ISBNコード	2007 / ISBN 978-4874244029
	備考	『同 －英語・インドネシア語・タイ語・ベトナム語版－』 （ISBN 978-4874244289）
22	タイトル	留学生のための漢字の教科書 中級 700
	編著者名	佐藤尚子・佐々木仁子
	出版社	国書刊行会
	発行年/ISBNコード	2008 / ISBN 978-4336050298
	備考	『同 初級 300』（2009）（ISBN 978-4336051066） 『同 上級 1000』（2011）（ISBN 978-4336053558）
23	タイトル	漢字系学習者のための漢字から学ぶ語彙〈1〉日常生活編
	編著者名	佐藤保子・虫明美喜・佐藤勢紀子・三島敦子
	出版社	アルク
	発行年/ISBNコード	2008 / ISBN 978-4757413665
	備考	『同〈2〉学校生活編』（2008）（ISBN 978-4757413672）
24	タイトル	日本語学習のためのよく使う順漢字 2100
	編著者名	徳弘康代
	出版社	三省堂
	発行年/ISBNコード	2008 / ISBN 978-4385140735
	備考	『日本語学習のための よく使う順漢字 2100 問題集』（2011） （ISBN 978-4385365411）
26	タイトル	語彙マップで覚える 漢字・語彙 中級 1500
	編著者名	徳弘康代（著, 監修）・飯嶋美知子・山田京子・河住有希子・吉田雅子
	出版社	ジェイ・リサーチ出版
	発行年/ISBNコード	2010 / ISBN 978-4863920187

27	タイトル	上級へのとびら　きたえよう漢字力 ―上級へつなげる基礎漢字800―
	編著者名	岡まゆみ(監修)・石川智・近藤純子・筒井通雄・江森祥子・花井善郎
	出版社	くろしお出版
	発行年／ISBNコード	2010　／　ISBN 978-4874244876

28	タイトル	BASIC KANJI WORKBOOK 使って、身につく！　漢字×語彙1
	編著者名	大神智春、清水百合
	出版社	凡人社
	発行年／ISBNコード	2010　／　ISBN 978-4893587558

29	タイトル	漢字絵解き THE KEY TO KANJI
	編著者名	Noriko Kurosawa Williams
	出版社	Cheng & Tsui Company, Inc.
	発行年／ISBNコード	2010　／　ISBN 978-0887277368

30	タイトル	漢字系統樹で学ぶ 漢字イメージトレーニング 500
	編著者名	善如寺俊幸
	出版社	三恵社
	発行年／ISBNコード	2010　／　ISBN 978-4883617661

31	タイトル	ストーリーで覚える漢字Ⅱ 301-500 ―英語・韓国語・ポルトガル語・スペイン語版
	編著者名	高橋秀雄(監修)、ボイクマン総子、渡辺陽子(著)
	出版社	くろしお出版
	発行年／ISBNコード	2010　／　ISBN 978-4874245613
	備考	『同 ―英語・インドネシア語・タイ語・ベトナム語版―』（2012）

32	タイトル	「できる日本語」準拠 漢字たまご 初級
	編著者名	嶋田和子(監修)、有山優樹・落合知春・立原雅子・林英子・山口知才子(著)
	出版社	凡人社
	発行年／ISBNコード	2012　／　ISBN 978-4893588319
	備考	『同 初中級』（2013）

■ 漢字字典

1990年以降に出版された漢字字典を集めました。非漢字系学習者用で、書店やインターネットで購入できるものです。

1	タイトル	新版ネルソン漢英辞典
	タイトル（英語）	CHARACTER DICTIONARY THE NEW NELSON JAPANESE-ENGLISH
	編著者名	John H. Haig
	出版社	Tuttle Pub
	発行年／ISBNコード	1997 ／ ISBN 978-4805307380

2	タイトル	新装版 講談社漢英学習字典
	タイトル（英語）	Kodansha's Kanji Learner's Dictionary
	編著者名	春遍雀來
	出版社	講談社インターナショナル
	発行年／ISBNコード	2001 ／ ISBN 978-4770028556

3	タイトル	簡明漢英熟語字典
	タイトル（英語）	The Learner's Japanese Kanji Dictionary
	編著者名	Mark Spahn, Wolfgang Hadamitzky, Rainer Weihs, Seiko Harada, Yoko Nagai-Hintz
	出版社	Tuttle Pub
	発行年／ISBNコード	2004 ／ ISBN 978-0804835565

4	タイトル	NHK新用字用語辞典
	編著者名	NHK放送文化研究所
	出版社	日本放送出版協会
	発行年／ISBNコード	2004 ／ ISBN 978-4877313517

5	タイトル	ハングルで学ぶ日本語漢字辞典
	タイトル（韓国語）	한글로 배우는　일본어한자사전
	編著者名	奉英娥
	出版社	国際語学社
	発行年／ISBNコード	2007 ／ ISBN 978-4140112007

■漢字学習用 web 教材

6つの web 教材を紹介します。1 2 は漢字学習用の website です。3 4 5 6 は日本語学習用 website ですが，かなや漢字の学習も可能です。（2013年7月確認）

1	タイトル	A Door to the World of 漢字
	URL	http://www.neverland.to/kanji/
	概要	在日外国人が日常生活に必要な標識・看板・ボタンなどの漢字生教材。日本語能力試験3・4級程度の漢字で作られている。
	説明言語	英語
	レベル	入門・初級

2	タイトル	Japanese-kanji.com
	URL	http://www.asahi-net.or.jp/~ik2r-myr/kanji/kanji1pa.htm#intro
	概要	能力試験1級から4級までの漢字を学ぶことができる。
	説明言語	英語・スペイン語
	レベル	初級〜上級

3	タイトル	富山大学留学生センター　日本語学習支援サイト RAICHO
	URL	http://tisc.isc.u-toyama.ac.jp/index.html
	概要	ひらがな・カタカナ・漢字・助詞・動詞の活用のページがある。ひらがなチャートで筆順や成り立ちもわかる。
	レベル	入門・初級
	備考	『留学生のための毎日の KANJI』vol.1（2006）富山大学留学生センター

4	タイトル	インターネット日本語しけん すしテスト
	URL	http://momo.jpf.go.jp/sushi/
	概要	国際交流基金が運営する日本語テストのサイト。旧日本語能力試験4級合格を目指す学習者が実力を試すことができる。教師が学生の成績を管理することもできる。
	レベル	初級

5	タイトル	アニメ・マンガの日本語
	URL	http://anime-manga.jp
	概要	アニメ・マンガで使われる日本語が楽しく学べるEラーニングサイト。4ジャンル(恋愛・学校・忍者・侍)に特徴的な用語や表現が学べる。また漢字ゲームでは，そのジャンルによく現れる漢字の意味や読みをゲームで学ぶことができる。
	説明言語	日本語・英語
	レベル	初級～中上級
	備考	表記を漢字・かな，かな，ローマ字から選択

6	タイトル	TTBJ(筑波日本語テスト集)
	URL	http://ttbj.jpn.org/
	概要	筑波大学留学生センターで作成したテストを集めたサイト，例えば「漢字SPOT」「漢字力診断テスト」などがある。個人受験だけでなく，団体受験でプレースメントテストや診断テストとして使用することも可能。
	説明言語	日本語・英語
	レベル	初級・中級

■文献一覧

これから漢字に関する研究を始めようとする人のために代表的な文献を一覧にしました(日本語の文献を発表年順に掲載、同一年についてはタイトル名のかな順に掲載)。

▶ 1989年以前

☐ 「非漢字系学習者に対する初級前期の漢字指導の一試案」
　安藤淑子・坪井佐奈枝(1975)『日本語教育26号』日本語教育学会

☐ 「外国人学習者にとっての漢字の字形の複雑性」
　加納千恵子(1987)『筑波大学留学生センター 日本語教育論集 第3号』筑波大学留学生センター

☐ 「非漢字圏の外国人に対する漢字教育の問題点と指導法について」
　メイヨー秀子(1988)『福岡YWCA日本語教育論文集 第2号』福岡YWCA

▶ 1990～1994年

☐ 「外国人の漢字学習の認知心理学的諸問題－問題の整理と漢字指導法への展開－」
　海保博之(1990)『日本語学 vol.9 11月号』明治書院

- □「漢字教育のシラバス(初級):定着度をめぐる一考察」
  酒井順子(1990)『日本語学校論集 第17号』東京外国語大学外国語学部附属日本語学校

- □「漢字圏の学生に対する漢字教育について」
  阿久津智(1990)『筑波大学留学生センター 日本語教育論集 第6号』筑波大学留学生センター

- □「現代漢字音の対照－日本、朝鮮・韓国、中国における－」
  古藤友子(1990)『姫路獨協大学外国語学部紀要 第3号』姫路獨協大学外国語学部

- □「漢字教育のシラバス(中級):定着度をめぐる一考察」
  酒井順子(1993)『東京外国語大学留学生日本語教育センター論集 第19号』東京外国語大学留学生日本語教育センター

- □「コミュニカティブ・アプローチの漢字指導」
  川口義一(1993)『日本語教育80号』日本語教育学会

- □「初級漢字クラスの問題点－漢字圏学習者を中心に－」
  清水百合(1993)『筑波大学留学生センター 日本語教育論集第8号』筑波大学留学生センター

- □「非漢字系日本語学習者の漢字学習に関する実証的研究」
  高木裕子(1993)『平成5年度日本語教育学会春季大会予稿集』日本語教育学会

- □「漢字学習のあり方に関する学習者の問題意識調査(1)」
  清水百合(1994)『筑波大学留学生センター 日本語教育論集第9号』筑波大学留学生センター

- □「漢字教育のためのシラバス案」
  加納千恵子(1994)『筑波大学留学生センター 日本語教育論集第9号』筑波大学留学生センター

- □「漢字系学習者のための漢字教育のあり方:韓国人の日本語学習者を中心に」
  チョ ヒチョル(1994)『日本語教育論集 世界の日本語教育 第4号』国際交流基金日本語国際センター

- □「漢字指導上の字形の重要さ」
  アルド トリーニ(1994)『日本語教育論集 世界の日本語教育 第4号』国際交流基金日本語国際センター

- □「日本語学習者の語彙習得－語彙のネットワークの形成過程－」
  谷口すみ子・赤堀侃司・任都栗新・杉村和枝(1994)『日本語教育84号』日本語教育学会

- □「認知科学からみた漢字教育へのアプローチ－学生の自立学習を目指した四段階の「記憶法」による実証的漢字指導の試み－」
  酒井順子(1994)『東京外国語大学留学生日本語教育センター論集 第20号』東京外国語大学留学生日本語教育センター

- □「非漢字圏から来た理工系留学生への漢字教育」
  武田明子(1994)『異文化間教育 第8号』異文化間教育学会

- □「連載：漢字教育の現場−留学生の指導から−」
  加納千恵子(1994)『月刊言語5月号(〜1995年4月号)』大修館書店

▶ 1995〜1999年

- □「漢字学習のあり方に関する学習者の問題意識調査(2)」
  清水百合(1995)『筑波大学留学生センター 日本語教育論集 第10号』筑波大学留学生センター

- □「漢字学習に対する学習者の意識」
  豊田悦子(1995)『日本語教育85号』日本語教育学会

- □「教室における漢字学習活動−非漢字圏学習者のための初級漢字補習クラスを対象として−」
  小林由子(1995)『日本語教育方法研究会誌 vol.2 No.1』日本語教育方法研究会

- □「コミュニカティブアプローチと認知科学に基づく漢字指導の試み」
  川口義一(1995)『日本語教師のための漢字指導アイデアブック』創拓社

- □「非漢字系日本語学習者における漢字パターン認識能力と漢字習得に関する研究」
  高木裕子(1995)『日本語教育論集 世界の日本語教育 第5号』国際交流基金日本語国際センター

- □「非漢字系日本語学習者の漢字記憶法を考える」
  高木裕子(1995)『関西外国語大学留学生別科日本語教育論集 第5号』関西外国語大学留学生別科

- □「中上級者を対象とした「自律的な」漢字授業の一試案」
  小林由子(1996)『日本語教育方法研究会誌 vol.3 No.2』日本語教育方法研究会

- □「漢字教育」
  藤井涼子(1997)『日本語教育94号』日本語教育学会

- □「日本語学習者の漢字学習ストラテジーに関する調査と考察」
  中村重穂(1997)『日本語教育研究 第33号』言語文化研究所

- □「非漢字圏学習者の漢字力と習得過程」
  加納千恵子(1997)『日本語教育論文集：小出詞子先生退職記念』凡人社

- □「漢字の自律学習システム−その成果と課題−」
  川森めぐみ・柴原智代(1998)『日本語国際センター紀要 第8号』国際交流基金日本語国際センター

- □「初級教科書の漢字学習ストラテジー使用及び漢字学習信念に与える影響」
  大北葉子(1998)『日本語教育論集 世界の日本語教育 第8号』国際交流基金日本語国際センター

- □「入門期の漢字教育における学習活動と教師の役割」
  新矢麻紀子・三登由利子・米田由喜代(1998)『多文化社会と留学生交流：大阪大学留学生センター研究論集』大阪大学留学生センター

- □「非母語話者に対する漢字教育」
  石井恵理子(1998)『日本語学 4 月号』明治書院

- □「リーディングにおける漢字の認知プロセス」
  豊田悦子(1998)『小出記念日本語教育研究会 論文集 No.06』小出記念日本語教育研究会

- □「外国人の漢字の記憶検索における手がかり－自由放出法を用いた検討－」
  伊藤寛子・和田裕一(1999)『教育心理学研究 第 47 巻 第 3 号』日本教育心理学会

- □「漢字教育の動向－情報処理科学や認知科学の視点から－」
  加納千恵子(1999)『月刊言語 4 月号』大修館書店

▶ 2000 年以降

- □「中上級学習者に対する漢字語彙教育の方法」
  加納千恵子(2000)『筑波大学留学生センター 日本語教育論集 第 15 号』筑波大学留学生センター

- □「日本語を学習する中国語母語話者の漢字の認知－上級者・超上級者の心内辞書における音韻情報処理－」
  茅本百合子(2000)『教育心理学研究 第 48 巻 第 3 号』日本教育心理学会

- □「外国人学習者による漢字の情報処理過程について」
  加納千恵子(2001)『文藝言語研究.言語篇 39 号』筑波大学文芸・言語系

- □「上級漢字クラスにおける漢字語彙学習の方法」
  加納千恵子(2002)『筑波大学留学生センター 日本語教育論集 第 17 号』筑波大学留学生センター

- □「日本語学習者の漢字理解に文脈指示が与える影響－英語母語話者の場合－」
  松本順子(2002)『日本語教育 115 号』日本語教育学会

- □「留学生対象の漢字クラスにおける自律学習の試み」
  齋藤伸子(2002)『津田塾大学言語文化研究所報 第 17 号』津田塾大学

- □「漢字認知処理からみた効果的漢字習得法の研究：相互結合型概念地図作成の試み」
  徳弘康代(2003)『早稲田大学日本語教育研究 2 号』早稲田大学

- □「「漢字認知研究」は「漢字学習支援」といかに連携しうるか」
  小林由子(2004)『北海道大学留学生センター紀要 第 8 号』北海道大学留学生センター

- □「日本語の漢字学習におけるメタ認知－漢字圏学習者を対象として－」
  小林由子(2004)『北海道大学留学生センター紀要 第 8 号』北海道大学留学生センター

- □「漢字学習における漢字辞書使用の効果－非漢字圏初級学習者を対象に－」
  平塚真理・副田恵理子(2005)『日本語教育 125 号』日本語教育学会

- ☐ 「中上級学習者のための漢字語彙の選択とその提示法の研究－学習指標値の設定と概念地図作成の試み－」
  徳弘康代(2005)『日本語教育 127 号』日本語教育学会

- ☐ 「漢英字典を用いた漢字学習の試み－日本語学習者を対象とした漢字指導の実践－」
  濱川祐紀代(2006)『漢字教育研究 第 7 号』日本漢字能力検定協会

- ☐ 「クラス活動から見えてくる生活者としての学習者－さまざまなネットワークとのかかわりから－」
  関麻由美(2006)『津田塾大学言語文化研究所報 第 21 号』津田塾大学

- ☐ 「表出能力を伸ばす漢字語彙学習の実践」
  徳弘康代(2006)『WEB 版日本語教育実践研究フォーラム報告』日本語教育学会

- ☐ 「連想記憶法と使用頻度に基づく非漢字圏向け漢字教材の開発」
  ヴォロビヨワ ガリーナ(2008)『日本語教育学世界大会 2008: 予稿集』釜山：大韓日語日文学会

- ☐ 「初中級段階における連想を用いた漢字学習法－既存知識を活用した漢字学習の一つの試み－」
  池田幸弘(2009)『日本語と日本語教育第 37 号』慶應義塾大学国際センター

- ☐ 「漢字基礎調査－構成要素を活用した漢字学習・教育へ向けて－」
  池田幸弘(2009)『横浜国立大学留学生センター教育研究論集 第 16 号』横浜国立大学留学生センター

▶書籍・定期刊行物

- ☐ 『日本語教師のための漢字指導アイデアブック』
  川口義一・加納千恵子・酒井順子(1995) 創拓社(絶版)

- ☐ 『JSL 漢字学習研究会誌』
  (2009〜) JSL 漢字学習研究会 ISSN：1883-7964

- ☐ 『日本語教授法シリーズ第 3 巻「文字・語彙を教える」』
  国際交流基金(2011) ひつじ書房

- ☐ 『日本語教育叢書「つくる」 漢字教材を作る』
  加納千恵子・大神智春・清水百合・郭俊海・石井奈保美・谷部弘子・石井恵理子(2011) スリーエーネットワーク

索　　引

い
意符　205

お
送り仮名　3, 157, 182, 184, 217
音訓索引　32
音符　77, 157, 176, 205

か
会意文字　65, 108, 172
外国人ろう者　100
概念地図　129
学習ストラテジー／ストラテジー　13, 45, 72, 156, 179
学習方法／学習の方法／学習法／勉強法　64, 87, 156, 175, 189, 204, 206, 208, 210
画数／総画数　32, 106, 157
韓国　1, 46, 88, 115, 159, 178, 202
漢字系／漢字圏　45, 80, 114, 130, 142, 171, 175, 182, 200
漢字力診断テスト　116, 144, 181, 185
簡体字　7, 174, 194

き
基本漢字／｛基本的な／基礎的な／基礎｝漢字　62, 86, 143, 164, 172, 209

く
グループ（ワーク）／チーム　8, 18, 27, 41, 56, 60, 120, 132, 165, 212, 214, 217, 220, 224, 227, 230, 234

け
形声文字　15, 77, 177

こ
コアミーニング　32, 158, 216, 218
構成要素／パーツ　14, 77, 92, 172, 177, 196, 207
コーチング　58
個人差　41, 56, 130
コミュニケーション　88, 123, 131, 176, 200, 234

さ
サポータ　141

し
字型索引／字形索引　31, 118
指事文字　20, 172
辞書／辞典／字典　8, 29, 141, 156, 178, 187, 204, 211, 220
象形文字　15, 62, 107, 172
書道／習字　1, 24, 33, 61, 158
自律学習／自律的に（学習）　31, 57, 140, 156, 178

す
（漢字）ストーリー／物語　4, 47, 65, 81, 177, 210

せ
生活漢字／｛生活の中の／生活の中で出会う／生活に関係する／生活に必要な／日常生活で目にする｝漢字　32, 45, 72, 157, 223, 224, 227, 230

247

専門（分野）　46, 73, 86, 136, 176

そ
総画数索引／総画数検索　8, 38

た
台湾　46, 115
多国籍　1, 29, 45, 58, 72, 86, 100, 114, 129, 141, 156

ち
中国　88, 115, 159, 190, 200
ちょう者　100

な
成り立ち／字源　15, 107, 161, 176, 204, 207

に
日本人児童　12
認識／識別　29, 159, 172, 182

ね
ネットワーク　87, 129, 172, 177, 185, 200

は
パタン分類　31, 157
繁体字　7, 174, 194

ひ
非漢字系／非漢字圏　1, 29, 45, 80, 86, 104, 114, 130, 142, 159, 171, 175, 182, 204, 206, 210
筆画　36, 159, 210

筆順／書き順　3, 18, 32, 64, 92, 117, 141, 159, 206, 210, 221
表音文字　102, 171, 184, 204, 206
評価　6, 31, 55, 95, 116, 138, 157, 180, 198
表語文字／表意文字　171, 184, 204

ふ
フォント／書体　8, 32, 158
部首　1, 14, 33, 92, 120, 157, 178, 182, 196, 205, 211
部首検索／部首索引　8, 32
筆ペン　32, 141
文脈　13, 53, 138, 209

へ
ペア（ワーク）　114, 165

ほ
ボランティア　30, 48, 142, 158

よ
用法　15, 36, 114, 171, 176, 181, 184, 190

り
（学習）リソース　45, 169

れ
連想（法）　14, 130, 184, 211

執筆者一覧 （五十音順）

◎編著者（実践報告・教室活動紹介）

濱川祐紀代　目白大学外国語学部日本語・日本語教育学科　准教授
　　　　　　JSL漢字学習研究会 代表

◎著者

【実践報告】

有山優樹　　イーストウエスト日本語学校　専任講師
落合知春　　イーストウエスト日本語学校　専任講師
佐藤啓子　　亜細亜大学留学生別科，明晴学園　非常勤講師
　　　　　　ダスキン・アジア太平洋障害者リーダー育成事業日本語研修　講師
清水秀子　　University of Northern Colorado, World Languages & Cultures　非常勤講師
杉浦千里　　筑波大学グローバルコミュニケーション教育センター　非常勤講師
関麻由美　　津田塾大学　非常勤講師
髙橋志野　　愛媛大学　准教授
高橋秀雄　　TAC日本語学舎　代表
徳弘康代　　名古屋大学国際教育交流センター　特任教授
西山友恵　　東海大学国際教育センター　非常勤講師
向井留実子　東京大学大学院人文社会系研究科　教授
谷田部由木子　東京海洋大学・東京工業大学・政策研究大学院大学　非常勤講師
山本栄子　　TAC日本語学舎　主任

【コラム】

加納千恵子　筑波大学　名誉教授
小室リー郁子　トロント大学　准教授

【教室活動紹介】

福島育子　　お茶の水スクールオブビジネス・JCLI日本語学校　非常勤講師

【学習者の声】（執筆当時）

劉賛（筑波大学　人文社会科学研究科　博士前期課程国際地域研究専攻）
朴善嫺（早稲田大学大学院　日本語教育研究科　博士前期課程修了）
Chorladda Wimonwittaya
　　　　　（筑波大学　人文社会科学研究科　博士前期課程国際地域研究専攻）
Ulambayar Tsetsegdulam（モンゴル国立科学技術大学　専任教師）
Anna Nowicka（筑波大学　人文社会科学研究科　博士前期課程国際地域研究専攻）
Vorobeva Galina（キルギス日本語教師会　会員）

日本語教師のための
実践・漢字指導

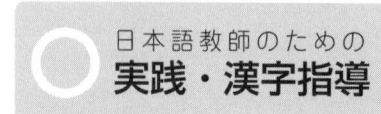

2010年10月22日　第1刷発行
2018年11月15日　第3刷発行

編著者　　　　　濱川祐紀代

発行　　　　　　株式会社　くろしお出版
　　　　　　　　〒102-0084　東京都千代田区二番町4-3
　　　　　　　　TEL 03-6261-2867　FAX 03-6261-2879
　　　　　　　　URL http://www.9640.jp
　　　　　　　　e-mail kurosio@9640.jp

印刷所　　　　　シナノ書籍印刷

装丁　　　　　　工藤亜矢子（OKAPPA DESIGN）
イラスト　　　　須山奈津希
担当・本文レイアウト　市川麻里子

© 2010 HAMAKAWA Yukiyo, Printed in Japan
ISBN978-4-87424-496-8 C0081

乱丁・落丁はおとりかえいたします。本書の無断転載・複製を禁じます。